스트레치
STRETCH

STRETCH by Scott Sonenshein

스트레치

STRETCH

당신의 숨은 능력을 쭉쭉 늘리는 12가지 방법

Scott Sonenshein
스콧 소넨샤인 지음
박선령 옮김

21세기북스

당신은 준비되어 있다
방법을 모를 뿐이다!

미국인의 70퍼센트는 다음의 세 가지 경제적 문제 중 하나를 겪고 있다. 첫째, 버는 것보다 더 많은 돈을 쓴다. 둘째, 한 달 월급의 절반이 빚을 갚는 데 들어간다. 셋째, 한 달 정도 버틸 수 있는 현금이 없다. 더 나은 삶을 위해 쉼 없이 일을 하지만 일상은 더 팍팍해질 뿐이다. 세상은 나날이 풍요로워지는데, 우리는 왜 항상 쪼들리는 삶을 사는가? 더 많은 것을 소유하기 위해 더 많은 것을 희생해야 하는 현실을 바꿀 방법은 없을까? 현재 내가 가진 것에서 새로운 가능성을 찾는 법, 더 생산적이면서 창의적인 방식으로 최대한의 효과를 얻을 수 있는 법은 없을까?

성공과 행복을 추구하는 대조적인 방식을 나는 '체이싱chasing'과 '스트레칭stretching'으로 구분 짓는다. 체이싱은 '더 많은 자원을 갖는 데 몰두하는 것'을 뜻하며, 반대로 스트레칭은 '이미 갖고 있는 자원을 활용하는 데 집중하는 것'을 의미한다. 우리는 많은 일을 하려면 더 많은 돈과 시간, 인력 등의 자원이 필요하다고 생각하면서, 지금 당장 눈앞에 놓인 자원은 소홀히 여긴다. 스트레치 방식은 자신이 가진 자원의 가능성을 깨닫고 그것을 활용할 줄 아는, 단순하지만 강력한 생각의 변화에서부터 시작된다.

어떤 일을 시작할 때, 모든 상황과 여건이 완벽하게 갖춰지는 경우는 거의 없다. 제약과 한계를 감수하고 그 일에 착수해야 하는 때가 대부분이다. 경쟁률 높은 시험을 준비하는 수험생, 일과 육아를 병행해야 하는 워킹맘, 적은 자본으로 창업한 사업가 등은 특별한 케이스가 아니라 우리가 일반적으로 처하는 상황이다. 그럼에도 불구하고 우리는 시작해야만 한다. 그게 삶이라면, 자신의 현실 안에서 최대한의 결과를 만들어내는 쪽을 찾아야 한다. 그게 바로 '스트레처stretcher'의 자세다.

'체이서chaser'들은 반대로, 더 나은 여건을 갖추는 데 몰두한다. 과도한 목표를 세우고 무리한 계획을 짠다. 예를 들면 운동을 위해 값비싼 헬스클럽부터 등록하고, 사업을 키우기 위해 더 많은 인력을 갖추고 규모를 확장하는 식이다. 사실 많은 사람들이 이런 체이싱 방식을 시도해봤을 것이다. 나 역시도 체이싱의 유혹을 물리치는 것이 얼마나 어려운지 잘 알고 있다. 우리가 체이싱을 택하는 가장 큰 이유는, 그것이 문제를 해결하는 '가장 확실한 방법'이라고 생각하기 때문이다. 그러나 솔직히 말해보자. 그것은 우리가 택할 수 있는 '가장 손쉬운 방법'이 아니었을까? 게다가 체이싱은 더 큰 문제를 초래할 수 있다는 것을 우리는 간과하고 있다.

스트레치 방식이 우리의 일과 생활에 더 나은 결과를 가져다준다는 것을 나는 여러 사례와 연구 결과를 근거로 설명하고자 한다. 현재 자신이 가지고 있는 자원을 이용해 보다 성공적이고 만족스러운 일과 생활을 꾸려나갈 수 있는 강력한 사고방식과 기술을 알려줄 것이다. 자기 앞에 놓여 있는, 아직 개발되지 않은 가치를 받아들이고 포용하는 방법을 배운다면 기대했던 것 이상의 목표를 달성할 수 있는 흥미로운 가능성이 열린다. 수많은 스트레처들은 개인적으로나 조직의 차원에서 모두 성공적인 결과를 얻었지만, 그보다 더 중요한 것은 자기 삶에 더 충만한 만족감을 느끼게 되었다는 것이다.

이 책에서 만나볼 사람들이 스트레칭을 택한 이유는 직업적으로나 개인적으로 더 나은 결과를 안겨주기 때문이다. 미국의 어느 10대 소년은 시골 양조장을 물려받아 훗날 맥주 제국을 건설한다. 쓰레기통에 들어갈 뻔한 과일과 채소로 잼을 만들어 영국의 150개 이상 지역에 판매하는 사업으로 키운 20대 여성도 있다. 어느 영화 제작자가 최소 자본금과 즉흥적 시나리오로 만든 영화는 할리우드에서 큰 성공을 거뒀다. 일과 삶의 균형을 중요하게 여긴 IT 기업가는 거액의 인수 제안을 거절하고도 월 매출이 오히려 4.5배 증가했다. 이 스트레처들은 모두 일적으로 큰 성과를 거두었지만, 그보다 더 중요한 것은 자신의 삶에서 더 충만한 만족감을 얻었다는 것이다.

자기가 가지지 못한 것에 대한 걱정을 멈추고, 현재 가지고 있는 것들에 만족하고 활용할 줄 안다면 얼마나 자유로운 기분이 들지 상상해보라. 적절한 스트레치 방식을 적용한다면 우리의 삶에 수많은 보상이 따른다. 그 원칙을 실천한다면 더 많은 자원을 갈망하던 습관에서 벗어날 수 있다. 그리고 현재 내가 가진 것을 이용해 더 큰 만족과 행복을 누리게 될 것이다.

1장

스트레처 vs. 체이서,
나는 어느 쪽일까?

STRETCH

성공과 행복을 추구하는 방식에는 체이싱chasing과 스트레칭stretching, 두 가지가 있다. 더 많은 돈과 시간을 투자하는 것이 성공을 보장한다고 믿는 체이서chaser와 현재 자신이 가진 것에서 최대한의 능력을 이끌어내는 스트레처stretcher, 당신은 둘 중 어느 쪽인가? 더 많은 자원을 추구하기보다 자신이 가진 자원의 잠재력과 가능성을 활용하는 '스트레치stretch' 방식은 '행복한 성취'에 대한 가장 현실적인 해답이다.

시골 양조장,
미국의 거대 맥주 기업이 되다

1961년 가을, 딕이라는 고집 센 십대 소년이 고향에서 멀리 떨어진 군사고등학교에 입학했다. 엄격한 일정과 규칙에 따라 아침 일찍 기상하고, 해군 스타일의 각 잡힌 교복을 입으며, 교사들에게 경례를 해야 하는 엄격한 곳이었다. '파티 보이'라는 별명으로 불리던 고향에서의 생활과는 전혀 다른 세계였다.

학기가 시작되고 한 달 뒤 부모님이 학교에 찾아오자 딕은 그곳에서 나가 가업인 맥주 회사 일을 배울 수 있게 해달라고 애원했다. 하지만 맥주 업계 전체가 어려운 상황에서 아들이 좀 더 유망한 미래를 준비하기 바랐던 부모님은 아들을 학교에 남기고 고향으로 돌아갔다.

실행력 강한 딕은 다른 방법을 찾기 시작했다. 민간인 복장으로 몰래 갈아입은 그는 나무에 기어 올라가 담을 뛰어넘었다. 그리고 40에이커(잠실주경기장의 약 2배 이상)나 되는 방대한 학교 부지를 탈출했다. 곧바로 고향으로 가는 필라델피아행 버스에 올라탔고, 필라델피아에서 집까지는 히치하이킹을 했다. 그렇게 짐가방 하나 없이 집으로 돌아온 딕의 모습은, 내리막길을 걷던 기업을 훗날 미국에서 가장 잘나가는 맥주 회사로 성장시키는 데 기지를 발휘하는 그의 미래를 예고한다. 딕은 맥주 업계의 주요 라이벌 회사가 잘못된 운영 방식으로 하락세를 맞을 때 자신만의 경영 수완을 발휘해서 억만장자가 되었다.

이 회사는 독일에서 건너온 딕의 선조들이 1829년에 설립한 이글 양조장에 뿌리를 두고 있다. 1985년에 병든 아버지를 대신해서 딕이 사업을 물려받을 무렵에는 미국 내 어떤 양조장보다 역사가 긴 회사가 되어 있었다. 당시에는 3대 맥주 회사인 앤호이저부시Anheuser-Busch, 밀러Miller, 스트로Stroh가 미국 맥주 시장의 70퍼센트를 차지하고 있었다. 이런 거대 기업들과 경쟁을 벌여야 하는 소규모 생산자들은 대개 두 가지 방법 중 하나를 택했다. 독자적인 운영권을 포기하고 경쟁사에 회사를 팔거나, 다른 기업을 인수해서 빠른 성장을 꾀하는 것이다. 하지만 딕은 회사를 팔지도, 다른 회사를 인수하지도 않았다. 대신 자기가 가진 여건을 활용해서 정말 경영할 맛이 나는 번창하는 회사를 만들기로 했다.

일반적으로 맥주 업계에서는 마케팅 비용을 많이 들일수록 판매량이 늘어나는 법인데, 딕은 얼마 안 되는 광고 예산을 최대한 활용할 방법을 찾았다. 자사의 풍부하지만 활용도가 낮은 자산, 즉 기나긴 역사를 활용해서 인지도를 높인 것이다. '미국에서 가장 오래된 양조장'에서 만든 맥주에는 3대 제조사의 제품과 차별화되는 호소력이 있었다.

딕은 최대한 많은 곳에서 제품을 파는 것이 아니라, 극히 일부 지역에서만 판매하는 희소성 전략을 이용해 더 많은 수요를 낳았다. 이 회사 제품을 숭배하는 열성적인 팬들은 주州를 넘어 먼 곳까지 힘들게 맥주를 사러왔고, 이 브랜드는 차츰 신비감을 얻었다. 일부 애호가들은 자청해서 이 회사 최고의 무료 홍보원이 되었고, 자신이 사는 지역에서 판매를 개시해 달라고 호소하는 캠페인을 벌이기도 했다.

사업이 성장하자 딕은 탱크와 병입 장비, 라벨 부착 장비 등을 중고로 구입해서 중고 장비에 새로운 생명을 불어넣었다. 1996년에는 지은 지 150년이 넘은 공장을 최대한 활용해서 설비 용량의 최대 한도에 달하는 50만 배럴을 생산하는 데 성공했다. 원래의 공장 설비는 그 양의 절반 정도만 생산하게 되어 있었다.

딕이 경영하는 D. G. 잉링 & 선D. G. Yuengling & Son은 미국인 소유의 맥주 회사 중 가장 큰 회사가 되었다. 하지만 규모를 키우는 것은 그의 목표가 아니었다. 딕은 이렇게 말한다.

"우리는 미국 최대의 맥주 회사가 되려고 애쓰는 것이 아닙니다. 우리 목표는 오래가는 회사를 만드는 것입니다."

「포브스」의 추산에 따르면, 청바지와 운동화 차림으로 거대한 맥주 회사를 경영하는 딕의 순자산은 20억 달러에 이른다. 그는 이렇게 엄청난 부자이면서도 여전히 수수한 차를 몰고 다니고 빈 사무실에 불이 켜져 있으면 보일 때마다 끈다.

"다들 나보고 인색하다고 합니다. 하지만 이건 인색한 게 아니라 알뜰한 거죠."

딕은 '내가 가진 것을 최대한 활용하자'라는 모토 덕분에 지속 가능한 사업체를 성공적으로 완성시킬 수 있었다. 다른 맥주 회사들이 직원들을 녹초가 되도록 고생시키고도 줄줄이 파산하는 와중에 딕이 그렇게 큰 성공을 거두고 만족스럽게 살아갈 수 있었던 이유는 무엇일까?

사회과학자이자 라이스대학교 교수인 나는 조직이 번창하고 조직 구성원이 최대의 역량을 발휘하게끔 하는 요인을 찾기 위해 10년 넘게 연구를 거듭했다. 기술, 제조, 금융, 소매, 에너지, 건강관리, 비영리 조직 등 다양한 업계를 컨설팅하거나 직접 근무하면서 「포춘」 500대 기업을 이끄는 최고 경영진, 개인 기업가, 일선 직원들과 함께 많은 시간을 보냈다. 그리고 전 세계에서 온 경영진, 기술자, 교사, 의사, 맞벌이 부부, 사회초년생 수천 명을 가르치는 기회를 가졌다.

과학적 증거를 근거로 한 나의 연구 결론은, 우리가 자원을 이용하는 방식이 직업적 성공과 개인적 만족감, 조직의 성과에 지대한 영향을 미친다는 것이다. 그런데 문제는 대부분의 사람들이 자원을 입수하는 일은 중요하게 생각하면서 지금 가지고 있는 자원을 잘 활용하는 능력은 소홀하게 생각한다는 것이다.

중요한 변화에 적응하거나, 일상적인 업무를 수행하거나, 의미 있는 경력과 삶을 가꾸려고 할 때도 내 연구는 사람과 조직이 가지고 있는 자원을 확장해 위대한 일을 달성하고 성취감을 느낄 수 있는 방법을 설명한다. '스트레칭stretching'은 더 많은 자원을 찾기보다는 현재 보유하고 있는 자원의 가능성을 받아들이고, 이용하는 쪽으로 방향을 바꾸는, 단순하지만 강력한 변화에서 비롯된 일련의 학습된 태도와 기술이다.

스트레칭을 시도하기 전에 먼저 해야 하는 일은 자신을 위험한 길로 몰아넣는 태도와 습관에서 벗어나는 것이다. 사업을 키우거나 경력을 발전시키는 방법부터 가족을 부양하고 자기 삶 속에서 행복을 찾는 방법에 이르기까지 인생에서 가장 중요한 노력에 착수할 때, 우리의 본능은 기본적인 원칙을 따르게 된다.

규모만 키운
경쟁 회사의 몰락

프로젝트를 빨리 완료하고 싶으면 인원을 더 투입하는 것이 논리적인 해결책이다. 직장에서 지금보다 큰 영향력을 발휘하고 싶다면 먼저 높은 직책과 넓은 사무실을 얻어야 한다. 판매량이 감소하고 있는 제품을 뒷받침하려면 마케팅 비용을 추가적으로 지출해야 한다. 학교를 효율적으로 운영하려면 교사를 더 채용해야 한다. 정부가 일을 잘 하려면 더 많은 예산이 필요하다. 타인과의 관계를 개선하고 싶다면 값비싼 선물이 도움이 된다.

이런 접근 방식에는 마음에 위안이 되는 직관이 존재한다. 많이 가지고 있을수록 많은 일을 해낼 수 있고, 그러한 믿음은 심리적으로 안정감을 갖게 한다. 하지만 이런 감정이 매혹적으로 느껴지기는 해도 이런 상황이 반드시 최고의 성과를 내는 것은 아니다. 불필요한 자원을 얻으려고 하면서 이미 수중에 있는 자원의 잠재력을 간과하게 되기 때문이다.

딕 잉링이 맥주 사업을 확장할 당시, 그의 주요 경쟁자는 자원이 많을수록 더 좋은 결과를 얻을 수 있다는 보편적인 사고방식을 따랐다. 1849년에 독일에서 건너온 이민자 베른하르트 스트로Bernhard Stroh가 시작한 디트로이트 맥주 회사는 미국에서 가장 규모가 크고 유명한 맥주 제조 회사 가운데 하나로 성장했다. 전성기에는 1년에 3,100만 배럴의 맥주를 생산해서 전국 3위를 차지한 적도 있다.

프린스턴대학교를 졸업한 설립자의 증손자 피터 스트로Peter Stroh가 1967년에 이 맥주 회사의 사장 자리에 올랐다.

"성장하지 못하면 망한다"라는 피터의 비즈니스 철학은 가지고 있는 자원을 최대한 활용하자는 딕의 방식과 180도 달랐다. 피터는 사업 파트너들에게 "회사 몸집을 최대한 불려야 한다. 계속 다른 브랜드를 인수해야 한다"고 주장했고 그 과정에서 수억 달러의 돈을 빌렸다.

그러나 제품이나 브랜드 같은 기존 자원을 충분히 활용하지 못하는 무능력과 많은 부채 때문에, 이 회사는 빠른 속도로 시장 점유율이 줄어들기 시작했다. 디트로이트에 있던 9만 3,000제곱미터 크기의 양조장은 결국 문을 닫고 말았다. 딕이 말한 것처럼 스트로는 너무 서둘러서 몸집을 부풀리는 바람에 거기에 압도되어버린 것이다. 당시에는 경영이 어려운 맥주 회사가 너무 많아서 스트로의 불행을 이용해 이득을 취할 수 있는 회사가 거의 없었다. 단 한 곳만 빼고.

딕 잉링은 플로리다 주 탬파Tampa에 있는 스트로의 옛 공장 매입에 뛰어들어 시가보다 훨씬 낮은 금액을 지불하고 사들였다. 몸집이 비대해진 전 경쟁사가 과도 팽창의 무게를 못 이기고 쓰러지는 동안, 딕은 새로 구입한 시설 덕분에 계속해서 사업을 확장할 수 있었다. 그는 새 공장을 짓는 것보다 훨씬 적은 비용을 들여 공장 설비를 업그레이드해서 단 3개월 만에 가동을 시작했다. 딕이 지휘하는 탬파 공장은 비슷한 규모의 다른 공장보다 훨씬 적은 수의 직원들로 운영되었다.

맥주 업계의 3대 기업 중 하나였던 스트로는 엄청난 자원을 동원할 수 있었다. 원칙적으로 볼 때 스트로는 규모가 더 작고 취약한 잉링보다 격변하는 맥주 시장을 잘 헤쳐나갔어야 마땅하다. 하지만 이미 가지고 있는 자원을 이용해서 험난한 상황을 이겨내는 방법을 모르는 경영진들 때문에 스트로의 입지가 불안정해졌다. 경쟁력, 브랜드, 근로자를 더 늘려야 한다는 강한 욕구 때문에 빠르게 성장하려던 회사의 야망이 오히려 급속한 쇠락으로 이어졌다.

자원 보유가 중요하다는 것은 의심할 여지가 없는 사실이다. 유능한 직원, 기술, 지식, 장비 등이 없으면 일을 제대로 처리하기 어렵다. 하지만 언제나 남이 가지고 있는 무언가를 구하는 데 정신이 팔려 있다면 이미 수중에 있는 것들을 가지고 생산성을 발휘하기가 힘들다. 게다가 자기가 늘 빈손이라고 생각하며 지내는 것은 정말 끔찍한 기분이다.

스트로가 추구한 방식은 내가 '체이싱chasing'이라고 부르는 태도의 전형이다. 이런 방식에 의존하는 체이서들은 새로운 자원을 확보하는 일에만 주력하면서 현재 보유한 자원의 가치를 확장하려고 하지 않는다. 표면적으로는 그들의 결정과 행동이 합리적으로 보일지도 모른다. 하지만 나는 어딘가에 잠복해 있다가 결국 성공을 망치고, 사람들을 비참하게 만드는 체이싱의 해로운 결과를 폭로할 것이다.

체이싱 습관을 버릴 때 가장 어려운 점은 이를 대신할 방법을 찾는 것이다. 우리는 삶의 어떤 부분에서든 '뭐든지 많은 것이 좋다'고 생각하는 사람들에게 둘러싸여 지낸다. 그러나 스트레칭 방식을 이용하는 사람과 조직은 더 많은 것을 얻는 일에 중점을 두기보다는 이미 보유하고 있는 자원을 키우려고 한다. 딕 잉링 같은 사람이 자원에 접근하는 방식은 체이서들과 사뭇 달라 보인다.

내가 가진 것을
최대한 활용하는 법

대부분의 사람들은 살아가면서 어떤 제약이나 한계에 직면하게 된다. 직업적 성공, 새로운 사업 시작, 도전할 만한 일 찾기, 일과 가족 사이에서 우선순위 정하기, 아이들 잘 키우기 같은 장기적인 목표부터 프로젝트 완수, 새로운 것 배우기, 회의 진행, 아이 숙제 도와주기 같은 단기적인 목표에 이르기까지 사람들이 원하는 목표는 저마다 다르다. 또 시간, 돈, 지식, 기술, 인맥처럼 이런 목표를 이루기 위해 사용할 수 있는 자원도 저마다 다르다.

우리는 자신이 이루고자 하는 꿈과 지금 가지고 있는 것 사이에 격차가 존재하는 모습을 자주 보게 된다. 어떤 사람은 금전적인 한계 때문에 제약을 받고, 어떤 사람은 전문가와의 인맥이나 정보, 기술, 인력의 제약을 받기도 한다. 수완이 풍부한 사람은 이런 단점에도 절대 굴하지 않고 행동을 취하면서 지금 가지고 있는 것으로 일을 완수하려면 어떻게 해야 하는지 묻는다.

제약을 극복한 이들에게서는 배울 것이 많다. 그런 제약은 우리가 기지를 발휘해서 보다 창의적인 방식으로 행동해 문제를 잘 해결하도록 자극을 준다. 중요한 것은 스트레칭 방식을 이용하면 언제나 이런 이득을 얻을 수 있다는 것이다. 즉 자신이 가진 것의 가능성을 확인해 창의적으로 발전시키고 보다 나은 방향으로 변화시키면서 자신의 조직과 직무, 가족, 삶에 접근할 수 있다.

프랑스 인류학자 클로드 레비스트로스Claude Lévi-Strauss는 사람들이 일을 처리할 때 두 가지 접근 방식이 있다고 말한다. 하나는 '엔지니어링engineering' 방식이고 다른 하나는 '브리콜라주bricolage' 방식이다.

레비스트로스가 말한 엔지니어링 방식에는 특정한 도구를 찾는 일도 포함된다. 체이서들은 자원에 대해 편협한 관점을 가지고 있기 때문에 이 방법을 지지한다. 그래서 벽에 못을 박아야 하는 상황이 생기면 당장 망치를 사러 간다. 그런데 문제는 적당한 크기와 모양, 무게의 망치가 없으면 엔지니어링 방식이 붕괴되기 시작한다는 것이다. 체이서들은 닥쳐올 고난을 예상하면서 도구 상자에 가급적 많은 도구를 채워두려고 한다. 당장 필요 없는 도구라도 상관없이 일단 모으고 보는 것이다. 하지만 시간이 지나 도구 상자가 점점 커지면 결국 그 안에 무엇이 담겨 있는지도 다 기억하지 못할 것이다.

스트레처들이 선호하는 브리콜라주 방식은 주변에 있는 도구를 잘 활용하고 실험하면서 지금 가지고 있는 것의 일반적인 한계를 시험한다. 주변에 있는 재료가 돌멩이뿐이라면 스트레처는 돌멩이로 벽에 못을 박을 것이다. 아니면 벽돌이나 콩 통조림, 하이힐, 무거운 손전등 등을 사용할 수도 있다.

엔지니어링 방식이든 브리콜라주 방식이든 똑같이 벽에 못을 박을 수 있지만 그 결과는 매우 다르다. 엔지니어링 방식의 경우 벽에 못을 박는 전형적인 방법을 따르기 때문에 해결책은 안정적이고 왠지 안심이 된다. 목수가 일을 하러 올 때 쇠망치가 아니라 반죽을

밀 때 쓰는 밀방망이를 들고 온다면 이상해 보이지 않겠는가.

하지만 이런 추론을 우리가 평소에 내리는 많은 결정에까지 확대시킨다면 어떻게 될까? 모든 작업을 할 때마다 항상 적합한 도구를 확보하려면 많은 노력이 필요하다. 대부분의 시간과 에너지가 실제로 벽에 못을 박는 작업이 아니라 도구를 찾는 데 소모된다. 그리고 적합한 도구를 찾지 못하면 길을 잃고 만다. 다른 사람이 더 좋은 도구를 사용하면 기분이 나쁠 뿐만 아니라 이렇게 장비가 열악한 도구 상자로는 일을 끝마칠 수 없다는 생각까지 한다.

브리콜라주 방식의 경우에는 가까운 곳에 망치가 없는 상황에서도 반드시 망치를 사용해야 한다는 정신적 함정에서 벗어나는 것이 중요한 과제가 된다. 사물을 평소와 다른 방식으로 사용할 경우 어느 정도 심리적인 불편함이 생기므로, 대부분의 사람들은 본능적으로 나가서 망치를 사오고 싶어 한다. 그리고 브리콜라주 방식은 철물점이 문을 닫았거나 하는 최후의 수단에만 의지하려고 한다. 하지만 우리가 철물점에 가는 것을 의도적으로 피하고 지금 가진 것을 최대한 활용한다면 어떻게 될까? 그러면 매우 다른 형태의 삶을 살게 될 것이다. 이 삶은 우리가 이미 가지고 있는 것들로 마음을 안정시키고, 그것을 보다 나은 방법으로 사용하라고 가르치기 때문에 훨씬 더 즐겁다.

그래서 스트레칭 방식에는 단순히 기지를 이용해서 제약을 극복하는 것보다 더 많은 것들이 담겨 있다. 이는 문제를 해결하는 방법뿐만 아니라 꾸준히 성공을 거두면서 잘 살기 위한 방법에 영향을 미치는 '삶에 대한 관점'이다. 그것은 힘겨운 상황에서 벗어나는 것 이상의 성공을 거두는 접근 방법이다. 성공과 성취를 이룰 수 있는 완전히 다른 생활 방식이자 업무 방식이다.

성공의 경험은
때로 독이 된다

성공을 거둬서 거기에 만족감을 느끼면 그 상태를 계속 유지하려고 하는 것이 우리의 자연스러운 본능이다. 자원을 활용할 때도 과거에 효과가 있었던 정해진 루틴을 따르려고 한다. 하지만 우리가 한 자리에 머물러 있는 동안에도 세상은 계속 변화한다. 업무가 진화하고, 고객의 취향이 발전하고, 경쟁자의 규모가 바뀌고, 가족은 나이를 먹으며, 기술도 변화한다.

한때 엄청나게 번창했던 스웨덴의 파시트Facit라는 회사가 깨달은 것처럼, 이런 상황에서는 소중하게 아끼던 자원의 가치가 급락하게 된다. 기계 및 사무용 가구 제조업체인 파시트는 회사 규모를 키워 많은 수익을 올렸다. 원래 다양한 제품을 생산 판매하는 회사였지만 회사 경영진은 계산기 부문의 가능성이 가장 크다고 여겼다. 그리고 한동안은 그들의 생각이 옳은 것처럼 보였다.

파시트는 계산기 시장을 독점하기 시작했기 때문에 최고경영자들은 다른 기회도 찾아봐야 한다는 제안을 무시했다. 대신 계산기의 품질을 높이고 비용을 절감하는 데 주력했다. 그리고 자신들이 꿈꾸는 전망을 단시간 내에 실현하기 위해 많은 돈을 빌려서 생산 시설을 확대했다. 덕분에 계산기 제조에 매우 능숙해져서 제품 결함도 거의 발생하지 않았다.

좋은 계산기를 구입한 고객들은 기뻐했다. 관리자도 기뻐하고 직원들도 기뻐했다. 8년 사이에 직원이 70퍼센트 늘고 수익은 두 배 이상 증가했다. 최전성기에 도달한 파시트는 5개 나라에서 20개의 공장을 가동했고, 15개 나라의 영업 사무소에 1만 4,000명의 직원을 고용했다.

그러다가 갑자기 아무런 예고도 없이 위기가 닥쳤다. 회사 매출이 대폭 줄어들었고 한때 안정적이던 경영진이 교체됐으며 직원들은 해고되었다. 제품의 품질은 여전히 좋았지만 이제 파시트 계산기를 원하는 사람은 아무도 없었다. 대신 다른 회사의 계산기를 사려고 했다. 뛰어난 실적을 올리던 파시트는 몇 년 만에 파산 지경에 이르렀고, 관리자들은 남은 자산을 신속하게 경쟁업체에 매각해야만 했다.

파시트는 훌륭한 계산기를 생산했지만, 그들이 만든 것은 기계식 계산기였다. 1960년대에는 파시트 같은 기계식 계산기 제조업체들이 호황을 누렸다. 회사가 뛰어난 성과를 거둔 덕에 관리자들은 자신들이 지금 올바른 방향으로 가고 있고, 지금 무슨 일을 하고 있는지 잘 안다고 확신했다. 하지만 1970년대에 들어서면서 일본 기업들이 전자계산기를 대량으로 생산하기 시작했다. 파시트의 최고경영진은 이 신기술이 자사의 핵심 사업인 기계식 계산기 사업에 혼란을 초래한다고 생각하고는, 전자계산기가 아니라 기존의 기계식 계산기 생산에 매진했다. 하지만 파시트의 기계식 계산기가 아무리 좋아도 전자계산기의 기능을 따라갈 수는 없었다.

성공은 우리의 눈을 멀게 하고, 우리가 처음에 성공할 수 있었던 요인을 계속 강화하게 만든다. 자신이 잘 알고, 잘하는 일만 고집하면서 "아예 못쓸 정도가 아니면 고칠 필요가 없다"는 상투적인 말만 되풀이하게 한다. 경제학과 심리학 분야의 많은 연구를 통해 인간은 현상 유지를 선호한다는 사실이 밝혀지고 있다. 관성적으로 일을 처리하고, 팀이 자동으로 돌아가게 하며, 성공한 시장을 활용하는 등 현재 상태를 그대로 유지하면 짧은 시간 안에 많은 일을 처리할 수 있다. 그리고 파시트처럼 이 방법이 좋은 성과를 거두면 포기하기가 더욱 힘들어진다.

문제는 이렇게 현 상태에 안주해 있는 동안 주변 세상은 계속 움직인다는 것이다. 수요 높은 기술, 뛰어난 성과를 올리는 팀, 독창적인 제품, 최고의 기계식 계산기처럼 한때 귀중했던 자원이 금세 쓸모없어질 수 있다. 세상이 변하는 동안 아무것도 하지 않고 가만히 있으면 결국 외부의 힘에 무너진다. 사업이나 일, 인생, 세상의 불확실성이 증가할수록 스트레칭 방식을 시도해야 하는 이유가 더 확실해진다.

2장

내 만족보다
남들의 인정이 더 중요한
체이서의 아이러니

STRETCH

남들보다 더 높은 연봉과 넓은 평수의 집, 더 비싼 차를 가졌을 때 사람들은 성공을 확인하고 안심한다. 그렇기에 타인을 기준 삼아 더 많은 것을 갖기 위해 애쓴다. 그러나 이러한 체이싱 방식은 곧 스스로의 덫이 된다. 목표는 한없이 높아지기만 하며, 끝없이 자원을 축적하려고만 한다. 자원을 필요 이상으로 가지고 있으면, 오히려 낭비하게 되는 아이러니가 발생한다. 도대체 무엇 때문에 계속 더 많은 것을 추구하려 하는 것일까?

아무리 성공해도
만족하지 못하는 이유

캘리포니아 주 실리콘밸리의 한적한 곳에 우드사이드Woodside라는
작은 마을이 있다. 주민 수는 5,000명 정도에 말이 다니는 길과 레
드우드 나무가 주변을 에워싼 매력적이고 우아한 마을이다. 스티
브 잡스, 래리 엘리슨, 닐 영 같은 사람들이 이곳에서 살았다. 수목
이 울창한 언덕 위에 자리 잡은 넓은 저택들은 반짝이는 물이 가득
한 수영장까지 갖추고 있다. 가구당 평균 소득이 20만 달러에 육박
하는 이곳은 미국에서 가장 부유한 지역 가운데 하나였지만 인근의
부유함 때문에 중요한 모순이 가려져 있었다.

이 부유한 지역에 부족한 천연자원이 하나 있으니, 바로 물이다.
캘리포니아 주 전체가 근대 이후 최악의 가뭄을 겪고 있는데도 불

구하고, 이런 대저택의 잔디를 유지하기 위해 수천 갤런의 귀한 물을 쏟아 붓는 일부 주민들의 행태에는 전혀 변화가 없었다. 미국 전역의 수많은 주택 소유주들은 잔디밭을 푸르게 유지하기 위해 꾸준히 많은 시간과 물을 소비한다. 왜 그럴까?

밴더빌트대학교Vanderbilt University 연구진들이 테네시 주 내슈빌Nashville 지역 주민들의 잔디밭 관리 관행을 알아보기 위해 인구통계학적으로 이들을 대표하는 그룹을 인터뷰했다. 주택 소유자들이 푸른 잔디밭을 유지하기 위해 그토록 많은 자원을 쏟아붓는 이유는 이웃에게 뒤처지고 싶지 않다는 욕구 때문인 것으로 드러났다. 이런 결과는 응답자의 연령과 교육 수준, 재산 가치를 고려한 뒤에도 그대로 유지되었다. 집은 궁극적인 성공 지표이자 타인의 이목을 끌어 성공을 과시할 수 있는 장소이며, 잔디밭의 풍성함은 그 집 안에 사는 사람들의 부를 반영한다.

사람들이 자기 집 잔디를 유지하는 방식은 우리가 내리는 선택과 관련해 시사하는 바가 많다. 체이싱 방식을 따를 때는 다른 사람이 갖고 있거나 원하는 것을 자신도 추구하기 쉽다. 하지만 자원이 부족해질수록 체이싱은 더 어렵고 돈이 많이 들고 스트레스가 쌓이며, 심지어 비실용적이기까지 하다. 결국 우물이 말라버리고(이 사례에서는 실제로 우물이 말랐다) 계속 이어지던 자원의 흐름이 끝나게 된다.

이 장에서는 잔디 문제뿐 아니라 우리의 행복과 성공 전망을 형성하는 많은 영역에서 찾아볼 수 있는 체이싱의 심리적 토대를 살펴볼 예정이다. 자기 주변에 있는 것들의 가치는 인정하지 않으면서 다른 사람이 가지고 있는 것만 계속 원하게 되는 '사회적 비교'부터 먼저 살펴볼 것이다. 그런 다음, 존재하는 자원을 이용해 더 많은 일을 할 수 있다는 사실을 깨닫지 못하게 가로막는 '기능적 고착'이라는 심리 현상에 대해서도 알아볼 것이다. 이로 인해 우리는 도전 과제의 해결이나 기회 실현을 위해 최대한 많은 자원을 확보하려고 하지만, 결국 이런 행동은 일을 완수하는 데 방해가 된다는 사실을 알 수 있다. 그러고는 분별없이 자원을 축적하는 경향을 이해하려고 하면서, 자원을 너무 많이 가지고 있으면 오히려 낭비하게 된다는 결론을 내릴 것이다. 체이싱이 어떻게 우리의 직무 이행과 성취를 망치는지 이해하는 것이 스트레칭 방식을 받아들이기 위한 첫걸음이다.

은메달보다 동메달을 따면 왜 더 행복할까

4년마다 한 번씩 세계 최고의 선수들이 하계 올림픽에 참가하기 위해 새로운 도시에 모인다. 「데일리 메일Daily Mail」 신문사가 2012년 여름 런던에서 올림픽 메달리스트들의 사진을 찍었을 때, 한 기자가 메달리스트 가운데 일부에게 보이는 놀라운 패턴에 주목했다. 미국 수영 선수인 네이선 에이드리언Nathan Adrian, 마이클 펠프스Michael Phelps, 컬런 존스Cullen Jones, 라이언 록터Ryan Lochte는 400미터 계영 시상식에서 우울한 표정으로 시상대에 올라 메달을 받았다. 콜롬비아 자전거 선수인 리고베르토 우란Rigoberto Urán도 실망한 모습이었다. 미국 체조 선수 매케일라 머로니McKayla Maroney는 자신이 딴 메달을 대단하다고 여기지 않는 듯 얼굴이 일그러졌다. 스페인의 트라이애슬론 선수인 자비에르 고메즈Javier Gómez는 엄청나게 슬퍼 보였고, 중국 최고의 배드민턴 스타인 왕이한王仪涵은 메달을 받을 때 슬픔의 눈물을 참으려고 애썼다.

우울한 표정 이외에 이 메달리스트들의 공통점은 무엇일까? 그들 모두 은메달을 획득했다는 점이다. 스페인 바로셀로나에서 열린 1992년 하계올림픽 당시의 NBC 텔레비전 중계 화면을 조사한 노스웨스턴대학교Northwestern University의 연구원 빅토리아 메드벡Victoria Medvec과 그녀의 동료들에게는 이런 관찰 결과가 결코 놀랍지 않았다. 연구진들은 경기를 마친 순간과 시상식이 진행되는 동안 선수들이 보인 반응을 포착했다. 그런 다음, 경기 중에 어떤 일이 벌어졌는지 모르는 대학생 20명에게 이 테이프를 보고 올림픽 출전 선수들 각자가 경기가 끝났을 때, 그리고 시상대에서 드러낸 감정의 유형을 평가해달라고 했다. 그 결과 은메달리스트에 비해 동메달리스트들이 희열에 가까운 감정을 드러내는 경향이 훨씬 큰 것으로 드러났다. 객관적으로 볼 때 동메달리스트들이 경기에서 더 낮은 성적을 거뒀음에도 불구하고 말이다.

은메달리스트들은 동메달리스트에 비해 자신이 성취하지 못한 것(금메달 획득)에 중점을 뒀다. 그들은 또, 자신의 상대적인 무능에

젖어서 보다 좋은 성적을 거둔 금메달리스트를 질투하는 식으로 비교하는 경우가 많았다. 그에 반해 동메달리스트들은 자기가 성취한 것(메달 획득)에 집중했다.

유명한 심리학자 가운데 한 명인 레온 페스팅거Leon Festinger의 연구를 살펴보면 초록색 잔디밭을 원하는 집주인들의 마음과 2012년 런던올림픽 은메달리스트들이 드러낸 슬픔의 뿌리를 찾을 수 있다. 1954년에 페스팅거는 사람은 누구나 자신의 상대적 위치를 알고자 하는 기본적인 성향을 가지고 있다고 주장했다. 고립된 상태에서는 스스로의 위치를 평가하기 어렵기 때문이다. 부와 지능, 사회적 지위처럼 우리가 중요시하는 삶의 영역을 제대로 이해하려면 다른 이들의 모습을 살펴보아야만 한다. 우리의 입지를 알려주는 눈에 띄는 지표 중에는 자동차 가격, 사무실 넓이, 예산 규모, 잔디밭의 푸르름, 올림픽 메달 색깔 등 쉽게 측정 가능한 것들도 포함되어 있다. 주변에 있는 대부분의 사무실 크기가 3평이라면 4평의 사무실이 크게 느껴질 것이다. 하지만 남들이 대부분 5평의 사무실을 쓴다면 자기 사무실이 아주 작게 느껴질 것이다. 측정 가능한 자원일수록 남들과 비교하기가 쉬워진다. 이런 식의 측정을 '사회적 상향 비교'라고 한다.

때로는 자기보다 훌륭한 업적을 이룬 사람들을 올려다보면서 자극을 얻을 수도 있다. 하지만 다른 사람이 배분받은 자원에 초점을 맞춰서 그들이 가진 것을 강조하면 상대적 박탈감을 느낄 수 있기에 사회적 상향 비교는 위험하다. 자신의 봉급이 6퍼센트 인상되어 기뻐했는데 다른 동료는 8퍼센트가 인상되었다는 것을 알게 되는 순간 기쁨은 사라진다. 자기보다 많이 가진 이들과 계속 비교하게 되므로, 우리가 기지를 발휘해서 이룰 수 있는 것들에 감사하는 마음이 줄어든다.

사회적 상향 비교는 우리가 일하는 방식에 관한 기본적인 의문에 답하도록 도와준다. 그렇기 때문에 사회적 비교를 하지 않고 살기는 힘들며 피하기도 어렵다. 하지만 사회적 상향 비교는 우리의 자존감을 주변 사람들의 행운과 연결시킨다. 이런 비교는 또 '우리가 지금 가지고 있는 것을 이용해 건설적이고 행복하게 살려면 어떻게 해야 하는가?'라는 스스로에게 던지는 질문을 간과하게 만든다.

매치닷컴Match.com(싱글들을 위한 온라인 데이트 공간—옮긴이)의 설립자인 기업가 게리 크레멘Gary Kremen의 경우를 살펴보자. 그는 실리콘밸리에서 자기가 처한 상황을 침울한 어조로 얘기했다. "여기에서는 1,000만 달러가 있어도 사람 취급을 못 받아요." 자원에 관한 사회적 상향 비교를 하면 게리 크레멘 같은 사람도 필연적으로 자신이 가진 자원에 실망하게 된다.

심리학자들은 이런 경험을 설명하기 위해 러닝머신의 은유를 사용한다. 더 많은 자원을 얻게 되면 우리 마음이 러닝머신의 속도를 높인다는 것이다. 따라서 러닝머신에서 떨어지지 않고 계속 머무르려면 더 이상 자원을 얻지 못하는 상황에서도 더 빨리 달려야 한다. 비교 대상을 자기보다 훨씬 많이 가진 사람에 두는 것은 우리 자신을 끊임없이 의기소침하게 만드는 일이다.

은메달리스트들은 금메달리스트들을 부러워한다. 금메달리스트들은 여러 개의 금메달을 딴 이들을 부러워한다. 백만장자는 억만장자를 부러워한다. 캘리포니아 주 우드사이드 주민들은 자기보다 부유한 이웃들을 부러워한다. 남들보다 잘 손질된 잔디밭이든 금메달이든 간에, 사회적 상향 비교는 사람들이 자기가 가진 몫에 불만을 느껴서 더 많은 것들을 추구하도로 자극한다. 그리고 더 많은 부를 손에 넣으면 상향 비교의 대상이 확대되어, 자신의 입지를 지키기 위해 가상의 런닝머신 위에서 더 빨리 달리도록 만든다.

실제로 부유한 지역에 사는 사람은 소수겠지만, 대부분의 사람들은 적어도 어떤 부분에선가 자신에게 없는 무언가를 가진 사람들에게 둘러싸여서 살아간다. 소셜미디어의 확산으로 인해 24시간 내내 끊임없는 업데이트가 이루어지면서 사회적 상향 비교가 우리 일상생활의 일부로 자리 잡게 되었다.

페이스북 친구들이 여행을 가거나 값비싼 옷을 구입한 사실은 쉽게 알 수 있지만, 병원 대기실에서 기다리거나 청구서를 지불하거나 직장에서 보고서를 타이핑하거나 오일 교환을 하러 가는 등 지극히 평범한 일에 관한 글은 거의 찾아볼 수 없다. 직업적인 분야에서는 링크트인LinkedIn이 새로운 일자리, 승진, 자격증 취득에 관한 비슷한 업데이트 목록을 제공한다. 규모에 상관없이 모든 기업들은 정기적으로 소셜미디어를 사용해서 자신들이 이룬 일을 자랑한다. 이렇게 대중들이 소비하도록 신중하게 만들어진 이미지는 의

도하지 않게(또 어떤 경우에는 의도된) 비교를 촉발하는 결과를 낳아 사람들의 기분을 상하게 만든다.

심리학자들은 사람들이 페이스북을 사용하는 시간이 길수록 행복감이 줄어들며, 이런 행복 감소는 사회적 상향 비교 때문이라고 한다. 왜 소셜미디어는 우리의 행복감을 줄이는 사회적 비교를 촉발하는 걸까? 사람들은 페이스북 등 SNS를 통해서 좋은 소식을 공유하는 경우는 78퍼센트인 반면 나쁜 소식을 공유하는 경우는 36퍼센트인 것으로 드러났다. 금메달 수준의 성과만 게시하고 꼴찌로 들어온 시합에 대해서는 얘기하지 않은 것이다.

체이싱은 우리를 비참하게 만드는 것 이상의 영향을 미친다. 즉 우리의 스트레칭 능력까지 저하시키는 것이다. 겉으로 드러난 것 이상의 자원을 보지 못하도록 우리 눈을 가린다. 반면 스트레칭 방식은 내 어린 시절의 영웅 가운데 한 명처럼 아직 드러나지 않은 잠재력을 발휘할 수 있게 해준다. 바로, 맥가이버처럼 말이다.

시각을 바꾸면 해법이 보인다

나는 자랄 때 〈맥가이버〉라는 텔레비전 프로그램을 자주 봤다. 주머니칼이나 강력 접착테이프, 주변에서 찾을 수 있는 평범한 생활용품을 사용해서 거의 모든 문제를 해결하고 사람들의 목숨까지

구하는 비밀요원 앵거스 맥가이버Angus MacGyver가 등장하는 1980년대 텔레비전 드라마다. 전문적인 자원이 부족한데도 불구하고 맥가이버는 항상 주변에 있는 평범한 것들을 이용해서 자신이 직면한 문제에 영리한 해결책을 만들어냈다. 종이 클립을 이용해 폭탄이 터지는 것을 막고, 자동차 오일을 이용해 서리로 뒤덮인 유리창 너머를 들여다보는 등 맥가이버는 액션 히어로들의 일반적인 전술을 뛰어넘어 과학 지식을 이용해 일상적인 물건들을 사기꾼과 범죄자들에 맞서 싸우기 위한 도구로 변형시켰다.

이렇듯 맥가이버는 사소한 도구로 적의 무장을 해제시키는 기술도 대단했지만, 기지를 발휘해서 다른 사람에게까지 영향을 미치는 능력도 뛰어났다. 한 에피소드에서 맥가이버는 고등학교 아이스하키 팀의 코치를 맡게 된다. 그 학교에는 기량이 매우 뛰어난 선수가 있었는데, 감정적인 성격 탓에 자주 싸움을 일으키는 문제가 있었다. 어느 날 시합 도중 상대 팀 선수를 입원시키는 사태까지 벌어진다. 그러나 맥가이버는 그 선수를 단순히 문제아로 치부하지 않고 그가 아이스링크 안팎에서 더 좋은 사람이 되도록 변모시킨다.

맥가이버 같은 스트레처들은 대다수가 힘들다고 생각하는 상황에 직면했을 때 자신이 가진 것의 가치를 확대하는 데 집중한다. 반면 체이서들은 거의 반대의 방식을 취한다. 자원이 많을수록 더 좋은 결과를 얻을 수 있다고 믿는 그들은 최대한 많은 자원을 확보해야 한다고 생각한다. 승진하지 못해서 더 큰 사무실로 옮기지 못하게 되거나 프로젝트를 위한 추가 인력을 고용하지 못하는 경우 등

장애물이 나타나서 새로운 자원 확보를 방해 받으면 진행하던 프로젝트나 목표를 보류한다.

체이서들이 맥가이버를 따라하기 힘든 이유는 자원을 특정 용도로만 사용해야 한다고 여기는 구태의연한 고정관념 때문이다. 그들이 생각하기에 종이 클립은 종이를 한데 모아놓는 데만 사용해야 하고, 경쟁자는 자기 일을 위협하는 존재이며, 지도는 정확한 방향을 알려주는 도구일 뿐이다. 반면 맥가이버 같은 스트레처는 자원을 통상적이지 않은 용도로도 사용한다. 종이 클립으로 상처를 꿰매기도 하고, 경쟁자의 통찰력을 이용해 자기 회사의 제품 구성을 개선할 수도 있다.

자원의 용도를 좁게만 생각하는 체이서의 심리적 장애물을 설명하기 위해, 과학자이자 교사인 알렉산더 캘런드라Alexander Calandra의 이야기를 살펴보자. 물리학을 배우는 학생이 선생님과 대화를 나누고 있다. 교사는 물리학을 배우는 학생에게 기압계를 이용해서 고층 건물의 높이를 재는 방법에 대해 설명해보라고 요구했다. 교사가 예상한 정답은 단 하나뿐이었다. 건물 꼭대기에서 측정한 기압계의 판독값과 건물 1층에서 측정한 판독값을 비교하는 것이다.

그런데 학생은 다양한 답을 내놓았다. 기압계에 밧줄을 묶어서 도로까지 내린 다음 밧줄 길이를 잰다, 기압계를 들고 계단을 걸어 올라가면서 기압계를 줄자처럼 이용한다, 건물 관리자에게 기압계를 주고 건물 높이를 물어본다 등 물리학과 관계없는 대답도 있었다.

기압계를 이렇게 비전형적인 방법으로 이용하는 것은 곧 예상치 못한 방식으로 사고를 확장하는 것이다. 관습적인 물리학 이론에만 빠져 있던 교사는 기압계를 이용해 과제를 해결할 수 있는 다양한 방법들을 깨닫지 못했다. 체이서도 이 교사와 마찬가지로, 기압계나 다른 자원들을 일반적인 용도만으로 사용하는 경향이 있다.

자원을 전통적인 방식으로만 사용하는 물리 교사의 경직된 태도를 심리학 용어로 '기능적 고착'이라고 부른다. 나이가 들수록 사회적 관례에 얽매이게 되므로 일반적인 용도를 넘어서는 방법을 상상하기가 훨씬 어려워진다. 자원을 친숙한 방식으로 사용하는 경험이 늘어나면 기능적 고착에서 벗어나기가 더 어려워지기 때문이다. 직장이나 학교, 사는 동네 등에서 자원을 늘 쓰던 대로만 사용해야 한다는 강력한 규범을 주입하기 때문에, 주변에 있는 자원을 너무 빨리 포기하고 그보다 더 많은 것을 얻으려고 한다. 그러나 이제 소개할 스트레칭 사고 방식을 받아들이면 이런 패턴에서 벗어날 수 있다.

조직도 기능적 고착의 포로가 될 수 있다. 내 아내 랜디는 2002년부터 서적 소매업체인 보더스Borders에서 일하기 시작했다. 이 회사는 오프라인 제품 판매를 늘리는 데 집중하기 위해, 그로부터 1년 전에 자사 웹사이트를 아웃소싱하는 계약을 체결했다. 이 회사의 주된 희망은 매장을 추가로 열어서 가장 큰 라이벌인 반스앤노블Barnes and Noble의 시장 점유율을 빼앗아 오는 것이었다.

이 거대 체인은 자신들의 입지를 매우 좁은 시각으로 바라봤다.

직원, 제품, 업무 프로세스, 매장 모두 실물 서적의 판매를 강조했다. 경영진은 고객이 매장에 걸어 들어와서 제본된 책을 사가는 것 이외의 다른 형태의 도서 구매가 존재할 수 있다고는 생각하지 못했다. 이것이 보편적인 용도에 고정된 이 회사의 '닫힌 상자'였다.

아웃소싱 파트너십을 체결할 당시 보더스의 CEO 그레그 조세포비츠Greg Josefowicz는 이렇게 말했다. "온라인 업무를 가장 잘 처리하는 사람들이 우리 고객의 온라인 요구를 충족시키는 동안, 우리는 우리가 가장 잘하는 서비스를 제공할 생각입니다. 고객들이 매력적인 쇼핑 환경에서 책, 음악, 영화 등을 살펴볼 수 있게 해주는 것이지요."

하지만 온라인상에서 보더스 고객들의 요구가 훌륭하게 충족된 덕에, 그들은 더 이상 오프라인 매장에서 쇼핑을 하지 않고 보더스의 온라인 파트너에게 넘어가버린 것으로 드러났다. 그 파트너가 누구일까? 바로 아마존닷컴이다.

아마존의 CEO 제프 베조스Jeff Bezos는 보더스 고객들을 두 팔 벌려 환영하면서 그들의 쇼핑 습관과 관련된 엄청난 양의 데이터를 수집했다. 그리고 이를 이용해 제품 종류를 확대해 결국 오프라인 고객들을 자사의 고객으로 끌어들였다. 베조스는 보더스와의 계약 체결이 너무나도 기뻤던 나머지 보더스 경영진들이 마실 샴페인까지 보내줬다.

많은 사람들이 보더스를 파멸로 이끌었다고 여기는 이 거래를 체결하고 5년 뒤, 보더스는 또 한 번의 기회를 맞이했다. 랜디는 전자책 분야를 검토하는 책임을 맡게 되었다. 아마존이 온라인 서적 구입 시장을 지배하기 시작했지만, 기술이 급속히 발전하고 있었기 때문에 랜디는 물리적인 서적 유통을 넘어 완전한 디지털 세상으로 이동할 수 있는 기회를 발견했다. 그래서 자기 팀과 함께 아마존 킨들Kindle과 애플 아이패드에 앞서 세계 최초의 상용 전자책 리더기가 될 것이 확실한 소니 리더Sony Reader의 독점 판매권을 확보하기 위해 노력했다.

랜디는 당시 막 CEO로 취임한 조지 존스George Jones의 사무실에 가서 그 장비를 시연했다. 존스는 깊은 인상을 받기는 했지만 매장에서 실제 서적을 판매하는 전통적인 사업에 집중하려는 그의 생각은 확고부동했다. 2006년이 끝나갈 무렵, 보더스는 마지막 연간 이익을 공시했고 서적 판매에 대한 편협한 시각에 좌절한 랜디는 회사를 그만뒀다. 5년 뒤, 이 회사는 파산 정리되었다.

왜 가진 자의 욕망은 끝이 없는가

지금까지 체이싱의 두 가지 주요 토대인 사회적 비교와 기능적 고착에 대해 살펴봤다. 첫 번째는 우리가 가진 자원을 다른 사람들보다 늘리는 데 의존하기 때문에 더 많은 자원을 추구하도록 자극하거나 현재 가지고 있는 것의 가치를 간과하게 만든다. 두 번째는 자원에 대해 고정된 시각을 갖도록 해서 수중에 있는 것으로 할 수 있다고 생각되는 범위를 제한하기 때문에 결국 더 많은 것을 얻으려고 하게 된다. 이제 체이싱의 세 번째 토대인 '어리석은 축적'에 대해 살펴보자. 체이싱 방식을 활용할 때는 최대한 많은 자원을 획득하려고 한다. 이는 특정한 목표를 염두에 두고 있기 때문이 아니라 단순히 어떻게든 더 많이 모으려고 하는 태도 때문이다.

시카고대학교 교수인 크리스토퍼 시Christopher Hsee와 그의 동료들은 기발한 연구를 통해 사람들이 자기 행복을 희생하면서까지 필요 이상으로 많은 자원을 축적하려는 이유를 알아보았다. 그는 실험 참가자들에게 음악을 듣게 했다. 음악 감상은 일반적으로 사람들이 좋아하는 여가 활동이다. 이때 참가자들은 약간의 노동을 통해 한입 크기의 초콜릿을 받을 수 있었다. 그 노동이란 버튼을 누르는 것이었다. 버튼을 누르면 느긋하게 흐르던 음악이 멈추고 톱으로 나무를 자르는 거슬리는 소리가 들리게 된다. 실험이 끝나면 획득한 초콜릿은 참가자들이 먹을 수 있다. 하지만 아무리 많은 초콜릿을 획득했다고 하더라도 남은 초콜릿을 가져갈 수는 없다.

연구진은 무작위로 고른 참가자들을 두 부류로 나누었다. 그리고 A 그룹 참가자들은 한 개의 초콜릿을 얻기 위해 20번의 버튼을 누르도록 설정했고, B 그룹 참가자들은 똑같은 보상을 위해서 120번을 눌러야 하도록 실험을 설정했다. 이 실험에서 A 그룹 참가자들은 평균 10.7개의 초콜릿을 얻은 반면 B 그룹 참가자들은 평균 2.5개의 초콜릿을 받았다. 실험이 끝난 뒤 A 그룹 참가자들은 평균

4.3개의 초콜릿을 먹었고, B 그룹 참가자들은 평균 1.7개의 초콜릿을 먹었다. 두 그룹 모두 자기가 먹을 수 있는 양 이상으로 많은 초콜릿을 손에 넣었고, A 그룹은 특히 자신이 먹을 수 있는 양보다 훨씬 많은 초콜릿을 얻었다. 그들은 자신이 초콜릿을 정말 원하는지, 혹은 그 초콜릿을 다 먹을 수 있는지 여부는 생각하지 않고 초콜릿을 최대한 많이 모으는 데에 집중했다.

후속 연구에서 크리스토퍼 시는 참가자들이 분별없이 초콜릿을 계속 모으는 경향을 최소화할 수 있는지 알아보고자 했다. 참가자 중 일부에게는 초콜릿바를 최대 12개까지만 얻을 수 있다고 말했다. 상한선에 대한 정보를 들은 이 참가자들은 8.8개의 초콜릿을 받았고, 상한선에 대해 듣지 않고 실험에 참가한 사람들은 평균 14.6개를 얻었다. 손에 넣을 수 있는 최대 개수에 제한을 둠으로써, 일부 참가자가 자기에게 필요한 양과 초콜릿을 먹고 싶다는 욕구를 조정하도록 하는 데 성공한 것이다. 초콜릿 획득 단계가 끝난 뒤 두 그룹의 참가자들은 평균 6.7개의 초콜릿을 먹었다. 초콜릿 획득의 상한선이 정해져 있을 때 실제 먹은 양과 훨씬 가까운 양의 초콜릿을 획득한 것이다.

체이서들의 경우 자신이 획득한 자원의 양이 기본적인 측정자 구실을 한다. 따라서 초콜릿이 많을수록 더 나은 결과를 얻는다고 여긴다. 결국 무분별한 축적 성향 때문에 상한선을 정해주지 않은 그룹이 더 많은 초콜릿을 모으지만, 초콜릿을 얻거나 먹는 동안 그들이 느끼는 만족도는 상대 그룹보다 더 낮다.

만족도가 높은 쪽은 상한선에 대해 들은 참가자 쪽이었다. 체이싱은 때로 우리가 더 많은 자원을 얻게 해주지만, 그 자원은 우리 목표를 추구하는 데 필요한 물건이 아닌 경우가 많으며 그것을 얻는 과정에서 극도의 피로감이 쌓이게 한다.

우리가 던져야 하는 더 중요한 질문은 '우리가 실제로 성취하고자 하는 것이 무엇인가' 하는 것이다. 스물일곱 살의 조슈아 밀번 Joshua Millburn은 수년간 이 질문을 던지지 않았다. 그는 자산 규모가 10억 달러나 되는 지역전화서비스 제공업체인 신시내티 벨Cincinnati Bell의 최연소 이사로 승진했다. 대학 학위도 없는 사람이 소매점 판매원으로 시작해 150개의 소매점을 총괄하는 운영이사 자리까지 오른 것이다. 밀번의 직업적·개인적 성공 수준이 증가함에 따라 그의 사회적 비교 그룹도 빠르게 확대되었다. 예전에 판매원들과 어울리던 밀번은 이제 경영진들과 함께 시간을 보내게 되었고, 자기보다 훨씬 높은 직함과 많은 돈을 가진 동료들에게 둘러싸이게 되었다. 일은 계속 잘 풀리는 듯했고, 수십만 달러의 연봉과 여러 대의 고급 승용차, 물질적 부로 가득한 넓은 집은 그가 일군 것들을 보여줬다.

열정적인 눈길로 고위 경영진들을 직시하던 밀번은 자신이 아메리칸 드림을 이루었다고 생각했다. 코미디언 조지 칼린George Carlin은 아메리칸 드림에 대해 "이것을 아메리칸 드림이라고 부르는 이유는 그것을 믿으려면 잠이 들어야 하기 때문이다"라고 유머러스하게 말했다. 2014년에 1,821명의 미국인들을 대상으로 설문조사를 실시한 결과, 칼린의 우려가 단순한 농담이 아니라는 것이 드러났다. 응답자의 80퍼센트 이상이 10년 전에 비해 아메리칸 드림을 이루기가 어려워졌다고 생각했다. 그래서 밀번의 업적이 훨씬 더 인상적으로 다가오는 것이다.

밀번은 봉급이 인상되고 보상을 얻는 동안 자기가 살면서 정말 원하는 것이나 계속 더 많은 물질을 추구하는 이유를 한 번도 돌아보지 않았다. 비극이 닥치기 전까지는 말이다. 어머니가 돌아가시고 아내는 이혼을 요구했는데, 이 두 가지 일이 몇 주 사이에 일어났다. 이런 슬픈 사건 때문에 끝없는 체이싱의 연속이던 그의 삶이 가로막혔다. 밀번은 이런 개인적인 비극을 통해 평생 비참하게 살았을지도 모르는 상황에서 스스로를 구원하고, 대신 스트레칭을 통해 평생의 만족을 추구하기 시작했다.

밀번은 몇 년 만에 처음으로 자신의 인생행로를 되돌아보았다. 사회적 비교와 무분별한 축적이 위험하게 뒤얽힌 삶이었다. 그가 깨달은 것은 아메리칸 드림을 통해서 행복에 이르는 길은 매우 좁다는 것이었다. 그것은 기대와 행동을 미리 정해놓고 사람들에게 필요 없거나 원치 않을 수도 있는 일을 좇도록 설득하면서 이런 식의 삶에 따르는 대가를 간과하게 만들었다.

체이싱은 조슈아 밀번이 계속 더 많은 것을 원하도록 몰아붙였지만, 결국 그에게 남은 것은 예상보다 적었다. 그는 엄청나게 성공함으로써 직업적·개인적 삶과 관련된 과시적 요소들을 모두 가졌다. 하지만 불안감과 불행을 맛보았고, 더 많은 체이싱으로 자신의 기분을 좋게 만드는 물건들을 구입할 자금을 마련해서 스스로를 위로하려고 노력했다. 그러나 소비를 통해 스스로를 치유하려던 노력이 문제를 악화시켰다. 돈을 버는 것보다 더 빨리 썼기 때문에 많은 빚이 쌓여갔다. 직장에서 만나는 다른 사람들을 따라가려고 애쓰다가 주당 근로 시간이 너무 길어져서 육체적·정신적으로 건강이 악화되었고, 사적인 인간관계를 희생하면서 삶에 대한 열정과 활력을 빼앗겼다.

"그동안 가장 중요한 일들에 집중하지 않았습니다. 일주일에 70~80시간씩, 1년에 362일을 일했습니다. 나는 결혼생활은 물론이고 인생의 다른 일들도 전혀 챙기지 못했습니다. 회사 일 외의 모든 것을 도외시했던 것입니다."

석사 학위를 소지한 유럽의 전문직 종사자들이 석사 학위를 마친 후 7년 동안 어떻게 지냈는지 추적 관찰한 연구가 밀번의 깨달음을 뒷받침한다. 설문조사에 응한 여성 825명과 남성 1,105명에게 "나는 돈을 많이 벌고 싶다", "나는 좋은 직업적 평판을 얻고 싶다"와 같은 체이싱 경향에 대해서 물었다. 연구진은 참가자들이 졸업 3년 후와 7년 후에 돈을 얼마나 벌었는지 측정해보았다.

높은 경력을 추구하는 사람은 단기적으로는 더 높은 급여를 받았지만 7년 뒤에도 계속 높은 급여를 받지는 못했다. 보다 놀라운 사실은, 경력 추구 성향을 가진 사람들은 7년 뒤의 직업 만족도를 부정적으로 예측했다는 것이다.

연구진은 체이싱 성향은 높은 열망을 품게 하기 때문에 사람들은 계속 실망감을 느끼게 되고, 특히 다른 사람의 성공과 비교할 경우 실망감이 더 커진다는 결론을 내렸다. 사람들은 잘못된 이유 때문에 열심히 일하며 그로 인해 더 나쁜 결과를 얻는다. 또 조직은 감당할 수 없을 정도로 많은 것을 추구한다. 그것이 가장 명확하게 드러난 사례가 바로 역사상 가장 큰 규모의 부富가 파괴된 사건일 것이다.

더 많이 가질수록
더 많이 낭비한다

21세기로 접어들면서 실리콘밸리는 캘리포니아 주에서 가장 최근에 진행된 골드러시의 본고장이 되었다. 닷컴 기업들의 갑작스러운 인기가 부와 보람 있는 일에 대한 놀라운 전망을 만들어냈다. 매주 새로운 회사들이 주식 상장IPO을 하고, 벤처캐피털 투자자와 직원들에게 고액의 보수를 지급했다. 수익을 내는 것은 고사하고 가진 것이라고는 아이디어밖에 없는 스타트업 기업들이 수억 달러에 달하는 공개상장 기업으로 변모했다.

펫츠닷컴Pets.com은 닷컴 시대의 전형이었다. 운영 첫 해에 이 회사는 겨우 61만 9,000달러의 매출을 올리기 위해 거의 1,200만 달러에 달하는 광고비를 지출했다. 운영 2년차이자 마지막이 된 해에는 들인 비용보다 낮은 가격으로 상품을 판매하는 자사 웹사이트에 거래를 유치하기 위해 30초짜리 슈퍼볼 광고에 100만 달러 이상을 지출했다. 이 회사의 창업자와 초창기 직원들은 잠깐 동안이지만, 적어도 서류상으로는 수백만 달러의 돈을 벌었다. 이 회사는 결국 외부에서 유치한 3억 달러나 되는 자금을 마음대로 낭비했다. 나스닥 증권 거래소에 주당 11달러로 공모되었던 주식이 겨우 268일 만에 최종 종가가 22센트까지 떨어졌고 남아 있는 얼마 안 되는 자산도 모두 청산되었다.

닷컴 기업들은 자원, 특히 자본과 엔지니어에 대해 채워지지 않는 욕구를 가지고 있었다. 그들의 운영 방식은 자원이 많을수록 더 나은 결과가 나온다는 원칙을 추구했고, 결국 가급적 많은 자원을 확보하고 소비하고 요구하게 되었다. 닷컴 붐 시기에 무한히 공급되는 듯했던 자원을 연료로 삼은 스타트업들은 비용이 얼마가 들든 상관없이 최대한 빨리 성장하는 것을 목표로 삼았다. 혹사당하는 직원들에게는 향후 엄청난 보상을 지급하겠다는 약속과 함께 마사지부터 푸스볼foosball 게임 테이블에 이르기까지 다양한 혜택을 제공했다. 신규 직원에게 제공되는 특전과 스톡옵션이 회사에 새로운 활기를 불어넣는 것처럼, 외부에서 새로 유입된 돈은 줄어드는 현금 창고를 다시 보충했다. 자원이 계속 흘러 들어오는 동안은 실리콘밸리의 회사와 직원 모두 풍족한 삶을 살 수 있었다. 하지만 어느 날 갑자기 자원의 유입이 끊겼다. 마음껏 흘러 들어오는 자원에 중독되었던 회사들은 새로운 환경에서 살아남기 위해 고군분투

했다.

　미국 비즈니스계의 이 역사적인 시대를 문서화해서 이해하고 싶었던 메릴랜드대학교의 데이비드 커시David Kirsch 교수는 닷컴 시대의 탄생에 관한 디지털아카이브Digital Archive of the Birth of the Dot Com Era를 시작했다. 이 아카이브에는 초기 인터넷 기업 수천 곳에서 오간 수백만 통의 이메일 메시지, 메모, 프레젠테이션, 사진, 데이터베이스가 보관되어 있다. 닷컴 붕괴로 인해 이 기업들 가운데 상당수가 사업을 접었지만 커시 교수의 데이터는 그 가운데 절반 정도가 살아남았다는 것을 보여준다.

　살아남은 기업들의 공통점은 하루 빨리 큰 회사로 성장하는 비즈니스 모델을 따르지 않았다는 것이었다. 그들은 처음부터 더 많은 자본과 엔지니어, 광고, 고객을 추구하는 것을 피하고 보다 겸손하고 신중하게 성장하는 기업을 만들었다. 생존 기업들이 닷컴 붕괴를 성공적으로 헤쳐나오기 위해 사용한 이런 느리고 꾸준한 비즈니스 방식은, 더 많은 자원이 곧 더 나은 결과를 가져온다고 여기는 사고방식을 유지하는 한 쉽게 따라할 수 없으며 이는 오늘날에도 마찬가지다.

　자원을 획득하는 것은 그 자원을 생산적인 방법으로 이용하는 것에 비해 훨씬 쉬운 일이다. 문제는 체이서들이 자원 획득에만 지나치게 집착한 나머지 그 자원이 자신을 위해서 무엇을 할 수 있는지 깨닫지 못하게 된다는 것이다. 이는 끈질긴 체이싱 때문에 발생하는 자원 낭비로 이어지게 된다.

하버드대학교 경영대학원 학장인 니틴 노리아Nitin Nohria와 그의 동료인 란제이 굴라티Ranjay Gulati는 유럽과 일본에 본사가 있는 2개의 다국적 기업에 속한 가전제품 자회사를 연구했다. 연구진은 256명의 부서 관리자에게 설문지를 보내 업무 절차 간소화 및 제품 기능 향상 같은 주요 영역에서의 업무 개선이 얼마나 잘 이루어졌는지 확인했다. 그리고 부서 관리자들에게 각각의 개선을 통해 이루어진 비용 절감이나 이 덕분에 가능해진 추가 판매 같은 경제적 영향을 수량화해달라고 요청했다. 그런 다음에 노리아와 굴라티는 회사가 각 부서에 할당했지만 실제로 필요하지는 않은 여분의 자원이 얼마나 되는지 측정했다.

연구진은 여분의 자원이 업무 개선 추진을 도왔다는 사실을 알아냈다. 부서에서 그 자원을 이용해 자유롭게 실험을 할 수 있었기 때문이다. 어떤 위험이 있다는 것을 알아도 그것이 사업을 무너뜨리지 않을 것임을 알기에 위험을 감수할 수 있었다. 하지만 이들의 데이터에는 중요한 전환점, 그 반대의 경우가 발생하는 변곡점이 존재했다. 예비 자원이 너무 많은 부서의 경우 개선 가능성이 낮았다. 여분의 자원이 가장 많은 부서는 여유 자원이 전혀 없는 부서만큼이나 좋지 못한 결과를 얻을 정도였다.

노리아와 굴라티는 인력이나 돈 같은 자원이 풍부할 때는 타당한 이유가 없어도 그것을 써버리기 때문이라고 추론했다. 필요 없는 인력을 채용하거나 더 비싸고 넓은 사무실로 옮기기도 하고, 프로젝트를 경솔하게 추진하거나 저조한 성과를 내는 프로젝트를 지속하기도 한다. 자원이 너무 많으면 현실에 안주하면서 최선을 다하지 않게 된다. 절박함이 부족하기 때문에 중요한 프로젝트도 대충 넘긴다. 현금과 다른 자원이 계속해서 저절로 굴러 들어오는데 걱정할 필요가 뭐가 있겠는가?

우리가 자원을 낭비하는 또 하나의 이유는 이미 자원을 투자했기 때문이다. 이것이 바로 캘리포니아대학교의 교수 배리 스토Barry Staw가 몰입 상승 효과escalation of commitment라고 부르는 것이다. 스토는 한 연구에서 경영대학원 학생 240명에게 애덤앤드스미스Adams&Smith라는 가상의 회사 경영진 역할을 하면서 연구개발 자금을 배분해보라고 했다. 이 거대 기술 기업은 수익성이 떨어지고 있는데 이사진들은 회사가 연구개발 분야에 투자를 적게 한 것이 원인이라고 판단했다.

스토는 참가자들을 두 그룹으로 나눴다. 첫 번째 그룹에는 2개 부서 가운데 하나를 선택해서 이사회가 제공하는 자금 1,000만 달러를 전부 지급하라고 하고, 두 번째 그룹에는 자금을 지원할 부서를 미리 정해놓고 자금을 집행했다. 첫 번째 그룹은 자금을 지원할 부서를 자신들이 적극적으로 선택했기 때문에 그 결정에 개인적인 책임이 있다. 두 번째 그룹은 다른 사람이 내린 결정을 전해 듣기만 했기 때문에 초기 결정에 대한 개인적인 책임을 피할 수 있다.

그리고 5년 뒤로 넘어가서, 참가자들에게 회사 이사회가 2,000만 달러를 추가로 배정했다는 사실을 알렸다. 이번에는 참가자 그룹 모두 양쪽 부서에 어떤 비율로든 돈을 나눠줄 수 있도록 했다. 연구진은 참가자들의 결정을 돕기 위해 각 부서가 지난 5년 동안 어떤 성과를 거두었는지에 대한 정보를 제공했다. 기존의 두 그룹(첫 번째 자금 지원 결정에 대한 개인적인 책임이 있는 그룹과 개인적인 책임이 없는 그룹) 내에서, 참가자들은 처음에 1,000만 달러를 할당받은 부서가 다른 부서보다 좋은 성과를 올렸는지 아니면 선택받지 못한 부서가 더 좋은 성과를 올렸는지 알게 되었다. 만약 사람들이 합리적으로 행동한다면, 우리는 성과가 좋은 쪽에 더 많은 자원을 할당하리라고 예상할 것이다.

하지만 스토는 예상과 완전히 다른 결과를 보았다. 첫 번째로 진행된 5년간의 자금 지원에 개인적인 책임이 있는 참가자들은 자신들이 선택한 부서가 부진한 성과를 보였음에도 자신의 선택을 끈질기게 이어가서 2,000만 달러의 자금 가운데 약 1,300만 달러를 실적이 저조한 부서에 할당했다. 첫 번째 자금 지원 결정에 개인적인 책임이 없는 참가자들의 경우에는 할당 액수가 그보다 훨씬 적은 950만 달러였다.

프로젝트에 대한 개인적 책임이 큰 경우, 좀 더 유망한 대안이 제공되더라도 사람들은 상황을 전환하기 위해 추가적인 자원을 투자해 자신의 몰입도를 높인다. 자원을 많이 가지고 있으면 몰입을 높이려는 경향이 커지면서 더 많은 자원을 낭비하게 된다. 쓸 수 있는 여분의 자원이 너무 많을 때는 좋지 않은 아이디어도 좋아 보일 수 있다.

이 장에서 만난 사람과 조직은 사회적 상향 비교, 기능적 고착, 무분별한 축적, 자원 낭비라는 체이싱의 네 가지 요소를 보여준다. 다른 사람들이 가진 것에 자극을 받고 자신이 가진 것에 감사하는 마음이 부족한 체이싱 방식을 따를 경우 지속적인 자원 흐름에 의존하면서 일하거나 살아가게 되므로, 자기 수중에 있는 것들을 효과적으로 활용할 가능성이 차단된다.

단기적으로는 체이싱을 통해 약간의 보상을 얻을 수도 있다. 하지만 장기적으로는 만족감이 떨어지고 성공 가능성도 낮아진다. 체이서들은 가진 것이 충분하지 않은 탓에 일에 차질이 생겼다고 불평하면서 자신의 주변에 있는 것들을 스트레칭할 기회를 놓친다. 아이러니한 사실은 체이서들은 더 많이 축적할수록 가진 것을 낭비하는 경우가 많고 자신의 행운에 의지하면서 파티가 절대 끝나지 않을 것이라고 확신한다는 점이다.

체이싱 방식을 따를 때는 늘 다른 집의 잔디밭이 더 푸르러 보인다. 가장 푸른 잔디밭에 관해 연구한 법률 및 역사학 교수 테드 스타인버그Ted Steinberg는 이 모든 것이 지닌 역설을 지적한다. 이웃집의 잔디를 멀리서 흘금흘금 바라볼 때는 잔디를 관찰하는 시야각 때문에 그쪽이 더 풍성해 보인다고 착각하게 된다는 것이다. 사실 우리 집 잔디밭도 이웃집 잔디밭만큼이나 무성하게 자라 진한 녹색을 띠는 경우가 많다. 이런 사실을 깨닫게 되면 올바른 것을 추구하는 사고방식으로 바꿀 수 있고 더 나은 결과를 위해 기지를 발휘할 수 있을 것이다.

3장

한계에 부딪힐수록
더 자유로워지는
스트레처의 생각법

STRETCH

스트레치 방식으로 사고를 하면 자신이 가진 한정된 자원을 스스로 컨트롤 할 수 있게 된다. 또한 가장 창의적인 방식으로 자원을 활용하는 법을 찾을 수 있다. 즉 '심리적 주인의식'을 갖게 되는 것이다. 이는 일에 대한 심리적 만족감뿐만 아니라 실제 성과까지 향상시키는 효과를 만들어낸다. 일과 삶을 주도적으로 끌고 가는 사람은 주어진 상황과 환경에서 만들어낼 수 있는 가장 최상의 결과를 고민하기 때문이다.

나는 내 일의 주인인가

2010년에 나는 여성 의류, 보석, 액세서리 매장 체인인 부티크코 BoutiqueCo라는 회사를 조사하러 시카고에 갔다. 이 회사는 한국계 미국인 자매 세 명이 1999년에 설립했다. 고객들이 보석, 선물, 액세서리를 한곳에 늘어놓은 디스플레이를 매력적이라고 여긴 덕분에 첫 번째 매장은 높은 매출을 올렸다. 빛나는 램프, 아기자기한 향초, 꽃꽂이로 장식된 매력적인 부티크는 가구 소득이 7만 5,000달러 이상인 18~34세 사이의 여성들의 감각에 호소하면서 그들이 원하는 제품을 제공했다.

이들은 기존 매장에서 얻은 수익을 이용해 몇 개의 매장을 더 열었다. 내가 살펴보기 위해 들른 시카고 지역 매장은 2008년에 시작된 심각한 경기 침체 기간 동안 확장한 매장 중 하나였다. 당시에는 경제가 침체되고 소비자 심리가 위축되어 주요 소매업체들도 영업 시간을 단축하거나 매장을 폐쇄하거나 아예 사업을 중단하던 시기였지만, 부티크코는 매주 새로운 매장을 열기 위해 상품으로 가득 찬 대형 트럭을 내보내고 있었다. 덕분에 2007년에 65개이던 매장 수가 2015년에는 미국 전역에 600개 이상으로 늘어났다. 각 매장은 독립적인 현지 부티크의 매력을 유지하기 위해 판매하는 상품을 맞춤 구성했다.

나는 회사의 확장 노력이 진행되는 모습을 관찰하기 위해 어느 날 이른 아침에 한 매장을 방문했다. 그리고 인근 매장에서 일하는 직원 4명으로 구성된 팀이 화물 운반대 13개 분량의 상품이 가득 든 상자를 이용해 닷새도 안 걸려서 빈 공간을 아름다운 부티크로 변모시키는 작업을 시작하는 모습을 지켜봤다.

도착해서 조사를 시작한 지 몇 분 만에, 직원들 가운데 리더 격인 사람이 직접 일을 해보지 않겠느냐고 물었다. 나는 상반되는 감정을 느끼면서 제안을 승낙했다. 새로운 경험을 하게 되어 흥분되는 한편 여성 패션이나 부티크 쇼핑에 대한 지식이나 경험이 적어서 겁이 났던 것이다.

나는 선적 상자에 쌓여 있던, 단단하지만 구부릴 수 있는 은색 고리를 어설프게 만지작거리기 시작했다. 그 고리는 구부리거나 비틀거나 접어서 다양한 형태를 만들 수 있었다. 본능적으로 떠오른 첫 번째 아이디어는 그것을 스트레스 해소 도구로 명명하자는 것이었다(내 업무 범위 밖에서 일하는 불안감을 약간 덜어줬기 때문에). 하지만 사

3 · 한계에 부딪힐수록 더 자유로워지는 스트레처의 생각법

실 그것은 변형 가능한 장신구였다. 길게 늘여서 목걸이를 만들거나 손목에 감아 팔찌를 만들거나 머리띠로 이용하는 등 그것으로 여러 가지 다양한 제품을 만들 수 있었다. 결국 나는 그 제품을 가지고 다른 변형 가능한 장신구를 진열하는 스탠드를 만들었다. 스탠드 역할을 하는 것이 그 제품의 원래 용도는 아니지만 말이다.

전국 각지의 매장을 돌아다니는 동안, 다른 직원들도 제품이나 프로세스, 심지어 직원을 대상으로 내가 변형 가능한 장신구를 가지고 했던 것과 비슷한 경험(자기 손에 있는 물건을 새로운 용도로 사용하는 경험)을 하는 모습을 보았다.

체이싱의 기본이 최대한 많은 자원을 얻는 것이라면, 스트레칭의 기본은 우리가 이미 가지고 있는 것에 집중하는 것이다. 스트레칭 사고방식은 충분한 자원을 가지지 못할 것이라는 불안감을 해소시키고 지금 눈앞에 있는 것만으로도 차고 남을 만큼의 것을 만들 수 있다고 가르쳐준다.

이 장에서는 스트레칭 사고방식의 중요한 4대 요소를 다룰 예정이다. 우선 심리적 주인의식의 중요성부터 시작하자. 우리는 자원을 통제하고 있다고 믿음으로써 그것을 광범위하고 창의적인 방식으로 이용할 수 있다. 그런 다음, 직관과는 다르게 제약을 받아들이는 것이 왜 더 다양한 방법으로 자원을 사용할 수 있는 일인지 알아본다. 체이싱 방식을 사용할 때는 제약이란 더 많은 자원을 입수해서 극복해야 하는 대상으로 여겨진다. 하지만 스트레칭 사고방식을 갖추면 제약을 통해 주위에 있는 것들의 새로운 용도를 찾아낼 수 있다. 그다음에는 절약 정신에 대해 다룰 것이다.

체이서에게는 사회적 지위와 성공이 자신의 결핍을 알리는 신호처럼 보이겠지만 스트레칭 방식을 이용하면 절약을 통해 보다 나은 결과를 얻을 수 있음을 알게 될 것이다. 그리고 스트레처가 다른 사람은 간과하거나 묵살하는 자원에서 잠재력과 진가를 발견하고 쓰레기를 보물로 바꾸는 방법을 살펴보면서 결론을 지을 것이다.

주인의식은 성과도,
만족도 높인다

부티크코가 최근에 연 시카고 매장의 오픈 준비를 도와준 뒤, 나는 도시 중심부에 있는 기존 매장 한 곳을 방문했다. 그곳은 선물용품 테이블 주변을 서성이는 고객들로 북적였지만 판매 직원들은 느긋하게 한쪽으로 비켜나 있었다. 도심 매장의 분위기는 그달 초에 살펴본 교외 매장들과 사뭇 달랐다. 우리는 지하에 있는 매장 창고로 향했다. 그곳은 제품이 판매되는 위층의 번잡함과 활기에서 멀리 떨어져 있었다.

20대의 매니저 에단 피터스Ethan Peters에게 회사 전체에서 가장 뛰어난 실적을 올리는 매장을 계속 이끌 수 있는 비결이 무엇인지 물었다. 그는 먼저 자신이 예전에 근처 쇼핑몰에서 하던 일과 지금 하고 있는 일을 대조하면서 이야기를 시작했다. 에단은 본사 직원이 상품 디스플레이 제작부터 신입 사원 교육과 고객에게 인사하는 법에 이르기까지 모든 것을 이래라 저래라 하는 이전 직장의 전통적인 소매업 모델에 좌절감을 느꼈다.

"모든 것이 규격화되어 있었습니다. 그래서 모든 일을 특정한 방식대로 해야만 했죠."

그러다가 예전 직장 동료가 시카고 지역에서 사세를 확장하고 있는 부티크 코에 대해 말해줬을 때, 그는 당장 그 기회에 달려들었고 자신의 아이디어를 시험하면서 매장을 차별화하겠다는 열의에 불타올랐다.

에단은 어느 해 여름에 이 회사 제품의 일반적인 품질에 미치지 못할 만큼 형편없이 제작된 드레스가 한 무더기 입고되었던 일에 대해 얘기해줬다. 만든 제품을 옷걸이에 걸어놨지만 고객들은 그런 형편없는 제품을 사려고 하지 않았다. 그는 그것을 반드시 드레스 형태로 팔아야 할 필요는 없다고 생각했다. 그래서 어깨 끈을 잘라버리고 '비키니 위에 입는 비치웨어'라는 안내판을 만들었다. 수영 코너의 핵심 매출 상품이 될 새롭고 매력적인 제품이 탄생한 것이다.

이 회사의 상품화 책임자가 어떻게 에단의 매장에서는 사람들이 원하지 않는 제품을 모두 팔아치울 수 있었는지 알아보기 위해 찾아오자, 에단은 그의 비치웨어 아이디어를 흥분된 어조로 설명했다. 다른 회사였다면 제품을 의도적으로 손상시킬 경우 해고될 수도 있었다. 하지만 부티크코는 에단의 수완 좋은 해결책을 다른 직원들에게도 강조했다.

나는 에단 피터스 같은 사람이 자원을 남들이 예상치 못한 귀중한 방식으로 변환시킬 수 있게 해주는 원동력이 무엇인지 알아내는 데 힘을 쏟았다. 기업, 학교, 가족 같은 단체들이 어떻게 하면 구성원이 드레스의 '끈을 자르고' 숨겨진 가치를 드러낼 수 있게 해주는가? 그 답은 자원에 대한 한 사람의 전체적인 관점을 변화시키는 간단한 단어 하나에 들어 있었다. 그건 바로 주인의식이다.

이런 심리적 주인의식을 가진 이들은 자원을 본인이 소유하지 않았더라도 그것에 대한 소유욕을 느끼게 된다. 에단 피터스가 깨닫게 된 것처럼, 이런 소유욕이 자원을 변형시킬 수 있는 자격을 부여한다.

에단의 심리적 주인의식의 기원은 이 회사가 초기에 겪은 어려움으로 거슬러 올라간다. 회사 설립자들은 매장 운영의 여러 가지 측면에 대한 지침을 제공할 시간과 돈, 기술이 부족했다. 의지할 것이 많지 않던 에단은 상품 판매, 고객 서비스, 직원 훈련에 대한 실험을 시작했다. 그는 매장에 자신의 견해를 각인시키면서 점차 자신을 주인으로 여기기 시작했다. 비록 매장에 대한 실제 소유권은 부족했지만, 심리학자들이 자기지각self-perception 과정이라고 부르는 것을 활성화시켰다. 에단은 주인처럼 행동했기 때문에 자신이 주인이라고 여기게 되었고, 고객들까지 그런 태도를 알아차렸다.

"사람들은 늘 내게 이 매장 주인이냐고 묻습니다. 항상 그래요."

부티크코가 성장해 자원이 풍부해짐에 따라, 회사는 에단 피터스와 그의 동료들이 매장의 주인처럼 행동할 수 있는 조건과 기업 문화를 조성하기 위해 열심히 노력했다. 회사는 통제권을 중앙으로 집중시키고 심리적 소유권을 박탈하는 권위를 행사하려는 유혹을 피했다. 회사 경영진들은 직원들이 스스로 생각하고 주인처럼 행동하도록 권장하는 '주인의식의 해'를 지정하고, 직원들이 이런 사고방식을 받아들이기 위한 팁이 담긴 '소유주 매뉴얼'을 배포했다. 또 경영팀은 이 정도 규모의 회사들이 통상적으로 제공하는 자원 제공을 보류했다. 이 회사의 CEO는 '우리 회사도 이런 자원을 손쉽게 제공할 수 있었지만 그렇게 할 경우 직원들이 주인의식을 잃어버리게 되므로 절대 하지 않을 것'이라고 했다.

부티크코가 심리적 주인의식을 계속 발전시키는 데는 충분한 이유가 있다. 조사에 따르면 사람들이 주인의식을 느낄 경우 자신이 하는 일에 훨씬 만족한다고 한다. 회계사에서 소프트웨어 엔지니어에 이르기까지 다양한 전문가 표본에서, 심리적 주인의식이 그 사람의 직업 만족도의 16퍼센트를 차지했다. 이는 그들이 자신의 상황을 통제할 수 있다고 생각하고, 개성을 표현하며, 자신이 그곳에 속해 있다고 느낄 수 있게 도와준다.

심리적 주인의식은 또 재무적 성과도 향상시킨다. 심리적 주인의식이 매장의 매출에 어떤 영향을 미치는지 알아보기 위해 한 소매 회사의 33개 매장에서 일하는 직원 2,755명을 대상으로 설문조사를 실시했다. 그들은 심리적 주인의식과 수익성을 알고 싶어 하거나 비용을 절감하려고 애쓰는 것 같은 실제 소유주의 전형적인 행동을 측정하기 위한 설문지를 배포했다. 그런 다음 매장의 규모, 판매 계획, 실제 판매량을 기준으로 매장의 판매 실적을 조사했다. 그들은 확고한 심리적 주인의식과 주인 같은 행동이 매장의 재무 성과 향상을 촉발하는 인자라는 사실을 알아냈다.

에단 피터스는 심리적 주인의식이 강했지만 여전히 조잡한 드레스뿐만 아니라 자기 상사와 몇 명 안 되는 직원들의 한정된 경험 같은 몇 가지 까다로운 제약에 맞서야 했다. 체이싱을 할 때 우리가 느끼는 첫 번째 본능은 이런 제약을 극복하기 위한 자원을 확보하는 것이다. 하지만 이런 상황에 대처할 수 있는 더 나은 방법이 있다.

한계가 만들어내는 창의성

필 핸슨Phil Hansen은 재능이 드러난 사춘기 시절에 예술계에 투신했고 그 이후 그림 그리는 것을 멈출 수가 없었다. 이 시절 핸슨은 작은 점들을 이용해 멀리 떨어져서 봤을 때 더 큰 이미지를 만들어내는 스타일인 점묘법에 집착했다. 수천 개의 작은 점을 그리면서 십대 시절을 보내던 그에게 오른손이 떨리는 증상이 생겼다. 그림을 그리려고 애쓰면 애쓸수록 더 그리기가 힘들어졌다. 그는 붓을 더 단단히 쥐어서 손 떨림을 막아보려고 했지만 이런 방식은 상황을 악화시킬 뿐이었다. 결국 핸슨은 직선 하나도 그릴 수 없게 되었고, 어쩔 수 없이 화가가 되겠다는 꿈을 접어야만 했다.

필 핸슨은 자기가 다시 그림을 그릴 수 있는지 궁금해서 신경과 전문의를 찾아가 조언을 구했다. 하지만 의사는 그의 손에 있는 신경이 영구적으로 손상되었다는 충격적인 진단을 내렸다. 핸슨은 그 말을 받아들이기가 힘들었다. 하지만 의사는 핸슨의 인생을 변화시키는 처방을 제시했고 결국 이것이 핸슨이 스트레칭 사고방식을 받아들일 수 있는 촉매제 역할을 했다. 의사의 처방은 떨리는 손을 그냥 받아들이라는 것이었다.

필 핸슨은 자기가 할 수 없는 일에 골몰하는 대신 할 수 있는 일을 찾으려고 했다. 그는 떨리는 손으로 그림을 그릴 새로운 방법을 찾았다. 점묘법이 작은 점들이 모여 커다란 그림을 이루는 방법이라면, 그의 떨리는 손으로 그린 구불구불한 선들이 똑같은 일을 해내지 못하란 법이 어디 있겠는가?

핸슨은 학교를 졸업한 뒤 직업 화가가 되겠다는 자신의 야심을 뒷받침해줄 수 있는 일자리를 찾았다. 그가 즉각적으로 느낀 본능은 대부분의 사람들이 첫 월급을 받고 하는 일, 즉 밖에 나가서 무엇인가를 사는 것이었다. 필 핸슨은 미술 도구를 좀 더 좋은 것으로 교체하면 작품의 질이 크게 향상될 것이라고 확신했다. 필요한 도구들을 모두 갖추고 몇 시간, 며칠이 흘렀지만 젊은 영재는 독창적인 아이디어를 떠올리지 못했다. 새로운 도구가 그의 작품에 활력을 불어넣어줄 것이라는 생각이 흔들리는 손보다 훨씬 큰 손상을 입힌 것이다.

핸슨은 슬럼프를 극복하기 위해 미술 도구에 집착하던 태도를 버리고 자기 내면을 들여다보면서 자신이 정말 그리고 싶은 것이 무엇인지 되돌아보았다. 그는 일부러 제약을 가하는 방법으로 더 큰 창의성을 발휘할 수 있을지 궁금했다. 그래서 새로운 도구에 의존하는 대신 아주 사소한 재료들을 이용해서 작품을 만들기로 했다. 그의 첫 번째 프로젝트는 스타벅스의 일회용 컵 50개와 1달러어치의 재료만 사용해서 다우디Daudi라는 소년의 잘 알려진 초상화를 만드는 것이었다. 그는 또 자기 가슴을 캔버스 삼아 몸에 몇 개의 그림을 층층이 그린 뒤 그것을 사진으로 남기기도 했다.

이 신진 예술가는 자신의 신체적 한계를 극복하기 위한 새로운 방법들을 계속 찾았다. 잘 움직이는 두 발을 물감 통에 푹 담갔다가 그림을 그리기도 했다. 손에 물감을 잔뜩 묻히고 벽을 마구 쳐서 이소룡의 초상화를 만드는 작업은 정확한 신체 움직임이 필요 없는 일이었다. 필 핸슨은 예술 활동을 하기 위한 새로운 방법을 익히도록 강요하는 한계를 받아들이면서 자기 작품을 향상시켰다. 손이 떨리는 신체적 제약 때문에 그는 예술을 새로운 수준으로 끌어올리게 되었고 결국 51회 그래미상 시상식의 위촉 화가로 일하게 되었다.

필 핸슨의 가장 중요한 통찰은, 떨리는 손이나 형편없는 도구 같은 제약이 창의력을 발휘할 수 있는 능력에 불을 붙여준다는 것이다. 그의 말처럼 "한계가 창의성을 고취한다"는 것을 깨달은 것이 그의 작업에 새로운 시각을 제시했다.

필 핸슨이 한계의 힘을 발견한 최초의 예술가는 아니다. 컬럼비아대학교 심리학과 교수이자 예전에 화가로 활동한 패트리샤 스토크스Patricia Stokes는 클로드 모네가 끊임없이 걸작을 만들어낼 수 있었던 이유를 알아내기 위해 몇 년을 공들여 연구했다. 학생 시절부터 전문 직업인이 된 이후까지 모네의 작품에는 한 가지 상수가 존재한다고 스토크스는 특징지었는데 그건 바로 제약이다.

모네는 초창기에 어둡고 밝은 빛의 대조를 없애고 구상화를 멀리하면서 인상주의를 발전시켰다. 훗날에는 다른 제약들을 부과해 끊임없이 학습하는 상태를 유지하려고 애썼다. 모네는 그림을 잘 그리는 방법을 알고 있었지만 그를 다른 수많은 화가들과 차별화하는 특징은, 그가 남들과 매우 다른 방식으로 잘 그리는 법을 알고 있었다는 것이다.

우리의 상식은 사람들이 창의력을 가지고 태어났다고 말하지만, 스토크스는 창의력은 선천적인 기술인 동시에 우리가 가진 사고방식의 일부이기도 하다는 사실을 알아냈다. 그녀는 제약을 받아들이는 것이 뛰어난 예술가와 정말 특출한 예술가를 분류하는 특징임을 밝히면서 프랭크 로이드 라이트Frank Lloyd Wright 같은 건축가나 클로드 드뷔시Claude Debussy 같은 작곡가에게서도 이런 패턴을 찾아냈다.

코코 샤넬의 패션 디자인이나 말보로 담배를 세계적인 브랜드로 탈바꿈시킨 레오 버넷Leo Burnett의 광고 캠페인을 통해 알 수 있는 것처럼, 창의력에 따라 성과가 크게 좌우되는 전문적인 환경에서도 동일한 결과가 나왔다. 하지만 창조적인 작업에 의존하지 않는 사람들의 경우에도 스토크스는 같은 결론에 도달했다. 초등학생부터 실험실 쥐에 이르기까지 누구든 제약이 있으면 자원을 보다 독창적인 방식으로 사용해서 성과를 높이는 데 도움이 된다는 것이다.

스토크스의 실험 중 하나를 예로 들어보자. 스토크스는 설치류에게 오른발만 써서 막대기를 누르도록 강요하자, 그 쥐들이 결국 오른쪽 발만 쓰라는 제약이 없는 쥐들에 비해 막대기를 누르는 방법을 보다 다양하게 습득했다. 쥐들은 연구진이 '작은 c 창의력little c creativity'이라고 칭한 것을 보여줬다. 이는 창의적인 작품을 만드는 데 주력하기보다는 자원을 새로운 용도로 응용해서 실질적인 문제를 해결하는 창의력의 한 형태다. 우리는 창의력이란 곧 걸작을 생산하는 능력으로 생각하는 경향이 있지만, 사실 창의력은 일상적인 일들을 완료하는 데도 중요한 능력이다. 창의력은 프로그래머가 독창적인 코드의 첫줄을 완성하고, 제품 관리자가 기존 제품을 판매할 새로운 시장을 파악하고, 초등학교 교사가 뺄셈을 가르치는 재미있는 방법을 찾을 수 있게 해준다.

지난 수십 년 동안, 제약이 있으면 이런 식으로 자원을 창의적으로 사용하는 데 방해가 된다는 것이 심리학자들 사이의 지배적인 견해였다. 아주 잠시 동안만 답답한 관료주의를 경험하거나, 세세한 점까지 간섭하는 관리자 밑에서 일하거나, 시험을 치르기 위한 목적으로만 학생들을 가르치는 교실에 앉아 있어보면 이 논거의 호소력을 인정하게 될 것이다. 제약은 부티크코의 매장 관리자인 에단 피터스와 다른 직원들이 일을 잘 해낼 수 있게 해준 심리적 주인의식을 침식시킬 수 있다. 자기가 업무를 총괄하면서 자발적으로 일하고 있다고 느끼고 싶어 하는 기본적인 심리적 요구를 충족시키지 못하기 때문이다.

제약은, 특히 한정된 돈의 형태로 나타날 경우 심리적 주인의식을 박탈할 뿐만 아니라 때로는 자신의 업무가 우선순위가 아니라는 느낌까지 들게 한다. 체이싱에 뿌리를 둔 이런 관점은 나의 노력을 그것을 추구하는 데 들인 자원의 양을 기준 삼아 평가한다. 이 추론에 따르면 투입된 자원이 적을수록 노력의 중요도도 낮아지는 것이다.

제약이 미치는 해악에 관한 이런 일반적인 인식에도 불구하고, 최근에 진행된 연구에서 제약이 중요한 목적 달성에 도움을 준다는 사실이 밝혀지면서 이러한 인식에 의문이 제기되기 시작했다.

일리노이대학교의 라비 메타Ravi Mehta와 존스홉킨스대학교의 멩주Meng Zhu는 희소성이나 풍요로움에 대한 생각이 사람들의 창조적인 자원 사용에 어떤 영향을 미치는지 조사했다. 연구진들은 사람들에게 자원이 부족하다는 사실을 좀 더 명확하게 알려주면 필 핸슨과 클로드 모네가 아름다운 예술 작품을 만들어낸 것과 동일한 유형의 정신 상태에 처하게 될 것이라고 생각했다. 자원을 보편적인 방식으로 사용하려는 자연스러운 경향이 줄어든다는 얘기다. 그에 반해 자원이 풍부하다는 사실이 명백해지면 사람들은 자원을 보다 전통적인 방식으로 사용하게 될 것이다.

그 예상이 맞는지 시험해보기 위해 연구진은 다섯 차례의 실험을 진행했다. 한 실험에서는 60명의 학부생들을 임의의 두 그룹으로 나누는 일부터 시작했다. 메타와 주는 첫 번째 그룹의 참가자에게 자원이 부족한 상태에서 성장하는 일에 관한 짧은 에세이를 쓰도록 하고, 두 번째 그룹 참가자에게는 풍부한 자원을 가지고 성장하는 일에 관해서 쓰게 했다. 나중에 연구진은 참가자 모두에게 그들의 대학이 직면하고 있는 실질적인 문제를 제시했다.

최근에 컴퓨터 실습실을 옮기는 과정에서 에어캡 포장재 250장이 생겼는데 학교 측에서 그것을 사용할 방도를 찾고 싶어 한다는 것이었다. 실험 진행자들은 참가자들 사이의 친숙함을 확인하기 위해 샘플 자료를 제공한 다음, 에어캡을 사용할 방법에 대한 계획을 세워보라고 했다. 그 이후에 참가자들은 그들이 문제에 접근하는 다양한 방법을 측정하기 위한 설문지를 작성했다.

교수들은 학생들이 제안한 에어캡 사용법의 참신함을 평가하기 위해 20명의 심사위원을 고용했다. 실험 참가자들이 자원이 부족한 상태에서 성장하는 일에 관한 글을 쓴 참가자인지 아니면 반대의 참가자인지 모르는 심사위원들은, 부족한 그룹에 배정된 사람들이 풍족한 그룹에 속한 이들보다 창의적인 에어캡 사용 방법을 고안해냈다고 평가했다.

어째서 자원이 적은 사람들이 그 자원을 더 광범위한 시각으로 바라보게 되는 것일까? 자원이 풍족한 경우 사람들은 표면에 보이는 모습대로 자원을 대하면서 전통적인 방식으로 그것을 사용한다. 하지만 자원이 부족한 상태에 처하면, 자원을 보편적이지 않은 방법으로 사용할 수 있는 자유를 스스로에게 부여한다. 가진 것을 최대한 활용해야 하는 제약 때문에 자신의 문제나 과제, 기회를 관리하기가 더 쉬워지는 것이다. 제약이 없는 경우, 자원을 표면적 모습대로만 바라보게 된다. 우리는 '저항이 가장 적은 경로'의 모델을 추구하며, 이를 통해 본능적으로 진부한 사고방식으로 전환해서 정신적 에너지를 아낄 수 있다.

그러나 제약이 있으면 상황이 완전히 다르게 펼쳐진다. 우리는 자신의 정신 에너지가 보다 능동적으로 작용하도록 노력한다. 다양한 연구를 통해, 누군가에게 제품 설계나 제작을 부탁하면 좋은 아이디어를 얻을 수 있다는 사실이 꾸준히 밝혀졌다. 하지만 한정된 예산 안에서 제품을 설계하거나 제작해달라고 부탁하는 경우, 아마 훨씬 좋은 결과를 얻을 수 있을 것이다. 사람들이 신제품을 설계하고 음식을 만들고 망가진 장난감을 고치는 방법을 살펴본 연구진이 알아낸 것도 바로 그것이다. 예산이 적을수록 사람들이 이런 과제에 대응할 때 발휘하는 기지가 크게 늘었고 결과도 더 좋았다.

하지만 많은 자원을 보유하고 있을 때 어떻게 스트레칭 사고방식을 발휘할 수 있을까? 가지고 있는 자원을 더 큰 재산으로 전환하기 위해 자원을 절약해야 할 때가 있다.

주체적 삶을 이끄는
절약의 철학

밥 키얼린Bob Kierlin은 일 때문에 출장을 갈 때 최대한 비용을 덜 들이려고 한다. 비즈니스 미팅을 위해 먼 거리를 자동차로 가고, 교외에 있는 저렴한 숙소에 묵고, 리츠 칼튼 같은 고급 호텔보다 레드 루프인Red Roof Inn을 좋아한다. 또 그 도시의 멋진 식당은 피하고 맥도널드에서 저렴하게 한 끼를 때우는 것을 선호한다. 사무실에서는 낡은 양복을 입고 일을 한다.

키얼린의 검소함은 별로 부유하지 않은 부모님 밑에서 자라던 어린 시절부터 몸에 밴 것이다. 그의 가족은 좋은 식당에서 식사할 여력도 없었고, 휴가 때는 여행을 떠나기보다 근처 공원에서 시간을 보냈다. 이런 소박한 양육 방식을 통해 그는 물건을 낭비하지 않는 일의 중요성을 배웠고, 그의 말처럼 이것은 '삶의 모든 부분에서 몸에 배인 습관'이 되었다.

경제 월간지 「잉크Inc.」는 패스터널Fastenal이라는 산업용품 회사의 설립자이자 전 CEO인 키얼린에게 미국에서 가장 인색한 CEO라는 딱지를 붙였다. 그는 또 미국에서 가장 인색한 인물의 모습을 확실하게 보여줄지도 모른다. 어쨌든 수십억 달러 규모의 회사를 설립하고 키워서 지난 수십 년간 미국 내 다른 어떤 회사보다도 뛰어난 주식 실적을 올려 수억 달러를 벌어들인 그는 미국에서 가장 큰 성공을 거둔 사람 중 한 사람이다.

1987년에 주식 상장을 한 이후 2014년에 키얼린이 이사회에서 은퇴할 때까지 패스터널은 놀라운 수익을 올렸다. 이 회사는 8만 4,000개가 넘는 상장 주식 가운데 두 번째로 높은 실적을 올렸다. 이는 12위를 차지한 마이크로소프트의 수익보다 세 배나 많은 수치다. 그리고 이 기간 동안 47,782퍼센트의 복리 수익을 올렸다. 이는 곧 만약 주식이 상장된 날 2,100달러를 투자했다면 키얼린이 은퇴할 무렵에는 그 돈이 100만 달러 이상으로 늘어났다는 얘기다.

밥 키얼린이 거둔 성공의 열쇠, 그가 일하고 살아간 방식은 대부분의「포춘」1,000대 기업 경영진들과 대조를 이룬다. 어린 시절부터 시작된 그의 사명은 검소함을 장려하는 것이었다.

키얼린은 일곱 살 무렵인 1946년에 아버지가 새로 문을 연 자동차 부품 매장에서 많은 시간을 보냈다. 보통 매장의 바닥을 쓸고 하루에 5센트씩 벌었다. 그는 매장에서 시간을 보내는 것을 좋아했고 열한 살에는 승진해서 카운터 점원이 되어, 고객들의 자동차가 계속 달릴 수 있게 해주는 볼트와 너트를 찾고 팔고 가격을 청구하는 책임을 맡았다.

이 조숙한 소년은 아버지가 판매하는 부품의 대부분이 담배 상자 크기만 한 상자에 포장되어 판매된다는 것을 깨달았다. 그리고 여기에서 아이디어를 얻었다. 자판기를 통해 부품을 판매해서 비용을 절감할 수 있다면 어떨까? 이 아이디어는 인건비를 절감하는 동시에 많은 돈을 들이지 않고도 최대한 많은 지역으로 사업을 확장할 수 있다는 이점이 있었다.

키얼린은 미네소타대학교에서 공학 및 비즈니스 학위를 취득한 뒤에도 이 어린 시절의 꿈을 계속 간직하고 있었다. 평화봉사단Peace Corps과 IBM에서 잠시 일한 뒤, 그는 유년기의 아이디어를 현실로 바꾸려고 시도했다. 친구 4명과 함께 3만 1,000달러를 모아 자판기를 임시변통하고, 담배 곽을 나사 슬리브로 대체했다. 회사 직원들이 자판기를 유지 관리했지만 일상 업무를 위한 정규 직원을 고용할 필요는 없었다.

밥 키얼린의 자판기 아이디어는 상당히 좋은 생각 같았지만 결국 실패하고 말았다. 가장 인기 있는 제품 가운데 일부를 기계 장치에 집어넣을 수 없었기 때문이다. 고객들이 현장 직원에게 필요한 부품에 대한 문의를 많이 하는 것도 직원 급여를 절감할 수 있다는 아이디어의 기반을 약화시켰다. 처음부터 계획을 다시 세워야만 했다.

이 기업가는 볼트와 너트를 저렴한 가격으로 고객에게 판매한다는 아이디어를 다시 다듬었고, 1967년에 미네소타 주 위노나Winona에 직판점을 열었다. 숙련된 판매원들에게 의지하는 대신, 일을 막 시작해서 경험은 없지만 (그래서 급여를 적게 줘도 되는) 야심찬 직원들을 선호했다. 그는 성공하려고 단단히 작정한 이 풋내기들을 신속하게 매장 관리자로 전환시켰고, 중앙 집중 관리에 따르는 간접비를 최소화하기 위해 그들이 직접 제품을 선택하고 마케팅 계획을 수립할 수 있게 했다.

키얼린은 보다 저렴하고 합리적인 가격으로 제품을 매장에 공급하기 위해 재고를 대량으로 구입해야 했다. 단일 매장에서 그것을 모두 판매하려면 3년이나 걸리기 때문에 비효율적일 뿐 아니라 현금 흐름에도 문제가 발생한다. 키얼린은 사장된 재고를 계속 쥐고 있기보다는 규모가 큰 경쟁자들이 간과한 쪽으로 시장을 확대하는 방법을 택했고 추가적인 제품 투자에 대한 필요성 없이 매장을 열었다. 그가 연 매장에는 책상과 의자, 약간의 선반 외에는 별다른 장식이 없었다.

1987년이 되자 패스트널은 7개 주에 50개의 매장을 보유할 정도로 성장했다. 이제 산업용품을 공급하는 세계적인 판매업체 가운데 하나로 대중 앞에 선보일 준비가 되었다. 주식 상장을 통한 막대한 자본 유입에도 불구하고, 패스트널은 창업자의 검소한 정신을 계속 따라갔다. 자원에 대한 이 회사의 철학은 심리적 주인의식과 검소함을 반영한다. 키얼린은 직원들에게 "회삿돈을 자신의 것처럼 아끼면 자신이 집에 가져갈 돈이 많아질 것"이라고 했다.

키얼린은 불필요한 비용을 절감해서 과도한 낭비를 피하는 문화를 만들고 직원들에게 적은 자원으로 더 많은 일을 하는 법을 가르쳤을 뿐만 아니라 사업과 직원들에게 투자할 현금도 확보했다.

회사의 안정적인 대차대조표 덕분에 신속한 재고 보충과 직원 교육에 많은 투자를 할 수 있었고, 직원들이 책임감과 급여가 높아지는 역할을 맡도록 해줄 수 있었다. 패스트널 경영대학원은 18개 지역에 있는 수천 명의 직원들에게 직접 강의뿐만 아니라 다양한 온라인 강좌를 제공한다. 넉넉한 보너스 덕에 놀랍게도 이직률은 7퍼센트 수준으로 유지되고 있다.

대부분의 사람들은 검소한 사람이나 조직을 긍정적으로 바라보지 않으며 인색하거나 가난하기 때문에 저렇게 행동하는 것이라고 여긴다. 하지만 밥 키얼린과 그의 회사는 이에 해당하지 않는다. 그들은 자사 직원은 물론이고 각종 자선 활동에까지도 관대하며 자원이 매우 풍부한 회사이기도 하다. 그들이 부를 창출하는 데 도움이 된 것이 바로 검소한 태도다.

절약을 위한 키얼린의 노력이 엄청난 이익을 가져다주기는 했지만, 한 가지 중요한 의문을 야기한다. 스트레칭 사고방식을 갖추려면 밥 키얼린처럼 검소해야만 하는 걸까? 꼭 그렇지는 않다. 그냥 남들과 다르게 생각하기만 하면 된다.

존 라스토비카John Lastovicka가 이끄는 연구팀은 검소한 소비자와의 인터뷰, 학부생들이 쓴 작문, 오프라 윈프리와 몬텔 윌리엄스Montel Williams의 토크쇼에 나온 검소한 배우자에 관한 에피소드 녹화분을 이용해서 그들의 사고방식을 이해해보려고 시도했다. 라스토비카는 가장 검소한 이들에게서 세 가지 공통된 패턴을 발견했다.

첫째, 검소한 사람들은 단기적인 즐거움보다 장기적인 목표를 강조하면서 밥 키얼린이 사업을 키우기 위해 사용한 것과 같은 인내심을 보여준다. 장기전을 염두에 두고 있었던 키얼린은 직원들에게 장기적인 경력을 안겨주고, 고객들과 평생 동안 이어지는 관계를 맺고, 지속 가능한 사업을 일구기 위해 단기적인 혜택 제공을 피했다.

둘째, 검소한 사람들은 새로운 물건을 사기보다 가지고 있는 것을 다시 사용한다. 낭비적인 지출은 사회의 여러 분야에서, 그리고 아마 회사 중역 회의실에서 가장 두드러지게 사회적 지위의 지표가 된다. 낭비가 심한 사람일수록 남보다 더 성공한 사람임이 틀림없다고 생각하게 된다. 부유한 사람만이 그런 낭비를 감당할 수 있기 때문이다. 휴스턴의 라이스대학교에 있는 내 사무실 길 건너편에는 한때 투자자들에게 80억 달러를 사기 친 다단계 회사 스탠퍼드파이낸셜 그룹Stanford Financial Group의 본사가 있었다. 녹색 대리석 바닥, 짙은 색의 목재 가구, 고가의 페르시아 양탄자로 장식된 그 회사 사무실은 고객에게 자신들이 이런 사치에 돈을 낭비할 여력이 풍부하다는 신호를 보냈다. 중고 가구를 들여놓은 밥 키얼린의 사무실에는 스탠퍼드파이낸셜 그룹의 부유함을 느낄 수는 없다. 물론 키얼린은 자기 사무실을 다르게 꾸밀 생각도 전혀 없을 것이다.

셋째, 검소한 사람들은 관습에 얽매이지 않기 때문에 결국 체이싱으로 연결되는 사회적 비교에 덜 민감하다. 그들은 자신이 가지고 있지 않은 것에 조바심하는 것을 피하고 대신 가지고 있는 것을 이용해 길을 개척한다. 키얼린의 절약 정신은 기업 전통주의자들을 화나게 했을지 모르지만, 직원들이 보유하고 있는 자원에서 더 많은 가능성을 발견하고 자신의 업적을 자랑스럽게 여기는 스트레칭 문화를 만들어냈다.

지금까지 심리적 주인의식과 제약을 수용하는 태도, 절약 정신이 어떻게 기지를 발휘하는 데 도움이 되는지 살펴봤다. 하지만 우리가 지금부터 다룰 스트레칭 사고방식에는 또 하나의 중요한 부분이 있다. 스트레칭은 쓰레기 수거함을 들여다볼 때도 다른 사람들이 쉽게 버리는 자원의 잠재력을 거듭 깨닫는 것을 의미한다.

내 안의 잠재력을
100% 활용하는 법

뉴코번트가든New Covent Garden은 영국에서 가장 큰 청과 및 원예 시장이다. 사람들로 북적이는 23만 제곱미터 크기의 복합 단지에서 수백 명의 상인들이 런던 시민들이 먹는 대부분의 농산물을 공급한다. 방문객들은 전 세계에서 온 음식과 꽃이 담긴 화물 운반대를 옮기는 지게차를 요리조리 피하면서 활기찬 통로를 걸어 다닌다.

2010년의 어느 춥고 서리가 내린 아침, 제니 도슨Jenny Dawson은 새벽 4시에 잠옷 위에 외투를 껴입고 집을 나섰다. 에든버러대학교에서 수학과 경제학을 전공했고 예전에 패션모델로도 활동한 이 20대 여성은 런던의 유명한 헤지펀드 회사에서 일하면서 많은 봉급을 받았기 때문에 집값이 비싼 노팅힐에 살면서 매년 스키를 타러 다니고 여행도 많이 다녔다.

그날 아침 도슨은 마음을 몹시 심란하게 만드는 문제를 조사하기 위해 자전거를 타고 뉴코번트가든 시장으로 향했다. 도슨은 지역 신문에서 정부가 그녀가 생각하기에는 범죄라고 여겨지지 않는 일을 빌미로 몇몇 사람들을 체포했다는 기사를 읽었다. 범인들은 다음 끼니를 찾기 위해 슈퍼마켓 쓰레기 수거함을 뒤지다가 체포되었다는 것이다.

제니 도슨은 세계에서 가장 불운한 모순 가운데 하나에 관한 글들을 찾아 읽기 시작했다. 전 세계 약 8억 명의 사람들이 건강하고 활기차게 살아가는 데 필요한 음식을 얻지 못하고 있는 상황에서 매일 엄청난 양의 음식이 쓰레기 매립지에 버려지고 있는 것이다. 영국만 해도 매일 720만 톤의 음식물을 버리고 음식물 쓰레기 처리에 수십 억 달러의 비용을 들인다. 그리고 이것은 온실가스 배출량의 10퍼센트 정도를 차지한다.

뉴코번트가든 시장에 도착한 제니 도슨은 세계적인 식량 위기와는 거리가 먼 번화한 시장 안으로 성큼성큼 걸어 들어갔다. 하지만 분주한 거래 현장에서 조금 떨어진 곳에서, 그녀는 우연히 전 세계적인 문제의 흔적을 발견했다. 케냐에서 건너온 비닐 포장된 완두 꼬투리, 필리핀에서 온 망고, 터키에서 온 토마토 상자를 열어보았다. 이 농산물을 재배한 나라에 사는 수백만 명의 시민들은 굶주리고 있는데 완벽하게 먹을 수 있는 상태인 이 상품들은 곧 다른 나라의 쓰레기통으로 들어가게 될 것이다. 그녀는 '어떻게 이런 낭비를 감당할 수 있을까?'라는 생각이 들었다고 했다.

스코틀랜드의 농장에서 자란 도슨은 어릴 때부터 식량의 수요와 공급 균형을 맞추는 문제에 대해서 배웠다. 팔 수 있는 식량이 다 떨어질까 봐 조심스러워하는 농부들은 과잉 생산의 측면에서 잘못을 범한다. 그들은 사람들이 절대 먹지 않거나 사지 않을 식량을 키우기 위해 귀중한 천연자원을 사용한다. 설상가상으로 그들이 키운 식량 가운데 일부는 식탁에 올라갈 기회조차 얻지 못한다. 과일을 살 때 껍질을 보고 판단하는 구매자들은 아주 사소한 외관상의 흠만 있어도 맛있고 몸에 좋은 농산물을 거부한다. 미국의 식료품 가게들은 외형적인 문제 때문에 전체 농산물의 4분의 1 이상을 버린다.

도슨의 어머니는 가족 농장의 과잉 생산에 대한 해결책을 찾아냈다. 잠재적으로 폐기될 운명인 농산물을 가지고 잼과 처트니chutney(과일이나 채소에 설탕, 식초, 향신료 등을 넣어 새콤달콤하게 졸여서 만드는 소스−옮긴이)를 만들어 저장 수명을 늘림으로써 아까운 재료가 쓰레기통에 버려지지 않게 한 것이다. 헤지펀드 신동은 엄마의 레시피를 더 큰 규모로 시험해보자 금융계에서 막 싹틔우기 시작한 경력을 뒤로 하고 루비스 인 더 러블Rubies in the Rubble이라는 회사를 차렸다. 돌무더기에서 다이아몬드를 찾아내는 놀이에서 따온 이 이름은 "우리 사회에서 아무 이유 없이 버려지는 것들을 잘 활용하자. 모든 것, 모든 사람은 유일무이한 가치를 지니고 있다"는 회사의 구호에 딱 들어맞았다.

사용하지는 않았지만 겉모습에 흠이 있는 농산물을 무가치하다고 여기는 농부들이 그녀에게 이런 제품을 헐값에 넘겼다. 그러면 처트니 제조사에서는 과잉 생산된 벌레 먹은 과일과 채소를 필수 재료로 삼아서 최고의 가격을 매길 수 있는 근사한 제품을 만든다.

그녀가 만든 처트니는 기분 좋게 배를 채워줄 뿐만 아니라 음식물 쓰레기가 환경에 미치는 영향을 최소화하겠다는 칭찬할 만한 목표도 달성했다.

폐기물을 멋진 상품으로 변화시키려는 도슨의 노력은 식품에만 국한되지 않는다. 그녀는 회사를 설립하면서 집이 없거나 약물 중독 때문에 일자리를 찾지 못해 고생하는 여성들에게 눈길을 돌리고는 이들을 성실하고 헌신적인 직원으로 변모시켰다. 뇌 손상을 입은 남자를 채용해 식품 용기에 라벨 붙이는 일을 맡기면서 "우리가 휘어진 당근을 거부하는 것과 같은 방식으로 사람들을 외모만 보고 판단하는 것은 불행한 일이다"라고 말했다.

도슨의 사업은 점점 성장해 현재 영국 내 150개가 넘는 지역에서 제품을 유통하고 있다. 그녀의 회사 경영 원칙 첫 부분은 스트레칭에 대한 선언문 같은 느낌을 준다.

"가지고 있는 것을 활용하라. 자기가 가진 자원에 신경을 써라."

스트레처는 다른 사람들이 가치 있는 것을 발견하지 못하는 장소에서 아름다움과 풍요로움을 찾아낸다. 우리는 겉모습만 보고 사물을 이해하거나 상호 작용하거나 사용하는 경우가 매우 많고, 그렇기 때문에 가능성을 제한하는 관습에 스스로를 묶어둔다. 스트레칭 사고방식을 받아들이면 자신이 이미 소유한 것을 가지고 비범한 잠재력을 발휘할 수 있다. 이는 자신의 자원에서 아직 사용되지 않은 가치를 찾아내고 에너지를 자신이 소유하고 있는 것에 쏟아 키우고 발전시키는 일이다.

4장

다양한
경험의 힘을 믿는
스트레처의 유연성

STRETCH

믿기 어렵겠지만, 복잡한 문제를 해결할 때는 외부인이 해당 분야의 전문가보다 좋은 성과를 올리는 경우가 있다. 그 열쇠는 바로 다양한 경험이다. 외부인들은 한정된 경험을 가진 전문가가 보지 못하는 방식으로 새로운 문제와 기회를 바라본다. 따라서 외부인과 과감히 손 잡는 스트레처의 '협업'은 기존 사고방식의 틀을 깨트리고, 관성에서 벗어날 수 있는 계기를 마련해준다.

내부 전문가로만
문제를 해결하지 못하는 이유

2004년에 개봉된 B급 감성의 영화 〈나폴레옹 다이너마이트Napoleon Dynamite〉는 소외된 10대 청소년이 학급 반장 선거에 나간 친구를 도와주는 내용이다. 이 영화는 넷플릭스에서 가장 많이 본 영화 가운데 하나가 되었지만 평은 극단적으로 엇갈렸다. 많은 호평을 양산하는 동시에 비평가들이 꺼리는 반어적인 유머가 다수 포함되어 있었기 때문이다.

넷플릭스는 자사 이용자들이 보고 싶어 할 만한 잠재적인 영화를 추천하기 위해 이용자의 취향에 대한 귀중한 데이터를 수집했다. 〈나폴레옹 다이너마이트〉는 200만 개가 넘는 평점을 얻어 추천에 힘을 실어주는 복잡한 알고리즘에 충분한 정보를 제공했다.

문제는 그 평점이 최고점(별점 5개)과 최저점(별점 1개)으로 불균형하게 쏠렸다는 것이다.

넷플릭스의 추천 시스템 담당자인 존 샌더스Jon Sanders는 사내에서 사용하는 소프트웨어인 시네매치Cinematch를 개선하는 책임을 맡았다. 2006년에는 고객의 시청 선호도와 추천 영화를 연결시키는 이 자체 제작 소프트웨어가 넷플릭스의 영화 대여 사업을 60퍼센트나 용이하게 해줬다. 이런 추천 엔진을 개선하면 고객 만족도를 높이고, 고객 유지율을 늘리며, 가입자들이 계속 정기권 상품을 구입하도록 할 수 있다.

하지만 최대한의 노력을 기울였는데도 불구하고, 샌더스와 함께 일한 수학 및 컴퓨터 전문가들은 시네매치의 성능을 개선하지 못했다. 소프트웨어 기능 향상 요구에 직면한 그는 엔지니어를 더 고용하거나 이 분야의 전문 기술을 갖춘 서비스 회사를 고용하는 대신, 넷플릭스 CEO인 리드 헤이스팅스Reed Hastings의 지시대로 황제 나폴레옹이 사용한 방법에서 영감을 얻었다.

1869년에 루이 나폴레옹 3세 황제에게 해결하기 힘든 문제가 생겼다. 프랑스의 산업화로 인해 농촌 지역에 살던 사람들이 성장 중인 도시 중심부로 대거 이주하게 된 것이다. 도시 거주자들은 식량을 직접 생산할 수 없기 때문에 프랑스인들의 식단에서 없어서는 안 될 버터를 비롯해 모든 식자재 가격이 급격히 상승했다. 시민들이 계속된 인플레이션 압박에 시달리자 황제는 버터의 영양가와 풍미, 질감을 흉내 낸 저렴한 대용품을 만드는 사람에게 상을 내리겠다고 했다. 결국 이 혁신 대회 덕분에 버터가 듬뿍 든 페이스트리를 만들어내는 이 나라에서 마가린이 발명되었다. 이 일화는 외부인에게 부탁해서 우리가 안고 있는 가장 까다로운 과제를 해결하는 방법을 가르쳐주었다.

넷플릭스는 나폴레옹 3세의 선례를 따라 넷플릭스 프라이즈라는 혁신 대회를 개최했다. 시네매치의 추천 정확도를 10퍼센트 향상시킬 수 있는 첫 번째 팀에게 100만 달러의 상금을 건 것이다. 그리고 대회 참가자들에게 약 7년 치의 데이터와 150만 개의 영화 평점을 제공했다. 많은 현상금까지 걸린 대회는 세계에서 가장 명망 높은 기관과 대학에 속한 가장 똑똑한 이들의 마음을 사로잡았다. 개빈 포터Gavin Potter도 그중 한 사람이었다.

프라이스워터하우스쿠퍼스PricewaterhouseCoopers에서 운영 리서치 및 성능 개선 업무를 담당하던 개빈 포터는 최근 IBM이 자신이 일하던 부서를 매입하자 회사를 그만둔 상태였다. 그는 보는 사람이 거의 없는 자신의 블로그에 다음과 같은 참가 의도를 밝히면서 이 대회에 뛰어들었다.

"넷플릭스 프라이즈를 진지하게 받아들이기로 했다. 재미있어 보인다. 나는 학자도 수학자도 아니니 어디까지 할 수 있을지는 잘 모르겠지만."

그는 자기 팀 이름을 '그냥 차고에 있는 남자'라고 지었다. 런던에 있는 작은 집의 침실, 수학 자문 위원 역할을 하는 십대 딸 에밀리, 델 사의 낡은 데스크톱 컴퓨터(덜그럭거리는 팬 소리가 가족의 수면을 방해하기 때문에 밤에는 돌릴 수 없는)로 구성된 그의 지리멸렬한 작업 환경에 딱 맞는 이름이었다.

5,000개가 넘는 팀이 해결 방안을 제시했다. '그냥 차고에 있는 남자'는 좋은 장비를 갖춘 이 경쟁 팀들 대부분에 비해 컴퓨터 성능이나 훈련 정도, 팀원, 제도적 지원, 사회적 인맥 등이 모두 부족했다. 또 개빈 포터는 상금을 놓고 함께 경쟁하는, 자기보다 훨씬 뛰어난 자원을 갖춘 전문가들이 사용하는 복합모델 구축 방법도 몰랐다. 대신 그는 '수학적 지식 없이 이 문제를 해결하려면 어떻게 해야 할까?'를 고민했다. 그리고 결국 그가 할 수 있는 일이 상당히 많다는 사실이 밝혀졌다.

포터는 옥스퍼드대학교에 다닐 때, 인지심리학자인 에이머스 트버스키Amos Tversky와 노벨상을 수상한 심리학자 대니얼 카너먼Daniel Kahneman의 선구적인 연구에 대해 배웠다. 트버스키와 카너먼은 행동경제학이라는 새로운 분야를 만들고 인간 행동의 비합리성을 보여주는 연구들을 진행했다. 그들이 실시한 가장 영향력 있는 실험 중 하나에서는, 실험 참가자들에게 0에서 100까지의 숫자가 적힌 돌림판을 돌리게 한 뒤 국제연합에 가입한 아프리카 국가 수 같은 것을 알아맞히게 했다.

그런데 돌림판이 멈춘 위치가 참가자들의 예측에 영향을 미쳤다. 예를 들어 돌림판이 숫자 10에서 멈춘 경우에는 아프리카 국가들의 UN 가입 비율 중간값 추정치가 25인 반면 돌림판이 65에서 멈추면 추정치가 45까지 올라갔다. 정확한 예측을 위해 실험 참가

4 · 다양한 경험의 힘을 믿는 스트레처의 유연성

자에게 돈을 지불해도 정확도는 향상되지 않았다. 연구진은 이런 효과를 닻내림 효과anchoring라고 불렀다. 바로 뒤에 이어지긴 해도 전혀 관련 없는 일을 예측할 때, 처음에 본 무관한 데이터(이 실험의 경우 돌림판을 돌렸을 때 나오는 숫자)를 기반으로 예측을 시작하기 때문이다.

개빈 포터에게 있어서 넷플릭스 프라이즈는 수학과 컴퓨팅 기량을 뽐내야 할 뿐 아니라 이런 인간의 비합리성까지 이해해야 풀 수 있는 퍼즐이었다. 그는 사람들이 주어진 준거점anchoring point을 기준 삼아 UN에 가입한 아프리카 국가의 수를 예측했던 것과 동일한 원칙이 영화 평가에도 영향을 미칠 것이라고 추론했다. 넷플릭스 고객이 정말 마음에 드는 영화를 본 다음 별로 마음에 안 차는 영화를 봤다면, 앞서 본 마음에 든 영화 때문에 다음 영화의 평점이 부풀려지게 된다. 마찬가지로 참을 수 없을 만큼 마음에 안 드는 영화를 보고 나면, 그다음에 평가하는 영화는 실제로 재미가 있든 없든 상관없이 낮은 평점을 주게 될 것이다.

개빈 포터는 사람의 심리가 영화 평점에 영향을 미치는 방식을 설명함으로써, 넷플릭스에 소속된 전문가들보다 시네매치의 정확성을 9.06퍼센트 향상시켰다. 이런 연구 결과 덕분에 그는 상을 받을 가능성이 생겼고(결국 대회에 등록한 2만 개가 넘는 팀들 가운데 17위를 차지했다), 그의 남다른 관점은 다른 팀들이 10퍼센트의 우승 한도를 깨도록 도왔다.

포터는 대회가 진행되는 동안 열린 컨퍼런스에서 이 대회를 수학 및 컴퓨팅 문제로 간주하는 다른 참가자들에게 자신의 외부인적 접근 방법을 알려주었다. 결승전 진출자들은 포터의 연구를 자신들의 작업과 통합시켰고, 우승팀은 2위 팀보다 겨우 20분 먼저 10퍼센트의 문턱을 넘음으로써 3년간 지속된 레이스를 종결지었다.

개빈 포터의 색다른 배경은 본인이 놀라운 성과를 올리는 데 도움이 되었을 뿐만 아니라 대회에서 가장 좋은 성적을 거둔 이들의 성과까지 높여주었다. 그가 유일하게 후회하는 점은 자신의 연구 결과를 그냥 공유하지 말고 다른 팀들 가운데 하나와 협업을 했어야 한다는 것이었다.

이 장에서는 경험을 이용해서 성공을 이루는 두 가지 매우 다른 방법을 소개할 것이다. 첫 번째 방법은 자신의 상식과 일반적인 통념을 따르는 것이다. 우리는 대학 전공 선택부터 직업 경로를 계획하는 것까지, 특화된 전문 기술을 개발하는 일의 미덕에 대해서 자주 듣는다. 하지만 이런 깊고도 좁은 길을 추구하는 데는 대가가 따른다. 이제부터 전문 지식의 실질적인 맹점을 몇 가지 보여주는 연구를 소개한 다음, 남다른 경험과 지식을 갖춘 외부인의 입장에서 부차적이면서도 그다지 직관적이지 않은 성공을 향한 길로 눈을 돌릴 것이다.

믿기 어렵겠지만 특히 복잡한 문제를 해결할 때는 외부인이 해당 분야의 전문가보다 좋은 성과를 올리는 경우가 자주 있다. 외부인이 성과를 올릴 수 있는 열쇠는 바로 그들의 다양한 경험이다. 외부인들은 내가 '다중 맥락 규칙'이라고 부르는 것을 따른다. 간단히 말해서 경험의 폭이 스트레칭에 도움이 된다는 얘기다. 다양한 장소에 포진해 있는 외부인들은 경험의 폭이 좁은 전문가가 보지 못하는 방식으로 새로운 문제와 기회를 위한 자원을 가져온다. 그래도 전문성을 개발하면 좋은 점이 많으므로 이 장의 마지막 부분에서는 전문가들이 외부인의 스트레칭 접근 방식을 키울 수 있는 방법을 설명할 예정이다.

'1만 시간의 법칙'은 틀렸다

말콤 글래드웰의 『아웃라이어』를 통해 대중화된 심리학 연구에 따르면, 전문 기술 습득은 선천적인 재능이 아니라 약 1만 시간에 달하는 많은 연습량에 달려 있다고 한다. 전문가는 많은 연습 외에도 훈련이나 장비 등 다른 이들보다 더 유리한 선상에서 출발할 수 있게 해주는 자원을 이용한다고 글래드웰은 말한다. 이 주장은 상당히 일리 있고 설득력 있는 추론이지만, 과연 1만 시간만 노력하면 언제나 성공에 이를 수 있을까?

좀 더 자세히 살펴보면, 글래드웰이 '1만 시간의 법칙'을 만들 때 제시한 사례들 대부분은 하키나 체스처럼 거의 변하지 않는 엄격한 규칙이 정해져 있는 일을 하는 것과 관련이 있다. 연습을 많이 하면 게임을 구석구석까지 다 배우는 데 능숙해진다. 하지만 안정된 규칙이 없는 분야의 경우에는 규칙이 계속 바뀌기 때문에 수천 시간씩 연습해도 능숙해지기가 쉽지 않다. 즉 계속적으로 변화하는 일의 전문가가 되는 것은 어렵다는 얘기다.

프린스턴대학교의 브룩 맥나마라Brooke Macnamara와 미시간주립대학교의 데이비드 햄브릭David Hambrick, 라이스대학교의 프레드 오스월드Fred Oswald가 공동으로 진행한 연구에서는 연습 시간과 성과 사이의 관계를 평가한 실증적 연구를 검토했다. 그들의 조사 대상에는 11,135명의 참가자들이 참여한 88개의 연구가 포함되었다.

이 연구를 살펴보면 체스나 스크래블Scrabble(알파벳이 적힌 타일을 가로나 세로로 늘어놓아 단어를 만드는 보드게임–옮긴이)처럼 규칙 변경이 드문 게임의 경우 연습량을 통해 성과를 예측할 수 있기는 하지만 우리가 생각하는 것보다는 영향이 적다고 한다. 전체 성과의 26퍼센트에만 영향을 미쳤다. 음악과 스포츠 분야에서는 그보다 영향력이 더 낮아서, 각각 성과의 21퍼센트와 18퍼센트에만 영향을 미쳤다. 이 연구는 규칙에 얽매이지 않고 빠르게 변화하는 분야에서 더 괄목할 만한 결과를 내놓는다. 교육 분야의 경우에는 연습이 성과에 미치는 영향이 고작 4퍼센트다. 보험 판매, 컴퓨터 프로그래밍, 항공기 조종 같은 직업 분야(스포츠나 음악은 제외하고)에서는 그 수치가 더욱 낮아져서 1퍼센트가 채 안 된다.

특정 영역에서는 아무리 연습을 많이 해도 성과에 거의 영향을 미치지 못하는 이유가 무엇일까? 맥나마라와 햄브릭, 오스월드는 그 이유를 알아내기 위해 세 단계의 예측 가능성(달리기처럼 예측 가능성이 높은 분야, 펜싱처럼 예측 가능성이 중간 정도인 분야, 항공 비상사태처럼 예측 가능성이 낮은 분야)을 기반으로 88개의 연구를 재구성했다. 그들은 예측 가능성이 가장 높은 분야에서는 연습이 성과에 24퍼센트 정도 영향을 미치지만, 예측 가능성이 중간 정도인 분야에서는 이 수치가 12퍼센트로 감소하고, 예측 가능성이 낮은 분야에서는 겨우 4퍼센트밖에 안 된다는 것을 알아냈다. 상황을 예측하기 어려워질수록 연습한다고 해서 반드시 완벽해지는 것은 아니다.

경험의 한계에도 불구하고 우리는 대부분의 경우 전문가를 절대적으로 신뢰하며, 본인의 일이나 건강, 재정, 자녀 교육과 관련된 가장 중요한 결정 일부를 그들의 판단에 맡긴다. 연구를 통해 연습은 성과의 일부에만 영향을 미친다는 사실이 밝혀졌지만 전문가들은 여전히 유용한 지침을 제공한다. 그러나 그들이 항상 최선의 답을 갖고 있는 것은 아니다.

우리는 어릴 때부터 전문가들을 존경한다. 내 딸들은 자신의 선생님이 뭐든지 다 안다고 생각한다. 교사는 세상을 바라보는 자신의 관점에 순응하는지 여부에 따라 아이들에게 상을 주거나 벌을 내리기 때문이다. 그리고 어른이 된 뒤에는 IT 전문가, 데이터로 무장한 재무 분석가, 아마 우리에 비해 경험이 많을 직장 상사 등 직업적인 전문가들의 의견에 따른다.

전문가들은 또 자신의 지위를 뒷받침하기 위해 상징에 의존하기도 한다. 의사들은 흰 가운을 입고, 전문가들은 벽에 학위증서를 걸어놓고, 교수들은 사무실에 많은 책을 꽂아놓는다. 자격증명서를 보여주는 것은 곧 우리에게 자신이 더 잘 안다는 신호를 보내는 것이지만, 반드시 그런 것은 아니다.

사회심리학자 로버트 치알디니Robert Cialdini는 수십 년 동안 사람들에게 영향을 미치는 원리를 연구한 끝에, 때로는 전문 지식이 사람들을 너무 뒤흔들어 놓는다는 사실을 알아냈다. 그는 오른쪽 귀right ear가 아프다면서 찾아온 환자를 치료한 의사에 대해 얘기했다. 의사가 대충 휘갈겨 쓴 지시서에는 환자의 '오른쪽 귀R ear'에 물약을 넣으라고 되어 있었다. 그것을 엉덩이rear로 잘못 이해한 간호사는 즉시 환자의 엉덩이에 물약을 넣었다. 환자는 귀앓이에 대한 이런 비상식적인 치료 방법에도 불구하고 전문가들은 당연히 자기가 하는 일을 잘 알고 있다고 믿으면서 이 치료에 순응했다.

이를 엉성한 실수로 치부할 수도 있지만 전문가들이 항상 최선의 답을 알려주는 것은 아니다. 심리학자 필 테틀록Phil Tetlock은 20년에 걸쳐 민주주의와 자본주의로의 전환, 경제 성장, 국가 간 폭력, 핵 확산 등 우리 시대가 직면한 가장 중요한 정치적 문제에 대한 예측을 검토했다. 그는 텔레비전과 신문에 정기적으로 출연하고, 여러 정부와 기업에 이 문제들을 자문해주는 전문가들을 추적했다. 이 전문가들이 거둔 성과를 기록해본 그는 놀라운 결과를 발견했다.

미래의 사건을 예측할 때 전문가가 이룬 성과가 일반인보다 뛰어나지 않았던 것이다. 전문가의 직업적 배경과 지위는 거의 아무런 차이도 만들지 못했다. 전문가들의 성향이 진보적인지 보수적인지는 결과에 영향을 주지 않았다. 낙관론자와 비관론자도 정확성 면에서 차이가 없었다. 다만 성과가 가장 뛰어난 이들은 한 가지 중요한 차이가 있었는데, 사소한 일들을 많이 알고 다양한 시각에서 결론을 얻을 줄 아는 사람이 한 가지 대단한 사실에 대해 아주 잘 아는 사람보다 항상 뛰어난 성과를 올렸다는 것이다. 다재다능한 사람이 탁월한 성과를 거두었다는 얘기다.

깊고 좁은 지식보다 넓고 얕은 지식의 힘

복잡한 문제에 직면했을 때는 다양한 일들에 대해 많이 아는 사람이 한 가지 사안에만 집중하는 전문가보다 전반적으로 그 문제를 더 잘 헤쳐나간다. 그 이유를 알아보기 위해 가장 인정받는 전문가인 과학자 몇 명을 살펴보자. 그들은 복잡한 문제를 해결할 때는 눈에 띄는 성공을 거두지만, 여러분이 상상할 수 있는 종류의 문제를 해결할 때는 그렇지 못하다.

과학자들이 문제에 접근하는 방법을 이해하기 위해 코펜하겐 경영대학원의 라르스 보 예페센Lars Bo Jeppesen과 하버드 경영대학원의 카림 라크하니Karim Lakhani가 이노센티브InnoCentive라는 회사를 연구했다. 거대 제약회사인 일라이 릴리Eli Lilly의 후원으로 2001년에 설립된 이노센티브는 질병 퇴치부터 아프리카의 빈곤한 마을에 전기를 공급하는 일에 이르기까지 전 세계의 가장 고질적인 문제들을 크라

우드소싱을 통해서 해결한다. 35만 명의 해결사들이 등록되어 있는 이노센티브팀에는 다양한 배경을 가진 사람들이 합류할 수 있다. 이 팀에서는 문제를 겪고 있는 이들을 돕고, 문제 해결을 위한 기간을 정하고, 최상의 답을 내놓은 이에게 줄 상을 마련한다.

연구진은 이노센티브 플랫폼에 올라온 166가지 문제에 대한 데이터(10개 나라의 26개 기업 과학 실험실에서 얻은)를 이용해서 특정 과제에 대해, 그 분야의 전문 지식이 가장 뛰어난 사람들이 정말로 가장 좋은 성과를 올리는지 알아보려고 했다. 이는 매우 간단한 연구처럼 보인다. 예컨대 화학과 관련된 문제를 해결할 때는 화학 지식이 가장 많은 사람이 다른 과학자들보다 좋은 성과를 올릴 것이라고 예상할 수 있다. 하지만 놀랍게도 연구진은 그와 반대되는 결과를 얻었다.

문제가 자신의 전문 분야와 관련이 없을수록 그 문제를 해결할 가능성이 높았던 것이다. 생물학자는 화학자보다 더 많은 화학 문제를 해결했다. 개빈 포터의 경우처럼 특정 분야 외부의 과학자들은 문제에 접근하는 방식이 그 분야의 전문가들과 다르고 결국 더 나은 방법을 제시한다. 이런 놀라운 결과를 어떻게 설명할 수 있을까?

전문가들은 상당한 책임을 지고 있다. 또 라이스대학교의 에릭 데인Erik Dane의 말처럼 그들은 인지적 태도가 쉽게 변하지 않기 때문에 관습에서 벗어난 방법으로 자원을 사용하는 방법을 모른다. 전문 지식을 습득한 사람들은 새로운 정보를 접하거나 상황이 바뀌어도 기존에 배운 방식에 계속 의지한다. 이건 연구원들이 1세기 전에 발견한 사실이지만 그 의미가 오랫동안 잊혀 있었다.

1900년대 초에도 치비스 퍼키Cheves Perky라는 심리학자가 사람들의 이미지 시각화가 실제 대상에 대한 인식에 어떤 영향을 미치는지 알아보기 위해 일련의 실험을 진행한 적이 있다. 그녀는 사람들에게 바나나 같은 물체를 생각한 뒤 머릿속으로 그 형체를 텅 빈 벽에 그려보라고 했다. 그리고 사람들 몰래 그들에게 시각화하라고 한 그 물체의 아주 희미한 이미지를 벽에 비췄다. 실험에 참가하지 않은 이들은 방에 들어왔을 때 벽에 비친 이미지를 쉽게 볼 수 있었지만, 실험 참가자들은 벽에 비친 이미지를 보지 못했다. 대신 그들은 벽에 비친 물체의 이미지와 자신이 시각화한 이미지를 통합시켜서 실제로 본 것과 상상한 것 사이의 경계를 모호하게 만들었다. 퍼키 효과로 알려진 이 현상은 기존에 가지고 있는 심상이 우리가 새로운 정보를 인식하고 소화하는 방식을 변화시킨다는 것을 의미한다.

실험 참가자들은 머릿속으로 바나나를 떠올리라는 요청을 먼저 받았기 때문에 자기가 실제 바나나 이미지를 보고 있다는 것을 알아차리지 못했다. 전문가들도 이와 비슷한 방법으로 새로운 해결책을 찾으려고 애쓴다. 그들은 자기가 가진 자원을 이용할 방법을 이미 머릿속으로 시각화해둔 상태이고(목수의 경우 벽에 못을 박을 장비로 망치를 떠올린다) 수천 시간의 연습을 통해 이런 사용법이 몸에 깊이 배어들었기 때문에 이 방법을 포기할 가능성이 매우 낮다. 아직 학교에 들어가지 않은 내 딸은 망치를 손에 쥐어본 적이 없기 때문에 망치를 보고 등을 긁는 도구나 타악기라고 생각할 수도 있다.

외부인은 우리 삶의 모든 부분에 존재한다. 외부인은 조직에 새로 들어온 사람, 다른 분야의 전문가, 또는 심리학 수업에 들어온 영문학 전공자처럼 전문가가 당연하게 여기는 자원이 부족한 사람이다.

전문가라는
자기오류에 빠지다

과학 분야의 경우, 물론 경영진이나 전문직의 경우에도 마찬가지이기는 하지만 매우 유감스러운 이유 때문에 계속 외부인의 위치에 머무르는 집단이 있으니 바로 여성이다. 그들은 남자들이 일반적으로 갖고 있는 중요한 사회적 자원인 변명의 여지가 없는 상황에서 꾸준히 배제된다.

2015년에 영국 생화학자이자 런던유니버시티칼리지 교수인 팀 헌트Tim Hunt는 여성에 대한 자신의 생각을 털어놓아 많은 동료들에게 충격을 주었다. 노벨상까지 수상한 그는 한국에서 열린 과학기자대회에 참석해 연구실에서 일하는 '여성'의 문제 세 가지에 대해 말했다. "당신은 여성과 사랑에 빠지고, 여성은 당신과 사랑에 빠지며, 여성을 비판하면 눈물을 흘린다." 이 언급으로 인해 과학계와 일반 대중 사이에서 벌어진 엄청난 논란 때문에 헌트는 대학 교수직을 사임해야 했다. 하지만 과학계에서 여성이 겪는 부당한 현실,

즉 그들을 외부인 취급하는 현실은 여전히 해결되지 못했다. 여성들은 남성 과학자들이 일상적으로 누리는 인맥 형성, 멘토링, 교육 기회를 거부당하기 일쑤다.

예페센과 라크하니는 이노센티브 데이터로 돌아가 이 두 번째 유형의 외부인인 (남성 과학자들이 가지고 있는 사회적 자원이 부족한) 여성 과학자에 대해 조사했다. 외부인 취급을 받는 여성이 자신보다 교제 범위가 넓고 인맥이 풍부한 남성을 능가할 수 있을까?

여성들은 믿을 수 없을 정도로 잘해냈다. 남성에 비해 문제를 해결할 확률이 23.4퍼센트나 더 높은 것으로 드러났다. 비전문가가 전문가를 능가할 수 있게 해주는 바로 그 논리가 여성이 남성보다 좋은 성과를 올리는 이유를 설명한다. 여성은 타인의 도움을 받지 않고 문제에 공개적으로 접근하며 핵심 집단에게 배운 전통과 결부되어 있지도 않다. 다양한 경험을 토대 삼아 문제를 바라보기 때문에 더 나은 해결책을 만들어낼 수 있는 것이다.

외부인들이 이렇게 많은 기여를 한다면, 왜 우리는 문제 해결 과정에 그들을 더 많이 참여시키지 않는 것일까? 여기에서 역설적인 사실은 외부인은 외부인이기 때문에 그들을 우리 팀에 넣을 가능성이 없다는 것이다. 우리는 당연히 자신과 비슷한 내부자들에게 마음이 끌리는 경향이 있다. 또 주변에 전문가가 많을수록 성과가 좋아진다는 전문 지식과 관련된 편견도 받아들인다.

실제로 문제 해결을 위한 그룹을 구성해야 하는 상황일 때, 여러분은 전문가 그룹과 무작위 그룹 중 어느 쪽을 더 선호하는가? 대부분의 사람들이 전문가 그룹을 선택할 것이다. 가장 많은 자원을 보유하고 있는 전문가 그룹을 선택하지 않을 사람이 어디 있겠는가? 그런데 대부분의 경우 그것은 잘못된 선택이 될 것이다.

전문가들은 배타적이고 지식 기반에 겹치는 부분이 많다. 그러면 자원이 서로 중복되기 때문에 해당 그룹만의 고유한 자원은 거의 만들어지지 않는다. 정치학자이자 수학적 모형 개발자인 스콧 페이지Scott Page는 자신의 저서 『차이The Difference』를 통해, 정치에서부터 과학자 그룹에 이르기까지 모든 부분에서 무작위로 선정된 팀이 일반적으로 드림팀보다 우위에 있다는 것을 보여준다. 그 이유는 무작위로 구성한 팀에는 전문가와 외부인이 모두 속해 있을 가능성이 높기 때문이다. 우리 팀의 인적 자원의 다양성이 성과를 올리는 데 가장 중요한 요소인 것으로 밝혀졌다. 공개적으로 논의를 하고 다양한 관점을 통합하면 보다 나은 해결책에 도달할 가능성이 높아진다.

외관상으로는 가진 것이 적어 보일지라도, 외부인은 전문가들과 다른 방식으로 시간을 보내면서 얻은 매우 다양한 기술을 보유하고 있다. 외부인이 성과에 왜 그토록 중요한지 이해하기 위해 이제부터 외부인들이 다양한 경험을 추구하는 방식을 집중적으로 살펴보고, 그들이 다양한 분야에서 자원을 연결시키는 방식도 알아보자.

NASA 허블 망원경을
수리한 외과의사

1970년대에 NASA는 우주의 가장 어두운 심연까지 들여다볼 수 있는 세계에서 가장 큰 망원경을 만들겠다는 야심 찬 목표를 가지고 있었다. 하지만 여러 기술적 난관과 예산 부족으로 인해 1983년으로 예상되었던 허블 망원경의 개발 착수가 지연되자 흥분도 점점 가라앉았다. 몇 년 동안 설계를 재고하고 다시 작업한 끝에 NASA의 과학자들은 마침내 1986년에 허블 망원경 배치 준비를 완료했다. 그런데 그때 비극이 닥쳤다.

당시 4학년이었던 나도 다른 학생들처럼 우주 왕복선 챌린저호가 폭발하는 모습을 텔레비전으로 지켜보았다. 이 끔찍한 사고 때문에 우주 탐사에 대한 미국의 열정이 가라앉았다. NASA가 미래의 사고를 막을 안전책을 강구하는 동안 허블 망원경 프로젝트는 보류되었다. 거의 3년 가까이 일이 지연되는 사이에 NASA 엔지니어들은 망원경의 모든 문제점을 철저히 시험하고 수정했다. 적어도 본인들은 그렇게 생각했다.

1990년 4월 24일에 우주 왕복선 디스커버리호가 허블 망원경을 싣고 이륙했을 때, 전 세계 사람들은 우주에 관한 가장 심오한 의문에 대한 답을 얻게 될 것이라고 기대했다. 하지만 허블 망원경이 처음 전송한 사진은 수십억 달러짜리 프로젝트에 대한 기대에 한참 못 미치는 흐릿한 이미지뿐이었다.

후속 조사 결과 망원경 거울에 결함이 있는 것을 발견했다. 이는 종이 한 장 두께의 50분의 1 정도밖에 안 되는 아주 작은 차이의 실수였지만 심각한 결과를 낳았다. 이 결함을 고치지 않고 놔둔다면 허블 망원경의 이미지는 계속 왜곡된 상태로 전송될 테고, 가장 시급한 천문학적 의문에 대한 답을 얻으려면 새로운 장비가 등장할 때까지 다시 수십 년을 기다려야 할지도 모른다.

고등학교 중퇴자인 스토리 머스그레이브Story Musgrave의 흔들림 없는 손에 망원경 수리의 모든 희망이 걸렸다. 스토리 머스그레이브는 젊었을 적 매사추세츠 고속도로 건설에 사용되는 중장비의 정비공이었다. 그는 물건을 고치는 데 천부적인 재주가 있었지만 고속도로 공사가 끝나자 일거리가 없어졌다. 고등학교 졸업장도 없고 확실한 전망도 없었다.

자신이 처한 상황에서 벗어나고 싶었던 스토리 머스그레이브는 항공기 정비공 겸 장비 기술자로 해병대에 입대해 고속도로 건설 장비를 수리하면서 개발한 기술을 항공기에 활용했다. 비행을 좋아하는 18세의 이 청년은 직업 덕분에 계속 항공기 가까이에 지낼 수 있었다. 하지만 고등학교 졸업장 없이 군대에서 비행기를 조종할 수는 없었다.

머스그레이브는 조종석에 앉기 위해서 대학에 가기로 결심했다. 하지만 대학들은 고등학교 중퇴자를 받아주지 않았다. 그는 시러큐스대학교의 학장실로 찾아가 자기를 받아달라며 학장을 설득했다. 결국 학교는 기존의 입학 불가 판정을 번복했고, 머스그레이브는 수학과 통계학 학위를 받았다.

고등교육을 처음 맛본 이후로 스토리 머스그레이브의 학구열은 만족을 모르고 타올랐다. 그는 거의 160개에 달하는 대학 강좌를 수강한 뒤 UCLA에서 MBA 학위, 매리에타대학에서 화학 학위, 컬럼비아대학교에서 의학박사 학위, 켄터키대학교에서 생리학 및 생물물리학 석사 학위, 휴스턴대학교에서 문학 석사 학위를 받았다. 또 그 사이에 조종사 면허를 취득하고 다시 군대에 돌아가 비행기를 몰았다.

스토리 머스그레이브가 우주여행을 하고 싶어 하는 과학자들을 찾는 NASA 공고문을 우연히 봤을 때 그는 이미 기업 소속 수학자, 컴퓨터 프로그래머, 뇌 연구원, 비행기 조종사 등 여러 개의 직업을 거친 뒤였다. 그는 이것이 자신이 지금까지 습득한 모든 기술을 남김없이 활용할 수 있는 직업이라고 생각했다. 이때를 시작으로 머스그레이브는 30년 넘게 NASA에서 일했다. 하지만 그 사이에도 한 달에 사흘씩 외상 전문 외과의 일을 계속했다.

사람 팔에 생긴 깊게 벤 상처부터 항공기에 난 구멍까지 모든 것을 고칠 수 있는 그의 능력 덕분에 결국 가장 중요한 수술에 대비할 수 있게 되었다. 임무 탑재체 전문가이자 허블 망원경을 수리할 수석 기술자로 선정된 것이다. 머스그레이브는 자신이 책임자로 선발된 것이 특이한 동시에 자명한 선택이라는 사실을 알고 있었다. 그는 "나는 천체물리학자도, 천문학자도, 광학물리학자도, 엔지니어도, 이 과정에서 필수적이고 도전적인 역할을 한 그 누구도 아니다"라고 지적했다.

스토리 머스그레이브는 하나의 특정한 분야에서 깊이 있는 전문 지식을 쌓기보다 수십 년 동안 다방면에 걸친 경험을 축적해 이 중요한 역할에 필요한 많은 것을 준비했다.

"이것은 다양한 영역과 분야의 세부 정보를 분석하고 거기에서 찾아낸 모범 사례를 적용해 축적한 탁월한 창의성을 보여주는 사례입니다." 머스그레이브의 말이다.

NASA의 가장 복잡한 시도 가운데 하나인 허블 망원경을 수리하는 임무는 11일 동안 이어졌으며 승무원들이 계속 교대하면서 다섯 번이나 연달아서 우주 유영을 한 기록도 세웠다. 머스그레이브는 세 차례 우주 유영을 하면서, 중환자를 소생시키려고 애쓰는 노련한 외과의의 훌륭한 기술을 발휘해 22시간에 걸쳐 허블 망원경의 결함을 고쳤다. 왜 상근 외과의로 일하던 것을 그만뒀느냐고 묻자 머스그레이브는 이렇게 대답했다.

"덕분에 허블 망원경을 고칠 수 있었지 않습니까."

자신의 다양한 배경을 이용해서 복잡한 문제를 해결하는 머스그레이브의 능력은 '다중 맥락 규칙'의 전형적인 예다. 다양한 경험을 해본 사람은 자신의 자원을 발전적인 시각으로 바라보면서 좀 더 색다른 방향에서 문제에 접근할 수 있다. 머스그레이브는 자신에게 주어진 임무를 수술이라고 생각했기 때문에 의사로서의 경험을 이용해서 결함이 있는 망원경을 수리할 수 있었다.

다중 맥락 규칙의 가장 강력한 추종자 중 한 명인 애덤 스미스의 『국부론』에는 분업의 개념이 제시된다. 스미스는 부지런한 핀 제조공에 대한 설명으로 논문을 시작한다. 이 수공업자는 하루 종일 쉼 없이 일하고도 핀을 겨우 하나밖에 만들지 못한다. 스미스는 그보다 낫다고 여겨지는 방법에 주목했다. 핀 만드는 과정을 철사 뽑기, 철사 곧게 펴기, 자르기, 날카롭게 다듬기 등 여러 개의 전문화된 작업으로 나누어서 여러 사람이 진행하는 것이다. 사람들은 각자 자기가 맡은 일만 반복하면 되므로 해당 공정에 능숙한 전문가가 되어서 실수도 거의 저지르지 않고 작업 속도도 빨라져 생산성이 매우 높아진다. 결국 생산량은 늘어나고 실수는 적어지므로, 스미스는 10명이 작업 책임을 나누어 맡을 경우 하루에 거의 5만 개의 핀을 생산할 수 있어서 1인당 생산량이 5,000개에 달할 것이라고 추론했다.

산업혁명 기간 동안 이루어진 분업과 그것의 대중화가 경제 신장 시대를 이끌었다는 것은 의심의 여지가 없는 사실이다. 문제는 사회학자 로빈 라이드너Robin Leidner가 지적한 것처럼 분업이 제조 업무를 분할하기 시작한 이후 곧 모든 종류의 작업에 그것이 적용되었다는 것이다. 지식 근로자들 사이에서도 전문화가 증가해, 사람들은 자기가 맡은 책임에 대해서만 알고 주변에서 벌어지는 다른 일은 전혀 모르는 상태가 되었다.

조직에서 전문화가 다양한 경험을 못 이길 것으로 예상되는 유일한 부분이 있다면 조직의 최상부다. 경영진은 다양한 분야를 이해하고 서로 연결시켜야 한다. 하지만 분업의 영향력 때문에 조직을 이끄는 데 필요한 다양한 경험을 키우기가 힘들다. 그래도 이런 다양한 경험을 쌓은 이들이 풍부한 보상을 받는다는 사실이 밝혀졌다.

재무 교수인 클라우디아 쿠스토디우Cláudia Custódio가 이끄는 연구팀에서는 주식을 상장한 중소기업과 대기업의 경영진 이력을 조사하면서 경영진이 다중 맥락 규칙을 따른 정도를 평가했다. 연구진은 과거 3만 2,500개의 직위를 거친 CEO 4,500명의 데이터를 수집하고, 경험의 다양성을 나타내는 다섯 가지 항목(생산, 마케팅, 인사 같은 다양한 분야에서의 경험을 나타내는 직책 수, 근무한 기업 수, 업계에서 쌓은 경험의 폭, 이전에 큰 그림을 그리는 사고를 해본 경험, 운영이 다각화된 회사에서 근무한 경험)으로 구성된 지수를 작성했다. 또 나이, 근속 기간, 학력 같은 다른 잠재적인 이유들도 고려했다. 그런 다음 경영진을 다중 맥락 규칙을 준수한 이들(경험 지수에서 중간값 이상의 점수를 받은 참가자들)과 중간값보다 낮은 점수를 받은 이들로 분류했다.

일단 이들이 받는 급여에 큰 차이가 있었다. 다중 맥락 규칙을 지킨 임원들은 19퍼센트의 특별 수당을 받아 1년에 약 100만 달러의 급여를 추가로 받았다. 이런 급여 인상은 여러 업계에서 나타났지만, 연구진은 급여의 차이를 더 키우는 한 가지 요인을 발견했다. 자격 요건에 인수 합병, 업계 충격(맥나마라 교수의 연구팀의 조사 결과 전문가들에게 가장 어려운 일로 평가된다) 같은 복잡한 업무가 포함된 경우에는 다중 맥락 규칙을 준수한 경영진이 급여를 최대 44퍼센트나 더 받았다.

다중 맥락 규칙을 받아들인 대가로 높은 급여를 받는 경영자처럼, 우리도 폭넓은 경험에서 도움을 받을 수 있는 복잡한 상황에 처하는 경우가 많다. 다니엘 핑크Daniel Pink는 저서 『새로운 미래가 온다A Whole New Mind』에서 "하나의 영역에 대해 자세한 지식을 가지고 있으면 성공을 보장받을 수 있지만, 오늘날 최고의 보상은 완전히 다른 영역에서도 똑같은 침착함을 발휘할 수 있는 사람들에게 돌아간다"고 썼다. 하지만 조직의 최상부에 위치하지 않은 이들의 경우에는 핑크의 처방을 실행하기 어렵다. 왜냐하면 애덤 스미스가 옳았기 때문이다. 분업은 다양한 경험을 희생하고 갈수록 전문화된 경험을 추구하도록 강요함으로써 조직의 생산성을 대폭적으로 높여준다. 분업은 조직의 지속적인 운영에 도움이 되지만 한편으로는 직원들이 개인적인 발전을 위해 필요한 것을 배워서 조직의 복잡한 문제 해결을 도와주기가 매우 어려워진다.

하지만 좋은 소식도 있다. 전문가들도 외부인의 입장을 취하는 방법을 배울 수 있다는 것이다. 한정된 유형의 문제를 해결하기 위해 특화된 노력을 더 넓은 세상으로 옮겨가는 방법을 배워보자. 전문 지식을 밖으로 가지고 나가면 나 자신과 다른 이들을 위한 가능성을 확대할 수 있다. 내부에서 벗어나 밖으로 나간 사람들은 자신이 기존에 가지고 있는 것에서 더 큰 풍성함을 발견하게 된다. 여러 영역 사이에서 자원이 이동하는 것을 제한하는 장벽이 무너지면 장·단기적인 문제들을 좀 더 쉽게 관리할 수 있다. 대개 외부인이 이런 역할을 하지만, 외부인이 아니더라도 외부인의 경험을 손에 넣을 방법이 있다.

관성에서 과감히
벗어나는 용기

외부인 경로를 택할 때의 장벽은 대부분의 사람에게 깊이 있는 경험을 쌓아야 하는 타당한 이유가 있다는 것이다. 시간을 많이 들이지 않고 유능한 의사나 회계사, 변호사, 건축가가 되기는 힘들다. 분업의 교육적·직업적·조직적인 힘은 우리가 전문 지식을 쌓도록 강요한다. 하지만 아무리 전문가라 하더라도 외부인의 견해를 받아들이는 것이 중요하고 기업과 정부, 학교 같은 조직들은 이런 노력을 장려해야 한다.

이를 위한 첫걸음이 자신의 세계에서 벗어나는 것이다. 가장 성공한 전문가들도 다중 맥락 규칙을 따르면서, 적절한 관계를 유지할 만큼 가까이 있되 우리를 좁고 편협한 세계로 밀어 넣는 통설에서 벗어날 만큼의 거리를 유지해야 한다. 스토리 머스그레이브는 문학을 공부했고, 노벨상을 수상한 과학자들은 예술을 좋아하는 경향이 있다. 실제로 이런 최고 수준의 과학자들은 다른 대부분의 과학자나 일반 대중에 비해 예술 활동에 참여할 확률이 훨씬 높다는 연구 결과가 있다. 구글 회장인 에릭 슈미트는 "똑같은 사람들이 시도 쓰고 다리도 건설하던 시대에 그랬던 것처럼 예술과 과학을 다시 하나로 합쳐야 한다"고 선언하면서 다양한 관심사를 발전시키는 쪽으로 돌아가자고 주장한다. 미국대학연합에서 의뢰한 최근 조사에서는 대부분의 기업 채용 담당자들이 전공 과정에서 배운 구체적인 전문 지식과 함께 외부인의 광범위한 경험을 원한다는 사실이 밝혀졌다.

깊이 있고 다양한 경험을 추구하는 것은 무척 힘든 일처럼 보이지만, 어떤 전문가들은 자연스럽게 그 두 가지를 모두 추구한다. 심리학자들이 사람들 간의 타고난 차이를 분류하는 데 사용하는 광범위한 기준인 5대 성격 특성 가운데 하나가 바로 경험에 대한 개방성이다. 이것은 자신을 위한 다양한 경험의 관심 정도를 파악한다. 연구진은 경험에 대한 개방성을 측정하기 위해, 실험 참가자들에게 '단순하다/복잡하다', '관심사가 좁다/관심사가 넓다', '순응적이다/독립적이다', '전통적이다/비전통적이다' 등 서로 의미가 반대되는 형용사를 기준으로 자신의 위치를 평가해달라고 했다. 폐쇄적인 사람들은 익숙한 것에서 편안함을 느끼고 둘 중 첫 번째 단어에 공감을 표했다. 개방적인 사람들은 두 번째 단어에 이끌릴 가능성이 높고, 익숙하지 않은 것을 추구하며, 결국 자기가 속한 작은 세계를 뛰어넘는 다양한 경험을 통해 그 작은 세계 내에서의 사고를 풍부하게 한다.

때로는 우리가 처한 상황 때문에 여러 개의 작은 세계에 속하기도 한다. 직장을 옮기거나 직업을 바꿔야 하는 경우도 있다. 생소한 곳으로 여행을 가거나 우연히 새로운 일을 맞닥뜨리기도 한다. 최근 진행한 연구에서는 부모의 양육 방식, 언어, 좋아하는 식당과 음악가, 가장 친한 친구들의 배경 등 문화적인 경험을 바탕으로 사람들을 분류했다. 그리고 참가자들이 지인에게 줄 새로운 유형의 선물을 어떻게 구상하는지 평가했다. 문화적 배경이 가장 다양한 이들의 경우 직접 시를 써주는 등 가장 전형적이지 않은 선물을 생각해낸 반면, 남들과 가장 비슷한 배경을 지닌 이들은 초콜릿을 주는 등 선물에 대한 매우 전형적인 사고방식을 드러냈다. 이 연구는 본인의 선택에 의해서든 아니면 환경에 의해서든, 다양한 맥락 속에서 성장하고 살아가는 사람들은 자원을 보다 창의적인 방식으로 대한다는 것을 보여준다.

항상 새로운 경험을 추구하려고 의식적으로 노력해야 하지만 스토리 머스그레이브처럼 여러 개의 학위를 취득할 필요는 없다. 다른 분야에 관한 책을 읽거나, 새 취미를 찾거나, 자신과 다른 배경을 가진 사람들과 대화를 나누는 등 잠깐 동안의 새로운 활동을 통해서도 자신의 작은 세계를 일시적으로 떠나는 것이 가능하다. 사무실 밖에서의 이런 경험이 일에도 도움이 된다는 것을 보여주는 연구 결과도 있다. 대형 보험사에서 일하는 고위 관리자 179명을 대상으로 한 조사에서 설문 참가자들은 자신의 전문 지식에서 벗어난 경험, 특히 비업무적인 경험과 취미를 이용해서 직장에서 부딪친 문제를 해결한 정도에 대한 질문에 답했다. 그런 다음 연구진들은 설문 참가자와 그 동료들에게 참가자의 자원 활용에 관해서 물어보는 후속 연구를 진행했다. 비업무적인 경험이 풍부한 사람일수록 일터에서도 풍부한 기지를 발휘했다.

지금까지 우리는 경험을 이용해서 성공을 거두는 두 가지 매우 다른 방법에 대해서 살펴봤다. 첫 번째 방법에서는 전문 지식을 얻기 위해 한정된 활동 내에서 경험을 쌓았지만, 두 번째 방법에서는 경험의 폭을 강조했다. 가장 많은 교육, 확실한 자격증, 최고의 인맥을 가진 사람들이 항상 승리하는 것은 아니다. 오히려 경험의 다양성이 스트레칭할 수 있는 방법을 제공해준다.

깊이 있는 경험을 얻으면서 그와 동시에 다중 맥락 규칙을 따르려고 하는 것은 당연히 어려운 일이다. 그래서 주위에 외부인을 두는 것이 중요하다. 우리는 자신과 비슷한 사람들을 좋아하기 때문에 다양한 경험을 가진 사람들과 사적이면서 직업적인 관계를 맺기 위해서는 의식적인 노력이 필요하다. 그리고 때로는 전문 지식이 가장 적은 이들이 우리 팀에 가장 큰 공헌을 한다는 사실을 깨달을 수 있는 정신적인 도약도 필요하다.

5장

계획표보다
먼저 움직이는
스트레처의 실행력

STRETCH

어떤 일을 시작할 때 계획 세우기에 많은 시간을 할애하는 사람들이 있다. 이들은 훌륭한 계획이 일을 성공시킨다고 믿는다. 실제로 일의 성과를 만들어내는 것은 계획이 아니라 실행에 있다는 것을 간과한 채 말이다. 계획이 유용한 것은 사실이지만, 때로는 일의 진행 속도를 늦추거나 방향 전환을 어렵게 만들기도 한다. 보다 완벽한 계획을 궁리할 시간에 일단 시작하라. 그것이 스트레처의 방식이다. 결과를 만들어내는 것은 결국 '실행'에 있다.

고민은 집어치우고
일단 시작하라

1991년 어느 봄날, 로버트 로드리게스Robert Rodriguez라는 스물세 살의 건강하고 야심 찬 영화 제작자가 병원에서 초조하게 검사 결과를 기다리고 있었다. 제약 회사의 임상시험에 자원한 상황이었다. 한 달 동안 병원에 입원해서 시제품 약을 먹으면 영화를 만드는 데 필요한 돈을 마련할 수 있기 때문이다. 보수가 약 3,000달러로 그리 많은 편은 아니었지만 자금이 부족한 상황에서 다른 뾰족한 수가 없었다.

"다른 사람들도 돈을 버느라 고생하겠지만, 저는 돈을 벌려고 실제로 피를 흘렸습니다. 그렇게 번 돈을 쓸 때는 아주 신중해질 수밖에 없지요."

로드리게스는 날마다 이루어지는 채혈과 엄격하게 정해진 화장실 이용 시간 사이에 스페인 영화인 〈엘 마리아치El Mariachi〉의 시나리오를 썼다. 이 영화는 기타 케이스에 총을 넣어 가지고 다니는 아줄Azul이라는 방랑 음악가에 관한 내용이다.

신약 연구가 끝나고 보수를 받은 로드리게스는 아주 색다르고 독특한 방식을 이용해서 바로 영화 제작에 돌입했다. 할리우드는 더 많은 자원을 확보하는 일에 사로잡혀 있는 것으로 유명하다. 영화 제작자는 값비싼 출연진, 소품, 특수효과, 정교한 세트, 대규모 스태프 등의 자원이 좋은 결과를 얻기 위한 필수 조건이라고 여기면서 재정 후원자를 찾아나선다. 만약 로드리게스가 이런 전통적인 영화 제작 경로를 따랐다면, 최소한 10만 달러의 돈과 다양한 업계 인맥, 더 많은 경험이 필요하다고 판단했을 것이다.

하지만 로드리게스는 매우 다른 접근 방식을 취했다. 먼저 자신이 손쉽게 구할 수 있는 것들을 소품 목록으로 작성했다. 이 목록에는 친구의 목장, 가짜 피로 채울 수 있는 콘돔, 전문 조명 대신 사용할 탁상용 스탠드, 바퀴 달린 이동식 카메라 대신 일반 카메라를 들고 앉아 있을 휠체어, 그리고 중요한 배역을 맡길 병원에서 만난 남자 등이 포함되었다. 로드리게스는 연기하는 것을 제외하고는 시나리오 작가, 카메라맨, 편집, 음향 기술자, 제작 보조 등 거의 모든 일을 직접 했다. 그는 당시를 이렇게 회상했다.

"뭘 해야 하는지도 모르면서 그냥 시작했습니다. 일단 시작하면 아이디어가 생기죠. 영감을 얻기 전에 먼저 행동부터 해야 돼요. 영감이 떠오르기를 기다렸다가 행동하려고 하면 절대로 못 합니다."

로버트 로드리게스는 일단 뛰어든 뒤에 자신의 영감을 찾았다. '적절한' 자원이라 생각되는 것을 계속 기다리고 있었다면 진행이 늦어지거나 일이 잘못되었을 수도 있다.

로드리게스는 영화 촬영을 시작한 이후 시나리오에서 벗어나는 경우가 자주 있었다. 어떤 영화 제작자들은 즉석에서 준비 없이 일을 진행할 경우 제작이 지연될 수도 있지만, 로드리게스는 이런 상황에서 순발력을 발휘해 더 좋은 결과물을 만들어냈다. 그의 말처럼 이런 스트레칭 기술 덕분에 세상의 모든 시간과 돈을 다 가졌을 때보다 훨씬 나은 영화를 찍을 수 있었다.

영화 제작을 마친 뒤, 그는 스페인 비디오 시장에서 영화를 홍보했고 결국 한 배급사로부터 영화 배급권을 2만 5,000달러에 사겠다는 제안을 받았다. 이는 엄청나게 큰 액수는 아니지만 다음 영화를 찍을 자금을 마련하는 데 도움이 될 테고, 그때는 앞서 배운 것을 토대로 자신의 목표를 향해 한 걸음 더 나아가 직업적인 영화 제작자가 될 수 있을 것이었다.

로드리게스는 공식적으로 계약을 체결하기 위해 로스앤젤레스에서 기다리던 중에 전화번호부를 훑어보았다. 직업적인 인맥과 평판, 경험 등이 모두 부족한 그였지만 세계에서 가장 명망 높은 탤런트 에이전시의 관심을 끌어보려고 시도했다. 그는 엔터테인먼트 에이전트인 로버트 뉴먼Robert Newman의 사무실에 소개장도 하나 없이 찾아갔다. 뉴먼의 조수에게 시나리오를 설명한 뒤, 로드리게스는 좋은 소식을 듣기를 기대하면서 〈엘 마리아치〉 예고편을 영상을 놓고 왔다.

3일 뒤, 신나는 소식을 전하는 전화벨이 울렸다. 예고편이 무척 마음에 든 뉴먼은 제작비가 얼마나 들지 알고 싶어 했다. 로드리게스가 7,000달러쯤이라고 대답하자 이 젊은 천재에게 깊은 인상을 받은 뉴먼이 말했다. "생각보다 저렴하군요. 대부분의 예고편은 제작비가 2~3만 달러 정도 들거든요." 로드리게스가 말한 7,000달러가 영화 전체 제작비일 것이라고는 상상도 못한 것이다.

스페인의 비디오 배급사가 이 영화 배급을 위해 약속한 돈을 지불하지 않은 것이 로드리게스에게는 전화위복이 되었다. 뉴먼은 곧 이 무명의 영화 제작자를 자신의 고객으로 영입하는 계약을 체결했고, 〈엘 마리아치〉는 곧 모든 유명 영화 스튜디오에 전해졌다. 컬럼비아픽처스는 이 영화를 구입하기 위해 50만 달러의 가격을 제시해서 경쟁자들을 노련하게 압도했다. 로드리게스는 이런 엄청난 성과에 깜짝 놀라면서, 전형적인 체이싱 방식을 쓰지 않고 스트레칭만으로도 성공적인 영화 제작이 가능하다는 확신을 얻었다. 그리고 그러한 제작 과정에서 아무리 많은 돈을 주고도 살 수 없는 차별화된 진짜 스타일이 만들어졌다.

박스오피스 매출은 200만 달러를 넘어섰다. 블록버스터 영화는 아니었지만, 이 영화의 성공 덕에 로드리게스는 할리우드에서 경력을 발전시켜 〈엘 마리아치〉의 속편이자 안토니오 반데라스가 출연한 〈데스페라도Desperado〉의 각본, 감독, 편집 계약을 맺었다. 로드리게스는 그 이후 좀 더 비평가들의 찬사를 받는 동시에 수익성도 있는 영화를 제작했고 덕분에 자신이 원하는 프로젝트를 계속 진행할 수 있었다.

자신의 유년기에서 영감을 얻은 그는 〈스파이키드〉 3부작의 시나리오를 쓰고, 감독, 편집까지 맡아서 3억 달러가 넘는 매출을 올렸다. 이 영화의 제작 예산은 그가 만든 다른 작품들보다 많았지만 같은 장르의 전형적인 영화들에 비하면 훨씬 적었다. "돈이 많이 든 영화처럼 보이지만 사실 전부 속임수예요. 우리 집 차고에서 편집했거든요." 조지 클루니가 이 시리즈의 마지막 편에 대통령으로 카메오 출연을 해주기를 바랐을 때는, 비디오카메라를 들고 배우의 집을 직접 찾아가 조지 클루니 집의 거실에서 그 장면을 찍기도 했다.

로드리게스는 이용 가능한 모든 자원(언뜻 보기에는 전혀 자원 같아 보이지 않는 것까지 포함해)을 투입해서 비평가들의 찬사를 받고, 상업적으로도 성공한 영화를 만들었고, 그 과정을 매우 즐기기까지 했다. 로드리게스는 스스로 생각하기에 아마 '이 일을 정말 즐기는 유일한 사람'일 것이다.

이 장에서는 로버트 로드리게스의 영화 제작 방식이 어떻게 우리의 직업적·개인적 프로젝트를 위한 유용한 가이드를 제시하고, 우리가 가진 것들을 이용해 목표 달성을 위한 방향으로 다가갈 수 있는 힘을 주며, 또 어떻게 그 과정에서 즐거운 시간을 보낼 수 있게 해주는지 알려줄 생각이다. 우리가 가진 자원을 이용해 행동하는 것이 매우 간단한 일처럼 들리겠지만 이를 실천하는 일은 여전히 어렵다. 왜 그럴까? 우리는 계획을 좋아하기 때문이다. 계획은 현대 생활에서 가장 중요하면서 동시에 우리를 가장 제약하는 도구 가운데 하나다. 계획이 엄청나게 유용하다는 것은 틀림없는 사실이지만, 때로는 진행 속도를 늦추거나 방향을 틀어서 경로를 이탈하게 만드는 경우도 있다.

우리는 훌륭한 계획 덕분에 성공했다고 이야기하는 경우가 많다. 우리가 거둔 성과의 가장 결정적인 요인이, 하겠다고 계획한 일이 아니라 실제로 한 일이라는 사실은 잊어버린 채로 말이다. 어떤 사람은 당장 뛰어들어서 일을 시작하는 것을 좋아하고, 어떤 사람은 주저하면서 꼼꼼한 계획에 더 많이 의지한다. 여기에서는 자신의 행동이나 계획 방향을 통제하는 근본적인 심리를 검토하고 그것을 바꾸는 방법을 이해하게 될 것이다. 그런 다음 어째서 계획이 다른 사람의 말에 귀 기울이거나 주변 상황을 관찰하는 것을 방해해서 스트레칭을 어렵게 하는지 배우게 될 것이다. 행동으로 전환하면 당장 활용할 수 있는 미개발된 잠재력을 알아차리는 데도 도움이 된다. 이 장의 마지막 부분에서는 계획의 대안인 즉흥성에 대해 분석할 예정이다. 이 기술에 능숙해지면 스트레칭 방식을 자유롭게 활용해서 자주 맞닥뜨리는 필연적인 변화에 대처할 수 있다.

완벽한 계획은
완벽한 실패만 보장한다

일반적으로 생각할 때 준비는 아무리 많이 해도 부족하다고 여길 수 있다. 계획은 누구나 따를 수 있는 면밀한 지침을 제공하고, 세부 사항까지 열심히 준비했다는 것을 보여줌으로써 이것이 타당한 방법이라는 신호를 보낸다. 하지만 지나친 계획은 행동을 방해한다.

우리가 계획을 좋아하는 이유는 편안하고 익숙하기 때문이다. 우리는 유치원에 다닐 때부터 계획에 대해 배우고, 성인이 되어서는 그 중요성을 강화하고 연습을 반복한다. 사람들은 주말을 어떻게 보낼까부터 은퇴하는 방법에 이르기까지 모든 것을 계획한다. 조직도 단기 목표부터 장기적인 로드맵까지 각종 계획을 세우는 것을 좋아한다. 대부분의 사람들은 새로운 전략을 고안하는 경영진이든, 변화를 이끄는 중간 관리자든, 혹은 휴가를 고려하는 가족이든, 어떤 입장이든 간에 신중하게 계획을 세워야 최상의 결과를 얻을 수 있다고 생각하는 경향이 있다.

시간과 정보 같은 자원이 풍부할 때는 계획을 세우는 것이 매우 효과적일 수 있다. 하지만 아무리 자원이 풍부한 조직이나 사람이라도 경쟁업체의 움직임이나 신제품을 구입할 고객의 비율, 직장을 옮길 경우 새로운 동료들과 가까워질 수 있는 가능성 등 계획에 포함되어 있는 수많은 변수에 대해서는 불확실한 가정을 해야만 한다. 그리고 이런 가정에 의지해 미래를 계획하고는 자신이 내린 결론의 바탕이 된 불안정한 가정에 대해서는 금세 잊어버린다. 자신이 생각한 결론이 마음에 들지 않으면 다시 이전 과정으로 되돌아가서 애초에 자신이 원했던 답을 얻을 때까지 가정을 손볼 것이다. 예를 들어 사람들이 구입할 것이라고 생각하는 수량을 조정하기만 하면 수익성 없던 신제품이 갑자기 마술처럼 블록버스터가 될 수도 있다고 생각한다.

사람들은 자신이 세운 계획에 영향을 미치는 변수를 제거하는 데 아주 많은 시간을 쏟는다. 하지만 철저함에 대한 욕구는 행동을 더욱 더디게 만들 뿐이다. 행동이 지연되는 동안 주변 환경이 완전히 바뀌었을 수도 있다. 그러면 결국 더 이상 존재하지도 않는 세상을 위한 계획을 세우느라 많은 시간을 허비한 셈이다. 이 경우 자신이 계획을 세운 대상들이 당연히 존재할 것이라고 스스로를 속이게 된다.

계획에 대한 열망은 우리가 반드시 균형을 이루어야 한다고 생각하는 속도와 정확성에 대한 고려에서 비롯된다. 신속한 행동이 필요할 때는 가능한 대안을 간과하고 고려할 정보를 제한하며 최적 경로에 대한 분석을 서두르려고 한다. 최선의 답을 얻지 못할지도 모르지만, 우연히 잠재 고객과 함께 엘리베이터를 타게 되었을 때 즉흥적으로 구매 권유를 하거나 집에 늦게 돌아온 날 남은 음식을 그러모아 재빨리 식사 준비를 하는 것을 비판하는 사람은 없다.

또 가장 중요한 문제에 대처할 때는 속도보다 정확성을 선호하고, 결국 지나치게 세심한 계획의 함정에 빠지기 쉽다. 사람들은 회사의 5개년 예산 계획을 세우거나, 신제품 개발을 위한 대규모 투자 결정을 내리거나, 어떤 집을 살지 결정하기 위해 많은 시간을 들여 고민한다. 많은 조직의 내부에서는 중요한 결정을 내리기 위해 부서 전체가 정교한 계획 도구에 의지하는 경우가 많다. 이때의 유일한 문제는 그런 도구에 의지해도 원하는 결과가 나오지 않는다는 것이다. 한 연구에서는 2,496개의 조직을 분석한 결과 계획과 조직의 성과 사이의 상관관계가 그리 크지 않다는 것을 알아냈다.

중요한 이해관계가 걸려 있고 또 많은 자원을 활용하는 전문 기획자들이 열심히 노력하는데도 기대에 못 미치는 이유가 무엇일까? 문제는 속도와 정확도 사이의 균형이다.

스탠퍼드대학교 교수인 캐시 아이젠하르트Kathy Eisenhardt는 8개 컴퓨터 회사에 대한 심층적인 연구를 수행하면서 기업들이 어떻게 이런 균형을 맞추는지 궁금했다. 최고경영진과 최고관리자들을 인터뷰하고, 설문 데이터를 수집하고, 업계 보고서와 회사 아카이브를 분석한 결과 다소 놀라운 사실을 발견했다. 아이젠하르트는 신속한 결정을 내리는 기업일수록 남들보다 많은 정보와 대안을 검토하고 의지한다는 것을 알아냈다.

검토할 정보와 대안이 많을수록 결정에 시간이 더 많이 걸린다는 기존 상식의 틀이 깨진 것이다. 이 수수께끼를 풀기 위해 아이젠하르트는 데이터를 다시 검토하다가 신속하게 행동하는 기업이 사용한 정보들은 그 종류가 다르다는 것을 알아냈다. 신속한 결정을 내린 기업은 현재에 집중하고, 자사 운영과 경쟁사에 대한 실시간 정보에 의존했다. 그에 반해 행동이 느린 기업은 미래가 어떤 모습일지 상상하거나 미리 예상하기 힘든 사건을 예측하는 데 상당한 시간과 에너지를 쏟았다. 성과를 집계할 시점이 되면 행동이 빠른 기업은 판매량이나 매출 수익률, 경영진과 경쟁업체의 인식 등의 측면에서 행동이 굼뜬 경쟁자들을 앞섰다.

꼼꼼한 계획을 좋아하는 이들이 보기에 이런 결과는 정말 당황스러울 수밖에 없다. 어떻게 '예측'을 하지 않았을 때 더 좋은 성과가 나올 수 있는 것일까? 그 답은 매우 간단하다.

우리는 행동을 통해 배운다. 계획을 세울 때는 곧바로 행동을 취하지 않고, 실제 일어나지 않을 수도 있는 미래에 대해 추측하느라 행동을 미루게 된다. 아이젠하르트가 조사한 기업 가운데 가장 좋은 성과를 낸 기업들은 현재를 중시하면서 신속하게 적응할 수 있는 능력을 발전시켰다. 그녀가 연구한 조직과 사람들은 격변하는 환경에서 일하기 때문에 그들의 미래는 별로 명확하지 않고 따라서 계획의 유용성이 떨어진다. 게임 규칙이 빠르게 바뀌는 상황에서는 지속적으로 행동하면서 현재 상태에 대해 파악하는 것이 훨씬 중요해졌다.

남들보다 신속하게 대응하는 이들에게는 또 어떤 뜻밖의 이점이 있을까? 계획을 따르지 않으면 정치적·심리적·경제적인 투자가 적기 때문에 끝까지 버티느라 지나치게 애쓰지 않아도 되고, 대신 최신 정보에 반응할 수 있다. 우리는 자신이 세운 계획은 잘못될 염

려가 없다고 스스로를 속이면서 다른 이들을 위협해서 그 계획을 따르게 할지도 모른다. 하지만 아무리 훌륭한 계획이라도 불완전한 부분이 있게 마련인데, 자신이 사전에 모든 것을 계산해뒀다고 착각하는 경우가 많기 때문에 이런 사실이 가려질 수 있다. 다양한 가능성을 허용해야만 '효과가 없다는 것이 명확하게 밝혀졌음에도 불구하고 비합리적으로 계획을 고수하면서 거기에 더 많은 투자를 하는' 몰입 상승 효과가 발생하는 것을 피할 수 있다. 의문도 품지 않은 채 무조건 계획에 매달리는 것이 아니라 때로는 계획보다 행동을 먼저 취해야 할 때도 있다.

이상적 계획주의자 vs. 현실적 행동주의자

체코의 시인이자 면역학자인 미로슬라프 홀룹Miroslav Holub은 정찰을 나섰다가 알프스 산악 지대에서 길을 잃은 헝가리 군인들에 관한 놀라운 이야기를 글로 남겼다. 이들은 추위와 눈 때문에 본대로 돌아가기가 어려워졌다고 한다. 이틀이 지나도록 아무런 소식이 없자 부대의 지휘관은 정찰대가 모두 죽었을 것으로 추측했다. 그런데 사흘째 되는 날 기적적으로 정찰대가 아무런 부상 없이 돌아왔다. 그들의 귀환에 안도하면서도 한편으로 궁금했던 지휘관은 어떻게 무사히 돌아올 수 있었는지를 물었다. 그들은 병사 한 명이 주머니에 가지고 있던 지도를 보고 본대로 돌아왔다고 대답했다. 그런데 지휘관은 그들이 따라온 지도를 살펴보고는 완전히 당황하고 말았다. 그 지도는 알프스가 아니라 피레네 산맥 지도였던 것이다.

이 이야기를 들은 경영학자 칼 웨익Karl Weick은 우리가 방향을 잃으면 '어떤 낡은 지도라도 쓸모가 있다'고 결론을 내렸다. 병사들은 다른 지역이 표시된 지도를 사용했지만, 그래도 이 지도 덕분에 극심한 공포에 빠져서 허둥대는 일 없이 움직일 수 있었다. 그리고 그렇게 움직이면서 주변 환경을 파악하고 무사히 기지로 돌아간다는 공동의 목표에 대해 계속 얘기를 나누었다. 그 지도의 가치는 정확성이 아니라 행동의 기폭제가 되어주는 데 있었다. 우리는 자신의 직업적·개인적 지도인 계획 덕분에 성공을 거둘 수 있었다고 공을 돌리는 경우가 많지만, 사실 우리의 결과를 설명할 수 있는 것은 계획이 아니라 행동이다. 문제는 과도한 계획 속에서 길을 잃은 채 움직이지 않고 가만히 있거나, 행동에 나서기 전에 적절한 자원이 손에 들어오기를 기다리는 이들이 많다는 것이다. 특히 체이서의 경우에 그런 경향이 두드러진다.

1988년에 광고 제작자 댄 위든Dan Wieden도 관성을 유지하려는 이런 경향과 맞서 싸웠다. 포틀랜드Portland 노동조합 회관 지하실에서 시작해서 대여한 타자기와 유료 전화 한 대만 갖춘 채 간신히 버티고 있는 광고 대행사에서 일하던 위든은 소규모 운동복 브랜드가 진행하는 여러 개의 텔레비전 광고를 통일시킬 결정적인 문구를 찾으려고 고심하고 있었다.

밤새 고민한 위든은 자신과 같은 오리건 주 출신이자 10년 전에 죽은 게리 길모어Gary Gilmore라는 사람을 떠올리고는 드디어 기발한 뭔가를 찾아냈다고 생각했다.

길모어는 35세 생일을 맞을 무렵 벌써 인생의 거의 절반을 감옥에서 보냈고 절도, 무장 강도, 폭행 등의 전과 기록을 가지고 있었다. 그로부터 1년 뒤 길모어는 마지막 범죄를 저질렀다. 주유소 직원과 모텔 직원을 잔인하게 살해한 것이다. 법원은 그에게 사형을 선고했다.

대부분의 사형수들과 달리, 게리 길모어는 항소하지 않았다. 그의 변호사들은 형량을 낮추려고 했지만 길모어는 그들의 도움을 거부했다. 그의 어머니가 관용을 호소하는 편지를 쓰자 길모어는 어머니가 자신의 죽음을 방해하지 않게 해달라고 공개적으로 호소했다. 그는 자신의 처형을 미루는 주지사를 '도덕적 겁쟁이'라고 불렀고, 랍비, 사제, A.C.L.U.(미국시민자유연합) 등도 자기 일에 상관하지 말라고 했다.

1977년에 게리 길모어는 미국에서 10년 만에 집행된 사형의 대상자가 되었다. 그가 남긴 마지막 말인 "자, 시작합시다Let's do it"가 위든의 작업을 마무리하는 데 필요한 아이디어를 제공해주었다.

위든이 고객사의 공동 설립자인 필 나이트Phil Knight에게 이 잠재적인 슬로건을 권하자, 나이트는 즉시 "우리 회사에는 그런 쓰레기 같은 문구가 필요 없다"고 반응했다. 그러자 위든은 "그냥 나를 믿어 보라"고 응수했다.

나이트가 태도를 굽히고 제안을 받아들인 것은 정말 다행스러운 일이었다. 왜냐하면 댄 위든은 세계에서 가장 큰 성공을 거둔 광고 문구 가운데 하나를 만들어냈기 때문이다. '저스트 두 잇Just Do It' 광고 캠페인은 나이키를 세계 최고의 스포츠 기업 반열에 올려놓았고, 슈퍼스타의 홍보뿐만 아니라 행동에 나서라고 촉구하는 것으로도 인정받는 글로벌 브랜드를 만들어냈다. 댄 위든은 완전히 깨닫지 못했지만 그의 마케팅 캠페인은 인간 심리의 중요한 부분인 조절 모드를 파고들었다. 이것은 목표 달성을 위해서 자원을 생각하고 사용하는 방식을 조절하는 신념과 심적 상태다.

계획 모드가 작동할 때는 자원의 잠재적인 용도를 포괄적으로 평가하려는 강한 충동을 느낀다. 최고의 방안을 고르기 위해 다양한 선택 사항에 대해 가능한 한 많은 정보를 원한다. 사람들이 이 모드에 따라 행동할 때는 그냥 괜찮은 선택을 하는 것만으로는 만족하지 않는다. 아무리 많은 자원이 소요되더라도 진정으로 최선의 선택을 하고 싶어 한다. 그리고 행동에 나설 때는 자신이 하는 일을 비판하고 선택을 후회하며 더 좋은 방법이 없는지 궁금해한다. 또 자신의 행로가 다른 사람들의 행로와 어떻게 겹쳐질지 추측하고, 체이서들이 선호하고 개인의 만족도에 큰 영향을 미치는 위험한 사회적 비교 본능을 불러일으킨다.

반면 바로 행동에 나서는 경향이 있는 사람은 행동 모드를 따른다. 이 모드가 작동하면 현재 상황에서 벗어나 목표에 가까이 다가가기 위해 무슨 일이든 한다. 아직 생각해보지 못한 더 좋은 방법이 있더라도 말이다.

계획을 중요하게 생각하는 세상에서는 행동 모드를 사용하는 사람을 별 생각 없이 무모하게 행동하는 이들이라고 여기는 것이 일반적이다. 반면 계획을 세우고 따르는 사람들은 많이 고민하면서 목표를 추구하고 결국 큰 성공을 거두는 신중한 사람이라고 생각한다. 우리의 문화적 기대는 계획이 번영에 이르는 유일하지는 않지만 최선의 길을 제공한다고 여긴다. 하지만 그것은 사실이 아니다.

계획이 삶의 많은 부분을 지배하는 세계에서는 무작정 일에 뛰어들기가 힘들다. 나는 강의실에서 이렇게 주저하는 모습들을 자주 본다. 이는 업무 경험이 거의 없는 교사든 수십 년의 경력을 갖춘 고위직 인물이든 마찬가지다.

그러니 학생들에게 자신이 수백 년 전에 살던 대형 화물선 선장인데 대양을 가로지르는 항해를 해야 한다고 상상해보라고 하자 학생들이 곧바로 계획부터 세우기 시작하는 것도 당연한 일이다. 나는 학생들에게 GPS 장비나 위성 전화, 다른 전자식 보조 장치 같은 현대적인 도구가 부족한 상황에서 자신이 맡은 임무를 어떻게 수행할 것인지 설명해보라고 했다. 대부분의 학생들은 비슷한 답을 제시했다. 다양한 지도를 연구하고 풍향과 조류의 흐름을 예측해서 최적의 경로를 찾은 다음 진로를 정할 것이라고 했다. 나는 대부분의 업무 및 비업무 상황에서처럼 바다를 항해할 때도 불확실한 사건과 예기치 않은 상황이 계속 발생한다는 사실을 지적했다.

조류가 바뀌거나 폭풍우가 몰아칠 수도 있기 때문이다.

이런 질문을 접한 학생들은 대부분 원래 계획을 수정한 뒤 새롭게 수정된 경로를 유지할 것이라고 대답했다. 그들은 자기도 모르게 유럽 항해자들이 수세기 동안 지지한 것과 동일한 원칙을 분명하게 밝힌 것이다. 유럽의 항해 방식에 따르면 신중하게 계획을 세우고, 계획을 이행하는 데 필요한 자원을 모으고, 계획을 실행하고, 진행 상황을 추적하고, 필요에 따라 계획을 재구성하는 것이 좋은 성과를 얻을 수 있는 기본적인 방법이다.

우리에게 상당히 괜찮은 정보와 충분한 시간이 있을 때는 이런 방식이 꽤 도움이 된다. 하지만 앞날에 대한 정보가 부족하다면 어떨까? 혹은 그 정보를 평가하는 것이 너무 번거롭다면? 혹은 미래 상황이 계속적으로 변한다면? 그렇다면 다른 항해 방법이 필요하다.

내가 교실에서 학생들에게 제기한 문제를 비롯해서 이런 항해 문제를 해결하는 매우 색다른 방법이 존재한다. 유럽에서 멀리 떨어진 미크로네시아의 캐롤라인 제도에 있는 추크Chuuk 섬에는 토착 원주민인 트루키 족이 산다. 트루키 족이 바다를 항해하는 방법은 유럽의 항해자들과는 매우 다르다. 이들은 상세한 계획을 세우지도 않고 진로를 정하지도 않는다. 트루키 족은 목표(어떤 섬까지 항해한다 같은)를 세우고 항해를 시작한 뒤, 계속 항해하면서 목표지를 향해 조금씩 다가간다. 항해 중에는 자신들의 움직임이 주변 환경과 어떻게 상호 작용하는지 살펴보고 그 과정에서 필요한 부분을 조정하면서 조류와 바람에 신중하게 대응한다. 트루키 족 선장에게 험난한 파도를 어떻게 헤쳐나갈 계획인지 묻는다면 그는 실제로 그 상황이 닥치기 전까지는 자기가 어떻게 할지 모르기 때문에 질문에 답하지 못할 것이다. 트루키 족의 항해 스타일의 기본은 광고계에서 뛰어난 성과를 거둔 댄 위든이 이용한 것과 같은 추진력, 즉 행동 조절 모드에 의지한다. 일단 해보는 것이다.

자신의 천성적인 경향이 계획을 선호한다고 하더라도 행동 지향적인 방식을 받아들이는 것은 비교적 간단하다. 나는 학생들에게 트루키 족 선원들의 이야기를 소개한 뒤 예전에 자기 삶의 다른 부분에서 이와 비슷한 방식을 따른 적이 있는지 생각해보게 했다. 우리가 계획과 행동 사이를 쉽사리 오갈 수 있다는 사실은 과학 연구를 통해서도 뒷받침된다.

한 연구에서는 사람들이 계획 모드나 행동 모드를 택한 때를 떠올리게 하는 것만으로도 그들의 조절 모드를 바꿀 수 있었다. 실험 진행자는 참가자들에게 과거에 일을 성공적으로 이끌었던 세 가지 행동에 대해서 쓰라고 했다. 그리고 참가자를 '행동 모드 그룹'과 '계획 모드 그룹' 두 부류로 나누고 행동 모드 그룹 사람들에게는 다음과 같은 세 가지 내용에 답하게 했다. 첫째, '실천가'처럼 행동했던 때를 떠올려보라. 둘째, 프로젝트를 하나 끝낸 뒤 곧바로 새로운 프로젝트를 시작했던 때를 떠올려보라. 셋째, 무엇인가를 하겠다고 결심한 뒤 바로 시작했던 때를 떠올려보라.

그리고 계획 모드 그룹에 속하게 된 사람들은 다른 내용에 답하도록 했다. 자기 자신을 다른 사람들과 비교했던 때를 떠올려보라,

자신의 긍정적인 특성과 부정적인 특성에 대해 생각했던 때를 떠올려보라. 다른 사람이나 자기 스스로가 한 일을 비판했던 때를 떠올려보라. 사람들은 이 세 가지 내용에 답하는 간단한 절차를 통해 각자의 모드에 효과적으로 진입하게 된다. 그리고 특정 모드를 선호하는 타고난 성향이 있어도, 다른 모드를 이용해서 상황에 접근했던 때를 떠올리는 것만으로도 손쉽게 모드를 바꿀 수 있다는 것을 알 수 있었다.

물론 목표를 추구할 때는 유럽인의 방식과 트루키 족의 방식을 모두 활용해야 한다. 하지만 유럽 선원들이 선호하는 계획 방식에 지나치게 의존할 경우에는 문제가 생긴다. 이제 트루키 족의 방식에 좀 더 익숙해져야 한다. 자신이 처한 상황에서 조류와 바람을 신중하게 느껴보는 것이 좋은 시작점이 될 것이다. 지금보다 뛰어난 청자 겸 관찰자가 되어야 한다.

즉흥적인 상황이 진짜 소통을 만든다

대학에서 처음 강의를 하게 되었을 때 정말 당황스러운 일이 있었다. 손을 든 사람이 많을수록 내가 지목한 사람이 앞 사람의 발언을 그대로 반복할 가능성이 높다는 것이다. '방금 발언한 사람의 말을 제대로 안 들었나?' 하고 의아해하지 않을 수 없었다.

그 뒤 강의를 몇 차례 더 진행해본 결과 전부 나 때문에 생긴 일이라는 것을 깨달았다. 내가 학생들에게 제대로 경청할 기회를 주지 않았던 것이다. 손을 든 여러 명의 학생들에게 모두 기회를 주려고 한 학생이 발언하는 동안 다른 학생들 몇 명에게 다음은 그들 차례라고 미리 알려줬던 것이다. 이 방법이 열성적인 학생들의 발언이 계속 이어지는 데 도움이 되리라고 생각했지만, 실제로는 발언 순서를 정함으로써 대화가 시작되기도 전에 대화가 어떻게 진행될지 계획을 세워놓은 것이다. 회의할 때는 회의실에 모인 사람들의 직급에 따라 혹은 자기가 앉은 임의의 자리에 따라 말하는 순서가 정해진다.

이런 식으로 대화를 조직하면 가장 관련성 높은 정보를 가진 사람이 가장 적절한 시간에 말하는 것을 방해하게 되므로 정보나 인력, 경험, 관계 등 지금 가지고 있는 자원을 최대한 활용할 수 있는 능력에 제한을 받는다. 발언 순서를 정할 경우 사람들은 기다리는 동안 자기가 말할 내용을 연습하는 데만 집중하게 되므로 다른 이들의 말에 귀를 기울이기가 어려워진다. 결국 캐시 아이젠하르트 교수의 컴퓨터 회사 연구에서 가장 큰 성공을 거둔 조직과 팀에 결정적인 역할을 했던 실시간 정보 수집을 하지 못하게 되는 것이다.

미국연방교통안전위원회 조사관으로 일했던 맬컴 브레너Malcolm Brenner도 대학원에서 심리학 공부를 할 때 발언 순서를 정하는 실험을 진행했다. 그는 사각형 탁자와 의자를 준비했다. 각 의자 앞에 놓인 탁자 위에는 영어 문어체에서 가장 자주 쓰이는 단어 500개

중에서 고른 각기 다른 단어가 적힌 카드 6장이 뒤집힌 채로 놓여 있었다. 참가자들은 자기 앞에 놓인 카드 중 하나를 뒤집어서 거기 적힌 단어를 큰 소리로 읽은 다음, 미리 정해진 방식대로 탁자들을 돌아다녔다. 이런 식으로 25개의 단어를 읽은 뒤 읽는 것을 멈추고 90초 동안 기억나는 단어를 모두 적게 했다.

대부분의 사람들은 자기가 직접 읽은 단어들을 쉽게 기억했다. 또 탁자 건너편에 있던 사람들이 말한 단어도 꽤 잘 기억했다. 하지만 참가자들의 청취 능력에 중요한 결함이 발생하는 결정적인 장소가 하나 있었다. 자기 주변에 있는 사람들, 자기 순서 앞의 세 사람과 뒤의 세 사람이 말한 단어는 제대로 기억하지 못한 것이다.

브레너의 실험 참가자들, 내 강의를 들은 학생들, 회의실 탁자에 둘러앉은 사람들은 말하기와 듣기의 두 가지 역할을 동시에 수행해야 했다. 이 두 가지 역할을 수행하려면 정신적 에너지가 많이 소요된다. 자기가 말할 차례가 다가오면 최대 9초 전부터 듣는 것을 멈추고 말할 준비를 하게 된다. 그러면서 자기도 모르는 사이에 자신의 차례 직전에 다른 사람의 말에 귀를 닫게 되는 것이다. 자신의 성과를 계획하는 일, 즉 수업 중에 훌륭한 의견을 제시하거나, 회의에서 좋은 논제를 내놓거나, 파트너와 논쟁을 벌이는 경우 등에만 정신 에너지를 쏟으면 성과를 거두기 전까지는 실시간 정보 처리를 중단하게 된다. 그래서 계획을 다 세운 다음에 정작 말할 시간이 되면, 내 강의에서 몇몇 학생들이 했던 발언처럼 상황에 안 맞는 엉뚱한 말을 하게 될 수도 있다.

브레너의 연구에 따르면 말을 마친 뒤에 다시 듣기 모드로 돌아갈 때도 비슷한 정도의 시간이 필요하다. 자기가 한 말이 사람들에게 호평을 받았는지, 대화 흐름에 영향을 미쳤는지, 다음에는 무슨 말을 해야 하는지 등을 생각하며 자신의 성과를 되돌아보게 된다. 이런 복귀 과정이 진행되는 동안 사람들이 우리가 한 말에 어떻게 반응하는지 놓치게 되므로, 자신의 기여도를 평가할 때뿐 아니라 그런 기여가 목표 달성에 어떤 도움이 되는지 이해할 수 있게 해주는 중요한 정보를 얻지 못한다.

계획을 따르고 있을 때는 다른 사람의 말에 귀를 기울이거나 주변 상황을 관찰하기가 힘들다. 특히 주변 환경이 변화하고 있을 때는 더욱 그렇다. 성공하려면 일단 잘 들어야 한다. 철저한 계획을 세우지 말고 억지로라도 즉흥적으로 행동한다면 일의 진행이 예상보다 쉬울 것이다.

우리 삶에서 완벽한 대본이 정해져 있는 경우는 거의 없지만 경청을 제한할 만큼의 대본이 정해져 있고 그로 인해 달성 가능한 것의 한계까지 제한을 받는 경우는 많다. 사람들은 흔히 직급, 사회적 위치, 교육 수준, 지위, 개성 등으로 인해 화자와 청자로 구분된다. 나도 학생들을 처음 가르칠 때 수업 계획을 너무 엄격하게 고수한 탓에 학생들이 예기치 못한 발견을 할 수 있도록 이끌 기회를 놓친 경험이 있다.

나는 강의실에 있는 사람을 화자(나)와 청자(학생들)로 확실하게 구분했다. 내 첫 번째 강의 평가에서 한 학생이 평하기를, 내 수업은 마치 셰익스피어의 연극처럼 진행되었다고 지적했다. 처음에는 그 말을 칭찬으로 받아들였다. 충분히 연습하고 대본까지 미리 준비한 뒤, 강의 계획을 꼼꼼하게 이행했기 때문이다. 하지만 학생들의 작업 경험이나 독특한 관점, 문화유산 등 그들이 수업에 기여할 수 있는 중요한 부분에 귀 기울이는 일은 소홀했다.

단순히 듣기를 위한 듣기가 아니라 이들의 목소리와 관점이 활용 가능한 자원이라는 것을 인정하고 활동의 기반으로 삼으면, 불확실한 상황을 새로운 지식과 기회로 전환시킬 수 있다. 그것이 '저스트 두 잇' 정신과 즉흥성의 핵심이다.

예측 불가능한 세계를 살아가는 법

1995년에 당시 39살이던 폴라 딕슨Paula Dickson은 홍콩에서 런던으로 향하는 비행기를 타려고 공항으로 가던 도중에 오토바이에서 사고를 당했다. 그녀는 이 사고를 대수롭지 않게 여기고 여행을 계속했다. 하지만 비행기에 탑승한 뒤, 딕슨은 부어오른 팔뚝이 걱정되었다. 당시 비행기에 탑승해 있던 앵거스 월리스Angus Wallace와 톰 웡Tom Wong이라는 의사들은 그녀의 팔이 부러졌다고 진단했다. 의사들은 비행기에 있는 응급 의료용 키트를 이용해서 부러진 팔에 부목을 대줬다. 의사들은 치료 성과에 만족했고 환자 상태도 훨씬 좋아졌기에 각자 자기 자리로 돌아갔다.

비행을 시작한 지 1시간 뒤, 딕슨이 심한 가슴 통증을 호소하면서 호흡 곤란을 일으키기 시작했다. 새로운 증상에 놀란 월리스 박사가 딕슨을 다시 진찰했더니 처음 진찰했을 때보다 상황이 훨씬 나빴다. 딕슨의 갈비뼈가 부러져 폐에 구멍이 났기 때문에 응급 수술이 필요했던 것이다.

가장 가까운 공항에 착륙하려 해도 시간이 한참 걸렸기 때문에 그때까지 기다렸다가는 딕슨의 생명을 구할 수가 없었다. 게다가 비행기가 착륙을 위해 하강할 때 수반되는 기내 압력 변화가 그녀에게 치명적일 수도 있었다. 이런 상황에서 월리스 박사가 할 수 있는 일은 무엇일까?

시간이 계속해서 흐르고, 월리스 박사는 당장 무엇인가를 해야만 했다. 그는 비행기 뒤편에 임시로 수술실을 만들었다. 그가 즉흥적으로 꾸민 공간은 딕슨의 수술을 위한 물리적인 장소를 제공할 뿐만 아니라 일반적이지 않은 이례적인 도구들을 사용한 특이한 수술에 필요한 후속 조치들을 진행할 수 있게 해주었다. 고급 브랜디는 살균제 구실을 했다. 월리스 박사는 가위로 딕슨의 가슴을 절개하고 옷걸이를 이용해 관을 삽입했다. 생수 병으로 딕슨의 폐 내부에 갇혀 있는 공기를 빼냈다. 일등석에서 가져온 뜨거운 물수건은 살균 드레싱 구실을 했다. 다행히도 딕슨은 이런 힘든 기내 수술을 받고 살아났다.

우리가 처한 직업적·개인적 문제들은 월리스 박사의 경우와 다르지만 그의 이야기는 다양한 상황에 적용된다. 예기치 못한 일이 발생했을 때 재빨리 행동을 취하면 자기가 처한 상황을 이해하고 그것을 변화시키는 데 도움이 된다. 월리스 박사는 임시변통으로 하나하나 필요한 행동을 취하면서 서서히 비행기를 병원으로 탈바꿈시켰다.

평소 병원에서 수술을 진행하는 데 숙달되어 있던 월리스 박사는 매우 친숙한 동시에 근본적으로 다른 상황에 직면하게 된 것이다. 수술을 진행할 때 사용된 기본적인 단계는 살균, 환자의 환부 절개, 갇힌 공기 배출, 붕대 감기 등 지상에서의 수술 절차와 유사한 패턴을 따랐다. 하지만 하늘 높은 곳에서 적절한 장비도 없는 상황이니 결코 통상적으로 진행될 수 없었다. 월리스 박사는 즉흥성을 발휘해 자기 직무의 일반적인 특성과 그 일을 처리해야 하는 특이한 방식을 연결시켰다.

우리도 월리스 박사처럼 즉흥성을 발휘해서 이익을 얻을 수 있는 상황을 자주 만난다. 새로운 경쟁자가 등장하고, 고객들의 취향이 변하고, 가장 잘 팔리던 제품의 인기가 하락하며, 규정이 바뀌면서 경쟁 규칙에도 변화가 생기고, 또 직업적·개인적인 좌절도 계속 겪는다. 이때 행동을 통해 이런 상황을 더 나은 쪽으로 바꿀 수 있다는 것을 인식하면서 상황에 접근해야 한다.

일례로 교향곡과 재즈라는 두 음악 장르의 차이를 생각해보자. 두 장르 모두 재능 있는 음악가들을 통해 훌륭한 음악을 만들지만,

음악가의 작업 방식은 완전히 다르다. 한쪽은 철저한 계획에 기초하고 다른 한쪽은 즉석에서 곡을 만들기 때문이다.

교향곡은 계획적인 방식과 가장 가깝다. 공식적인 리더(지휘자)가 고도로 전문화된 음악가들의 작업을 조정한다. 악보가 조직이 성과를 내는 방법에 대한 상세한 계획을 제시하며, 공연 전에 필요한 것들을 다 갖추고 충분히 연습을 한다. 악보에 적힌 음표를 정확한 시간에 정확하게 연주해 아무런 흠 없이 계획을 실행하면 완벽한 공연이 이루어진다.

우리 사회가 생산 중심 사회였을 때는 본인이 하는 일을 교향곡의 비유처럼 진행하는 것이 상당히 합리적으로 보였다. 불일치하는 부분을 제거하는 것이 우리의 목표였기 때문이다. 하지만 점차 개인의 표현과 적응력, 창의성을 중시하는 사회로 이행함에 따라 새로운 음악을 배울 필요성이 생겼다.

재즈 앙상블에는 그룹의 계획을 정리해놓은 악보가 존재하지 않기 때문에 연주가 어떤 식으로 진행될지 전혀 예측할 수 없다. 음악가들은 각자 상대방이 어떤 음을 연주할지 모르는 상황이므로 다른 사람의 연주에 신속하게 반응해야 한다. 이들은 계획을 세우기보다는 당혹스러운 침묵에 빠지지 않고 그냥 음악을 계속 연주하고 싶어 한다. 완벽한 공연의 모습은 매번 달라지며, 그룹 구성원들은 교대로 돌아가면서 공연을 이끌어간다.

재즈 음악보다 교향곡을 만드는 데 능숙하거나 그쪽에 더 많은 가치를 부여하는 조직과 사람들이 많다. 이들은 직장에서도 집에서도 열심히 연습한 악보를 따른다. 그래야 시간이 지날수록 연주에 더 능숙해지기 때문이다. 우리는 아직 시도해보지 않은 일에서 실패할 위험을 무릅쓰기보다는 자신이 잘하는 일을 연습하고 반복하는 데서 편안함과 친근함을 느낀다. 문제는 청중들의 취향이 변해서 언제나 똑같은 연주에 지루함을 느끼게 될 수도 있다는 것이다. 그런데 우리는 여전히 같은 노래를 같은 방식으로 연주하고 있다.

재즈 연주자인 마일스 데이비스Miles Davis는 자신의 밴드가 즉흥연주 기술을 향상시킬 수 있도록 공연 중에 다양한 조성으로 연주를 이끌었다. 그가 밴드 구성원들에게 말한 것처럼 그들은 청중 앞에서 돈을 받으면서 연습하는 것이다. 공연이 곧 연습임을 인정하는 자유로움과 거기에 정답은 없다는 사실 덕분에 그들은 아름다우면서도 색다른 음악, 새롭고 독창적이고 흥미롭고 놀라운 음악을 만들 수 있었다. 데이비스의 방식은 로버트 로드리게스가 〈엘마리아치〉를 제작할 때 취한 것과 똑같은 철학을 따른다. 그는 자기 영화를 할리우드에 판매할 생각이 전혀 없었고 그저 실용적인 (그리고 돈이 덜 드는) 영화 학교로 여겼을 뿐이다. 하지만 그 결과물은 관객들을 사로잡았고 공연자와 제작자에게도 지속적인 흥분을 안겨주었다.

우리가 이런 작업 방식을 본인의 프로젝트에 적용하면 자원 이용 방식에도 영향을 미치게 된다. 상황을 뒤흔듦으로써 자기 자신과 다른 사람들이 각자 가진 것을 이용해 행동하면서 어떤 일이 벌어지는지 지켜보고, 무엇인가를 배우고, 예상하지 못한 방식으로 사람들과 교류하고, 일하는 방식을 조정하면서 처음부터 다시 시작할 수 있는 자유를 허락하는 것이다. 자신이 추구하는 것이 무엇이든 간에 때로는 최선의 계획을 자발적인 행동으로 대체해서 이익을 얻을 수도 있다.

우리는 자신의 가장 큰 야심을 이루기 위해 계획의 상식적인 매력에 집착한다. 미래가 예측 가능한 것이라면 계획이 많은 도움이 되겠지만 계획은 때로 우리를 잘못된 방향으로 인도해 길을 잃게 만든다. 행동 모드로 전환해서 자기 주변을 잘 관찰한다면 지금 자신이 가지고 있는 것으로 즉흥 연주를 할 수 있는 기술을 발전시킬 수 있다. 항상 완벽한 대본이 필요한 것은 아니며 때로는 대본이 아예 필요 없을 수도 있다. 그보다 그냥 "행동하라!"고 외쳐야 한다.

6장

누구보다
내 편이 되는
스트레쳐의 자기확신

STRETCH

대부분의 사람들은 어느 날 우연히 인생의 어떤 기회가 나타나기를 기대한다. 내 눈앞에 놀라운 기회가 찾아와주기를 수동적으로 기다리는 것이다. 그러나 스트레쳐는 스스로 기회를 만들어내는 방식에 집중한다. 현실의 한계와 제약은 오히려 동기부여가 된다. 이때 가장 중요한 것은 자기 자신을 믿는 태도다. 스스로에 대한 '확신'은 주도적으로 기회를 만들어내는 가장 강력한 힘이 된다.

강한 예측은
때로 진실이 된다

제1차 세계대전이 끝난 뒤 '광란의 1920년대'가 흥분과 번영의 시대를 열었다. 미국인들은 도시 지역으로 이주해 새로운 낙관주의를 발전시켰다. 무한한 경제 발전이 가능해 보이는 상황에서 많은 미국인들은 더 큰 부를 추구하면서 주식에 의지해 부를 증식시키고자 했다. 몇 년 동안은 주가가 계속 오르기만 했기 때문에 이런 투자 심리가 후한 보상을 받았다.

하지만 1920년대에서 1930년대로 넘어갈 즈음 호경기가 빠르게 끝나버렸다. 1929년 10월 말, 단 이틀 만에 주식 시장 가치의 4분의 1이 사라졌고 금융기관은 낙관적이던 미국 대중의 신뢰를 잃었다.

주식 시장이 자유낙하하던 이 시기에 브롱크스의 한 사업가가 자기 지역의 은행에 가서 자신이 가지고 있는 그 은행의 주식 일부를 현금화하려고 했다. 1913년에 뉴욕의 의류 제조업자 겸 금융업자가 설립한 미합중국은행Bank of the United States은 뉴욕 시 전역에 지점이 62개나 있고 1930년에는 예치금이 30억 달러(오늘날의 달러 가치로 환산했을 때)에 달할 정도로 성장했다. 이 사업가가 미합중국은행에 가서 자기 주식을 현금으로 바꿔달라고 하자, 직원들은 은행은 여전히 확실한 투자처라는 이유를 대면서 매각에 반대했다.

주식을 팔지 못한 채 은행을 나선 그 남자는 은행이 자기 지분 매각을 거부했다는 소문을 퍼뜨리기 시작했다. 몇 시간도 안 되어 이 은행의 브롱크스 지점에는 걱정에 잠긴 예금주들이 길게 줄을 늘어섰다. 한 고객은 보통 예금 2달러를 찾으려고 2시간이나 기다리기도 했다. 은행은 고객이 예금한 돈을 전부 현금으로 보관하지 않기 때문에 이런 압도적인 예금 인출 요청은 은행의 유동 자산에 큰 부담이 되었다.

고객이 돈을 인출하려고 줄을 서자, 점점 늘어나는 군중을 본 다른 고객들도 금융기관의 지속 가능성에 대한 잘못된 믿음이 더욱 커져서 결국 더 많은 돈을 인출하게 되었다. 구경꾼들도 그 현장의 대혼란을 부추겼다. 은행 출입구 앞의 거리에는 약 2만여 명의 사람들이 몰렸고, 수천 명의 고객들이 은행 예치금의 10퍼센트 정도에 해당하는 현금을 인출했다. 이러한 소식이 퍼져나감에 따라 다른 지점에서도 예금 인출이 늘어났다.

사업가가 소문을 퍼뜨리기 시작한 다음 날, 미합중국은행은 영원히 문을 닫았다. 당시 이 은행이 보유하고 있던 예금자 수는 40만 명으로 미국 내 다른 어떤 은행보다 많았기 때문에 이 은행의 파산은 나라 전체를 괴롭히는 심각한 문제가 되었다.

미합중국은행이 파산할 것이라는 예상은 잘못된 소문에 근거한 것이었지만, 이로 인해 발생한 고객들의 행동 때문에 은행은 실제로 파산하고 말았다. 사회학자 로버트 머튼Robert Merton은 그 당시 다른 많은 금융기관들과 함께 그 은행에 일어난 일들을 자기 충족 예언이라고 칭했다. 사람들이 어떤 상황을 진짜라고 생각하고 그에 따라 행동을 취하기 시작하면 미래를 변화시키는 실질적인 결과가 발생한다는 뜻이다.

대공황 시대의 은행 인출 사태에 대한 머튼의 관찰 내용은 예상에 관한 사회과학자들의 사고방식에 혁명의 씨앗을 뿌렸다. 이 연구는 1960년대에 하버드대학교 심리학자인 로버트 로젠탈Robert Rosenthal이 과학 연구의 객관성에 이의를 제기하면서 시작되었다. 로젠탈은 실험 도중 연구원이 품은 기대가 실험 대상자들에게 과도한 정보를 제공할 수 있다는 의심을 품었다. 일례로 로젠탈은 동물 실험을 할 때 실험자가 피실험체인 동물(쥐)이 똑똑하다고 믿는 경우에는 피실험체가 뛰어난 학습 능력을 보인 반면, 피실험체를 멍청하다고 여긴 경우에는 학습 능력이 떨어졌다는 사실을 알아냈다.

로젠탈의 실험 결과는 매우 흥미롭지만 그는 초기에 이런 연구 결과를 발표하는 데 애를 먹었다. 자신의 연구 내용을 실어주는 매체를 찾지 못한 로젠탈은 학제적 과학 잡지인 「아메리칸 사이언티스트The American Scientist」를 구독하는 다방면에 관심이 많은 독자층을 상대로 자신의 연구 결과를 발표했다.

샌프란시스코의 초등학교 교장인 레노어 제이콥슨Lenore Jacobson은 이런 종류의 연구에는 문외한이었지만 로젠탈이 쓴 논문을 읽었다. 그녀는 쥐에게서 관찰된 것과 동일한 역학이 초등학교 교실에서도 나타날지 궁금했다. 그래서 로젠탈을 초빙해 자기 학교에서 유사한 연구를 진행하도록 했다. 그리고 이들의 연구 결과가 교육계를 완전히 바꿔놓았다.

제이콥슨이 일하는 오크 스쿨Oak School에는 1학년부터 6학년까지 각각 세 반씩, 총 18개의 학급이 있다. 이 학생들을 각각 평균 이상, 평균, 평균 이하의 3개 범주 가운데 하나로 분류했다. 이 학교에 다니는 학생들은 학년 말에 IQ 검사를 받았다. 제이콥슨은 이듬해에 아이들을 맡게 될 담임교사들에게, 전체 학생의 약 20퍼센트 정도는 IQ검사에서 매우 뛰어난 점수를 받았기 때문에 내년에 지적으로 활짝 꽃을 피울 가능성이 매우 높다고 말했다. 그래서 교사들은 아이들 가운데 일부는 다른 아이들보다 높은 잠재력을 가지고 있다고 예상하면서 학생들을 가르치게 되었다.

8개월 뒤, 학생들은 다시 IQ 검사를 받았다. 저학년 중에서 학문적 잠재력이 높다고 확인된 아이들은 다른 학생들에 비해 IQ 검사 점수가 대폭적으로 향상되었다. 1학년 학생들 가운데 재능 있는 아이들의 IQ 점수는 27.4점이 오른 반면 다른 학생들은 12.0점 정도가 올랐다. 2학년의 경우에는 각기 16.5점과 7.0점으로 차이가 났다.

그런데 여기에 반전이 있다. 처음에 로젠탈과 제이콥슨이 '영재'로 분류한 학생들은 IQ 검사 점수에 상관없이 무작위로 선발한 아이들이었다. 실제로 그 아이들은 다른 급우들에 비해 지적인 능력을 꽃 피울 가능성이 높지 않았지만, 연구진이 학생의 잠재력에 대한 교사의 기대를 변화시키자 모든 것이 달라졌다. 학문적 잠재력에 대한 잘못된 전제가 현실이 된 것이다. 학생들은 자신의 잠재력에 대한 교사의 믿음을 바탕으로 더 열심히 공부하게 되었고, 교사들은 소위 기대를 받는 학생들에게 보다 많은 관심을 쏟았다. 연구진은 긍정적인 예언, 즉 무언가의 가치를 향상시키는 '자기 충족 예언'을 촉발시켰다.

'피그말리온 효과'란 다른 이들에 대한 기대치를 높이면 그들의 성과도 높아진다는 것을 의미한다. 경영학 교수인 도브 에덴Dov Eden은 이 분야를 연구하는 일에 대부분의 시간을 바쳤다. 그의 연구 대상은 주로 이스라엘 군대였다. 한 연구에서는 군대 지휘관들에게 병사 가운데 일부의 실력이 뛰어나거나 평범하다고 무작위로 알려주었다. '탁월한 실력자'로 분류된 병사들은 전투 전술이나 지형 지식 학습, 무기 발사 같은 고급 전투 기술 습득 분야에서 객관적으로 좋은 성과를 올렸다. 하지만 실제로는 이들이 다른 병사들보다 성과가 뛰어날 이유가 전혀 없었다.

관리자의 직원에 대한 기대가 성과에 영향을 미치는 이유는 그

것이 직원 자신의 기대치까지 바꿔놓기 때문이다. 관리자가 높은 기대치를 가지고 있다는 것을 알아차리면 직원 본인의 기대치도 높아지고, 그렇게 되면 일을 더 열심히 하면서 스스로를 높이 평가하게 된다. 그리고 직원들이 높은 성과를 올리기 시작하자마자 긍정적 예언에 대한 믿음이 더 강화되어 선순환으로 이어진다. 한편 관리자도 높은 성과를 확인하고 초기의 기대치를 더욱 굳건히 하거나 강화한다. 시간이 지남에 따라 관리자는 뛰어난 직원들에게 좋은 코칭과 도움이 되는 피드백을 제공할 것이고, 이를 통해 직원들은 계속해서 더 많은 성과를 내게 된다.

우리는 또 집에서도 삶을 변화시키는 기대치를 정한다. 결혼생활이 얼마나 만족스럽고 자녀들이 어느 정도 수준까지 고등 교육을 받을 것인가에 대한 믿음은 보다 안정적인 결혼생활과 자녀들의 높은 시험 점수를 예측할 수 있게 해준다. 우리가 개인적으로 맺는 관계서에도 타인에게 원하는 것을 전달할 수 있는 기회가 많은데, 사람들은 대부분 그런 기대에 부응하려고 한다.

잠재력을 이끌어내는
긍정적 기대의 힘

지금까지 우리가 다룬 내용은 대부분 직원과 관리자, 학생과 교사 등 지속적으로 이어지는 관계에서의 기대감과 관련된 것이었다.

하지만 관계가 시작되기도 전에 그 관계에 영향을 미치는 기대감도 있는데, "첫인상이 중요하다"는 격언과도 관련이 있다. 하지만 다른 사람을 만나기도 전에 품은 기대감 때문에 그 사람의 첫인상이 결정된다고 말한다면 어떨까?

1970년대에 한 심리학자팀에서 새롭게 형성되는 관계에 기대감이 어떤 영향을 미치는지 알아보고자 했다. 대학생들의 '블라인드 데이트'를 통한 연구였다. 연구진은 남성 참가자에게 여성 참가자의 사진을 줬다. 실험이 진행되는 동안 남성 참가자와 여성 참가자는 직접 만나지 않고 전화로만 이야기를 나눴다. 개별 평가자들이 실험 남성과 여성 사이에 싹트는 새로운 관계를 이해하기 위해 이들이 전화로 나눈 대화 내용을 평가했다.

어떤 실험 조건에서는 연구진이 남성 참가자에게 실제 여성 참가자의 사진이 아니라 매력적이고 아름다운 다른 여성의 사진을 여성 참가자인 것처럼 건네주었다(여성 참가자에게는 남성 참가자가 다른 사람의 사진을 받았다는 말을 하지 않았다). 사진을 본 남성은 여성이 굉장히 예쁘다고 생각했는데, 놀라운 사실은 이 상대 여성들이 사진을 받지 않은 남성과 블라인드 데이트를 하는 여성들에 비해 매력적으로 행동(친근하고, 호감 가고, 사교적인 태도를 보이는 등)하기 시작했다는 것이다.

여성 참가자가 더 매력적으로 행동하게 된 이유는 무엇일까? 연구진은 참가 여성의 육체적 아름다움에 대한 남성 참가자의 잘못된, 하지만 긍정적인 기대감(매우 아름다운 여성의 사진을 보고 자극된 기대감) 때문이라고 결론을 내렸다. 남성 참가자는 여성 참가자와 더욱 긍정적 방향으로 교류하게 되었고 덕분에 여성도 자기가 매력적인 사람이라는 기분을 느끼게 되었다. 남성 참가자가 실험에 참여한 여성이 특정한 방식으로 행동할 것이라고 예상하자 그녀도 그 예상에 부응한 것이다.

기대는 직장에서 사람들을 처음 만날 때의 분위기에도 영향을 미친다. 좋은 말이든 나쁜 말이든 우리가 듣는 모든 말들이 그런 상호작용에 영향을 준다. 새로운 직장 동료가 멍청하다고 생각하면서 그를 만난다면, 그가 아주 괜찮은 사람이라고 생각했을 때와는 완전히 다른 태도를 취할 가능성이 높다. 그리고 우리가 보내는 신호(그를 맞이하는 방식, 던지는 질문, 미소 짓는 방식 등)를 통해 그가 멍청한 사람, 혹은 괜찮은 사람에 가까워지도록 밀어붙이게 된다.

우리가 참여하는 '블라인드 데이트' 가운데 가장 중요한 것은 잠재적 고용주와의 만남이다. 면접관과 구직자가 만나기 전에는 둘 다 첫 데이트를 앞둔 듯한 초조함을 느낄 가능성이 있다. 어떤 기대감을 가질 정도로는 서로에 대해서 알지만 충분한 정보를 바탕으로 관계를 결정지을 수 있을 만큼은 아니다. 일이 잘 풀리기를 바라기는 하지만 서로 좋은 짝이 될 수 있을지 아직 불확실한 상태다. 하지만 두 사람이 좋은 짝이 될 것인지 여부는 서로 악수를 나누기도 전에 결정되는 경우가 많다.

토머스 도허티Thomas Dougherty, 대니얼 터번Daniel Turban, 존 캘린더John Callender는 포괄적인 연구를 진행하면서 대형 에너지 회사의 인재 채용 부서에서 데이터를 모아 편집했다. 이들은 비서부터 컴퓨터 기사에 이르기까지 다양한 직군에 지원한 모든 채용 후보자들을 평가했다. 입사 지원자들은 업무 경력과 학력을 기재한 지원서를 제출하는 것은 물론이고 면접에 앞서 직무와 관련된 수많은 시험을 치렀다. 회사의 채용 담당자는 지원자들을 만나지도 않은 상태에서 이 정보를 바탕으로 그들을 점수로 평가했다. 1점은 자질이 매우 낮은 것을 가리키고 9점은 매우 높은 자질을 의미한다. 그런 다음에 채용 담당자들은 지원 자료와 시험 점수를 어떻게 사용할 것인지에 대한 설명 없이 무작위로 구직 신청자들을 면접했다.

8개월 동안 직원 채용이 진행되는 동안, 연구진은 채용 담당자와 후보자 사이의 면접 내용을 녹음했다. 그리고 3명의 외부 보조원들에게 테이프 내용을 듣게 하면서 면접 내용을 다양한 차원, 예를 들어 긍정적인 배려(면접관이 상대방에게 힘을 주는 질문을 하거나, 채용 후보자의 말에 동의하거나, 웃거나, 격려하는 투로 말하는 등), 긍정적인 스타일(면접관이 친근하게 행동하는 등), 질문 방식(주관식 질문, 객관식 질문, 후속 질문, 탐침 질문 등) 등에서 평가할 일관된 방법을 마련했다. 그리고 면접관이 지원자에게 일자리를 제의할 가능성도 평가했다. 연구 보조원들은 면접관 평가에 덧붙여 면접이 진행되는 동안 지원자가 거둔 성과도 측정했다.

그 결과를 표로 만든 연구진들은 채용 담당자가 후보자를 만나기도 전에 형성된 인상이 후보자의 향후 전망에 상당한 영향을 미쳤다는 사실을 알아냈다. 후보자를 만나기 전부터 긍정적인 기대를 품은 면접관들은 회사와 직무를 소개하는 데 많은 시간을 들이고 후보자의 자격을 심사하는 데는 적은 시간을 들였다. 앞서 블라인드 데이트 실험과 비슷하게, 채용 담당자의 기대가 구직 후보자들이 면접을 잘 수행하도록 이끌었고 채용 담당자와 강한 유대감도 형성했다. 지원자가 채용 담당자가 기대했던 그대로의 인물인 것으로 판명되면 결국 합격시키려는 마음이 드는 것이다.

이제 우리는 사람들이 교사나 상사, 지휘관, 채용 담당자 등 자신에게 영향력을 미칠 수 있는 권위를 지닌 사람의 기대 수준에 맞춰서 성과를 올리는 경향이 있다는 사실을 알게 되었다. 이와 마찬가지로 우리가 공식적인 권한을 가진 자리에 있는 경우에는 기대치를 높게 설정함으로써 다른 사람들이 능력을 스트레칭하도록 도울 수 있다. 뿐만 아니라 자신에 대한 기대를 설정하는 데도 중요한 역할을 한다. 우리 자신에 대한 생각이 어떻게 훌륭한 일을 성취하는 데 도움이 되는 긍정적인 예언을 촉발시키는지 살펴보자.

기회는 기다리는 게 아니라 만드는 것이다

세라 워커Sarah Walker는 1867년 크리스마스가 되기 이틀 전 루이지애나 주의 한 농장에서 태어났다. 노예였던 부모를 일곱 살에 여의고 열네 살에 결혼해서 열여덟 살에 자녀를 낳아 키우고 스무 살에 남편과 사별한 워커의 인생은 아무리 좋게 봐도 결코 평탄한 인생은 아니었다. 혼자 힘으로 어린 딸을 키워야 하는 처지가 된 그녀는 세탁일을 하면서 간신히 생계를 꾸렸는데 벌이는 기껏해야 하루 1.5달러 정도가 고작이었다. 그녀의 생활은 매우 힘겨웠지만, 흑인 여성들은 발전 기회나 밝은 미래를 꿈꿀 수 있는 희망이 거의 없는 억압적인 사회에서 힘들게 살아가는 것이 당시의 일반적인 상황이었다.

워커는 흑인 여성에게 기회가 제한되어 있는 이 쳇바퀴 같은 상황에서 달아나고 싶었지만, 경제적·사회적으로 불이익을 겪고 있는 많은 이들이 그렇듯이 그녀도 먼저 세상의 낮은 기대치를 극복하려고 애썼다. 워커는 나중에 회상하기를 "가난한 세탁부였던 내가 어떻게 이런 상태를 개선해야 할지 알 수가 없었다"고 했다.

생계를 꾸려야 한다는 부담감 외에도 일상적으로 받는 스트레스와 열악한 식사, 실내 배관 부족으로 인한 위생 문제 때문에 두피에 병이 생겨서 머리카락까지 다 빠졌는데 이는 그녀와 같은 환경에서 살아가는 여성들이 흔하게 겪는 고통이었다. 짐크로 법(흑인 차별 정책—옮긴이)에 매여 워커에게 거의 아무것도 제공해주지 않는 사회에서 탈모라는 수치까지 겪으니 더욱 고통스러웠다. 육체적·정신적으로 잃어버린 위엄을 회복하는 것이 자기 자신, 그리고 똑같은 곤경에 처한 다른 많은 사람들을 변화시키기 위한 워커의 방법이 되었다.

그녀는 단돈 1.25달러를 가지고 두발 관리 사업을 시작해서, 탈모 증세를 앓는 여성들의 머리카락이 다시 자라도록 도와주는 제품을 판매했다. 이 제품은 곧 마담 C. J. 워커라는 이름으로 알려지게 되었다. 그녀는 지칠 줄 모르고 일하면서 사업을 성장시켰고 남부 전역을 돌아다니며 제품을 홍보하는 데 많은 시간을 쏟았다. 하지만 그녀의 사업이 탄력을 받았음에도 불구하고 신예 사업가 한 명의 성공만으로는 검은 피부 때문에 받는 차별을 변화시킬 수는 없었다. 호텔들이 흑인은 출입하지 못하게 했기 때문에 그녀는 각 지역의 흑인 지도자들의 집에 머물면서 그들의 도움을 통해 방문하는 지역사회와 더 긴밀한 관계를 구축했다. 이런 지역사회 안에서 제품 지지자와 잠재 고객 네트워크에 접근할 수 있었다.

워커는 미용 제품을 이용해 고객의 외모와 전망을 바꾼 것만큼, 직원들의 삶도 크게 변화시켰다. 판매 대리인들을 훈련시키고, 다단계 마케팅 방법을 이용해서 직원들에게 상당한 보상이 돌아가게 했으며, 그들도 스스로를 향상시켜서 자신이 생각하는 것보다 더 큰 인물이 될 수 있다고 가르쳤다. 당시는 미숙련 백인 노동자가 일주일에 11달러를 벌던 시절이었는데 워커가 고용한 1,000명이 넘는 흑인 여성 인력들은 힘든 공장 일이나 부담스러운 가사 노동을 하지 않고도 하루 5~15달러를 벌었다. 워커 밑에서 일하는 여성 판매원들은 재정적으로 독립해 자녀들을 교육시키고, 집을 사고, 자선 사업에도 기여했다. 그리고 이런 모든 활동은 그들이 키운 미래 세대는 더 나은 모습을 보일 것이라는 기대까지 촉진시켰다.

워커는 미국 최초의 흑인 여성 백만장자가 되어 800만 달러 상당(오늘날의 달러 가치로)의 재산을 남겼다. 또 정치와 자선 활동에 적극적으로 참여하면서 사회 현장에서도 중요한 인물이 되었다. 하버드대학교의 역사학자 헨리 루이스 게이츠Henry Louis Gates는 기회를 창출하는 그녀의 뛰어난 능력을 되돌아보면서 이렇게 말했다.

"워커는 억압받고 짓눌려 있던 미국 흑인 경제의 거대한 잠재력을 드러내는 데 있어 다른 어떤 사업가보다 큰일을 했다."

워커가 계속 발목을 잡는 사회적 규범과 법률의 엄격한 제약 안에서도 자신의 기대치를 높일 수 있었던 이유는 무엇일까? 그것은 그녀가 기회에 대해 매우 다른 사고방식을 가지고 있었기 때문이다.

대부분의 사람들은 기회를 발견하기를 기대한다. 자기 코앞으로 기회가 찾아와주기를 수동적으로 기다리면서 인생을 보내는 것이다. 자신의 기술을 통해서든 아니면 행운의 여신 덕분이든, 기회(새로운 제품, 일하는 방식, 적합한 사람들과의 인맥)는 그것을 찾아낼 수 있는 사람들 앞에 항상 존재한다.

마담 C. J. 워커는 기회를 향해 다가가는 매우 다른 경로를 우리에게 가르쳐준다. 그녀는 자신의 예상을 변화시켜서 기회를 만들어내는 방식에 집중했다. 다른 사람이 아무리 자기를 얕잡아 봐도 그에 굴하지 않고, 그런 생각을 '스스로 생계를 꾸리면서 나만의 기회를 만들 수 있다'는 믿음으로 대체했다. "어려웠던 점은 자리에서 일어나 스스로 기회를 만들어가야 하는 상황에서 가만히 앉아 기회가 찾아와 주기만을 기다리는 사람들이 너무 많았던 것"이라고 워커는 말한다. 하지만 다른 사람이 우리에게 기대하는 바가 너무 적을 때는 자리에서 일어나기 위한 자신감과 동기를 얻기가 힘들다. 하버드대학교 경영사학자인 낸시 코엔Nancy Koehn은 이렇게 말했다.

"워커의 비즈니스 모델과 고무적인 비전들은 대부분 그녀가 겪은 제약의 산물이라고 할 수 있다. 워커는 자본을 구하는 데 따르는 어려움과 제약이 심한 사회적 지위로 인해 생긴 어려움을 극복할 수 있는 불굴의 정신을 지니고 있었다. 여성들이 활동할 수 있는 영역이 많지 않던 시장에서 그녀는 길을 찾아냈다."

워커가 겪은 일만큼 심각하지는 않을지 모르지만, 우리도 기회나 위협이 될 것이라고 예상할 수 있는 문제에 자주 직면한다. 사람과 팀, 조직이 이런 문제에 붙이는 꼬리표가 중요한 영향을 미친다. 실패한 프로젝트나 힘겨운 경쟁, 개인적인 좌절 등 어려운 시기에 '위협'이라는 딱지를 붙이면 경영학자인 배리 스토, 랜스 샌드랜즈Lance Sandelands, 제인 더튼Jane Dutton 등이 '위협 경직성threat rigidity'이라고 칭한 것을 겪게 된다. 위협이라는 꼬리표는 자원을 전통적인 용도로만 제한하고 독창성을 제한하며 문제 해결을 방해하는 경향이 있다. 워커가 호텔 출입이 금지된 것을 위협으로 분류했다면, 그녀의 출장 계획이 좌절되어 스스로를 가치 없는 사람으로 간주하게 되었을 것이다. 마찬가지로 그녀가 직원으로 고용한 가난하고 교육받지 못한 아프리카계 미국인 여성들이 직접 영업 조직을 운영할 능력이 없다고 여겼다면 그들이 스스로에게 품고 있는 낮은 기대감은 더욱 강화되었을 것이다.

문제를 더 어렵게 만드는 위협은 우리가 정보를 처리하는 방식을 제한하고, 상황에 대한 기대치를 예전 수준으로 되돌리며, 일이 진전될 가능성을 보지 못하도록 가로막는다. 최고의 자원이나 잘 짜인 계획, 완벽한 정보가 부족해서 일이 방해를 받을 때, 무슨 일이 벌어질지 모른다는 두려움 때문에 아무것도 하지 않는 쪽을 택하는 경우가 많다. 뭔가 다른 일이 일어나도록 하기 위해 자원을 동원해야 할 필요성이 가장 높은 순간에 자원을 바라보는 시야를 좁히는 것이다.

반대로 똑같은 문제를 기회로 받아들인다면 매우 다른 방향에서 접근할 수 있다. 워커는 육신의 질병과 경제적 어려움을 더 나은 미래를 꿈꿀 수 있는 기회로 여겼다. 그녀는 궁핍한 처지의 여성들을 열성적인 판매원으로 전환시켰고 호텔에 출입하지 못하는 것을 고객이 속한 지역사회와 더 좋은 관계를 구축할 기회로 활용했다. 이런 태도를 통해 그녀는 자신의 운명을 스스로 통제할 수 있다고 느끼게 되었고, 자기 수중에 있는 자원을 이용해 더 많은 일을 할 수 있다는 용기를 얻었다.

타인의 목표에 맞추는 삶인가, 스스로 목표를 만드는 삶인가

알렉스 턴불Alex Turnbull은 자신의 인생에서 가장 중요한 전화를 걸려고 전화기를 집어 들었다. 하지만 재빨리 내려놓았다가 다시 들더니 결국 또 내려놓았다. 이런 식으로 몇 차례나 반복하다가 결국 산책을 하러 집을 나섰다. 산책 덕분에 신경이 가라앉자 그는 집으로 돌아가서 다시 수화기를 들었다. 이번에 전화기를 들었을 때는 마침내 그의 인생 궤도를 바꿔놓을 번호를 누를 수 있었지만 벨이 몇 번 울리더니 음성 사서함으로 넘어가고 말았다.

1시간 뒤, 턴불의 전화가 울렸고 그는 결국 자신의 결심을 전달할 수 있게 되었다. 그는 "제안은 정말 감사하지만 지금으로서는 우리에게 올바른 길이 아닌 듯합니다"라고 대담하게 말했다.

알렉스 턴불은 이 발언을 통해 1,200만 달러와 멀어졌다. 한 대형 소프트웨어 회사가 그가 2011년에 설립한 고객 서비스 소프트웨어 회사 그루브Groove를 매각하라고 제안했던 것이다. 턴불이 1,000만 달러가 넘는 액수가 적힌 수표나 당시 한 달 매출이 겨우 7만 달러 선을 유지하던 그의 회사에 높은 프리미엄을 주겠다는 제안을 거절한 것이 이번이 처음은 아니지만, 지금까지 들어온 제안 중에서 가장 큰 액수이긴 했다. 만약 이 거래가 성사되었다면 그루브는 제품을 지속적으로 개선하고, 가장 능력 있는 엔지니어들을 채용하고, 10억 달러 규모의 기업으로 성장하기 위해 필요한 인프라를 구축할 수 있는 상당한 자원을 얻었을 것이다.

회사 매각 제안을 숙고하는 동안 턴불은 매우 뻔하지만 잘 하지는 않는 질문을 스스로에게 던졌다. '내 인생의 기대치가 무엇인가'라는 질문이었다. 높은 기대감을 품는 것은 중요하지만 그것이 목표와 연결되어 있지 않다면 별로 가치가 없다.

턴불은 자신의 인생 목표를 달성하기 위해 엄청난 액수의 돈을 받거나 매출이 10억 달러에 이르는 기업을 키울 필요는 없다는 것을 알고 있었다. 사실 그런 것들은 턴불이 정말 중요하게 여기는 일, 그러니까 장기적으로 지속될 수 있는 수익성 높은 사업체를 키우면서 동시에 일 이외의 분야(특히 로드아일랜드 해안에서 서핑을 하면서 가족들과 시간을 보내는 것)에서 열정을 추구하지 못하도록 방해할 수도 있다. 턴불은 그루브를 자신과 직원들이 다음에 이룰 큰일을 위한 발판으로 여기는 것이 아니라 오래도록 만족스럽고 의미 있는 일을 할 수 있는 장소로 생각했다.

턴불은 예전에도 이런 경험을 한 적이 있기 때문에 수표를 받았을 때 생길 수 있는 드문 위험에 대해서도 알고 있었다. 그는 그루브를 시작하기 전에 밴텀 라이브Bantam Live라는 온라인 비즈니스 협업 서비스를 공동 설립해서 350만 달러의 벤처 자금을 조달했다. 그의 재정 투자자들은 회사를 빨리 성장시켜서 콘스탄트 콘택트Constant Contact라는 상장 기업에 매각하라고 압박했다. 턴불은 밴텀 라이브에서의 경험을 통해 큰돈을 투자한 이들은 턴불 자신과는 다른 기대를 품는다는 사실을 배웠다.

그렇다고 해서 턴불이 손쉽게 결정을 내렸다는 이야기는 아니다. 그런 큰돈을 거절하면 기업가는 상당한 자원 제약을 겪게 된다. 자금이 넉넉하지 않으면 유능한 엔지니어를 채용하기가 특히 힘들어진다. 구글 같은 거대 IT 기업은 높은 직위와 더 많은 보상을 내세워 꾸준히 직원들을 유혹한다. 턴불은 자신의 기대치가 직원들의 기대치와 일치하는지 확인하려고 애썼다. 그리고 미래의 직원들에게 보다 가시적인 영향력, 더 큰 자율성, 활기찬 문화, 융통성 있는 원격 업무 처리 등을 제시해서, 최고의 고객을 찾을 때와 비슷한 방식으로 직원을 채용한다. 비용을 중시하는 고객은 충성도가 낮기 때문에 더 낮은 가격을 제시하는 업체가 생기면 재빨리 그쪽으로 옮겨간다. 마찬가지로 연봉을 중심으로 직원을 채용한다면 돈을 조금 더 주겠다는 데가 생기자마자 금세 회사를 옮기는 직원을 얻게 될 뿐이라고 결론을 내렸다.

알렉스 턴불의 사업은 계속 성장해서 거액의 인수를 거절한 이후로 월 매출이 4.5배 정도 증가했다. 하지만 더욱 중요한 사실은 그의 삶이 풍요로워졌다는 것이다. 아이가 태어났고 일도 마음에 든다. 턴불은 이렇게 말했다.

"내 등에 찰싹 달라붙어서 수익 얘기를 꺼내는 사람이 없고, 매출 목표를 달성하지 못해도 변명을 늘어놓아야 할 투자자가 없다는 사실만으로도 충분한 시간을 들여서 이 일을 즐기는 호사를 누릴 수 있습니다. 이건 회사를 설립한 다른 많은 친구들이 누리지 못하는 호사입니다."

자신이 중요시하는 기대에 부응하면서 살아간다면 결국 좋은 위치에 서게 된다. 다른 사람들에게도 각자의 기대치가 있겠지만 그것은 나의 목표와 일치하지 않는다. 그것이 기대에 잠재되어 있는 한 가지 위험이지만, 다른 사람에 대한 기대치를 정할 때 튀어나오는 위험은 또 있다. 어떤 상황에서는 다른 이들에게서 최악의 모습을 기대하는 경향이 있다는 것이 우리의 안타까운 현실이다. 그리고 최악의 사태를 예상할 경우 대개는 그런 결말을 맞게 된다.

누구도 '바보모자'를
씌울 권리는 없다

존 던스 스코투스John Duns Scotus는 13세기의 가장 중요한 사상가 중한 명이다. 그는 철학, 언어학, 신학, 형이상학 등을 연구했다. 예리한 지성과 생각의 미묘한 차이를 감지하는 능력으로 유명한 그는 원뿔 모양의 모자를 쓰면 학습 능력이 촉진된다고 믿었다. 모자의 뾰족한 끝 부분으로 지식이 들어가서 모자를 쓴 사람의 머릿속으로 전달된다고 믿은 것이다. 마법사들도 비슷한 모양의 모자를 썼고 존 던스 스코투스의 추종자들도 그랬기 때문에 이 제자들도 '던스'라고 불리게 되었다.

스코투스의 연구 내용은 16세기까지 서구의 지적 사고에 지대한 영향을 미쳤다. 그의 제자들은 하찮은 부분에 지나치게 신경을 쓰고 사고 과정이 너무 복잡하다는 비난을 받았다. 던스의 가르침에 반대하는 이들은 '던스'라는 말의 뜻을 멋대로 바꿔서 '바보'와 동의어로 사용했다.

빅토리아 시대에는 바보 대신 사용된 던스라는 단어와 존 던스 스코투스가 지식을 받아들이는 비밀을 지니고 있다고 믿었던 원뿔 모양 모자가 결합되어 역대 최악의 발명품 가운데 하나인 '바보모자dunce cap'가 탄생했다. 저능아를 뜻하는 커다란 'D' 자가 새겨진 끝이 뾰족한 이 모자는 북아메리카와 유럽 지역에서 두루 사용되었다.

학교에서는 이 모자를 품행이 나쁜 학생들에게 씌워서 그들의 잘못된 행동에 공개적으로 창피를 주었다. 다른 이들에게 괴롭힘을 당하거나, 교육을 중요하게 여기지 않는 부모 밑에서 자라거나, 가난 때문에 식사를 건너뛴 아이의 경우처럼 여러 가지 외부 요인이 작용하더라도, 그들의 나쁜 행실은 주로 내부적인 요인 때문에 발생하는 것이므로 이런 방법으로 통제할 수 있다고 여긴 것이다. 바보모자를 씌워 창피를 줌으로써 공부를 더 열심히 하고 바른 행실을 보이도록 유도할 수 있다고 기대했다. 이렇게 가혹한 방법인데도 불구하고 일부 학교들은 오늘날에도 여전히 여기에서 영감을 얻은 처벌 방식을 사용하고 있다. 영국 노팅엄Nottingham에 있는 포레스트 필즈Forest Fields의 교사들은 최근에 여덟 살 된 압둘라 알 아민Abdullah al-Ameen이 자신을 괴롭히는 아이들에게 나뭇잎을 던진 데 대한 벌로 형광 노란색 재킷을 입고 있게 했다. 이 학교의 교장인 수 호일랜드Sue Hoyland는 "아이들이 잘못된 행동을 보이면, 올바른 결정을 내릴 때 그것을 보상해주는 방식을 통해 이런 행동이 변하기를 바란다. 재킷을 이용하면 교사들은 누구에게 칭찬과 보상을 많이 해줘야 하는지 알 수 있다"면서 이 결정을 옹호했다.

아이들에게 굴욕감을 안겨주는 끔찍한 문제는 잠시 제쳐두더라도, 바보모자의 또 다른 문제점은 긍정적인 기대와는 완전히 반대되는 방향으로 작용한다는 것이다. 우리는 다른 사람들이 우리에게 거는 기대치에 맞춰서 살아가기 때문에 바보모자는 오히려 학생들이 더 나쁜 짓을 하고 싶게 만드는 자기 충족적 예언이 될 뿐이다.

실제로 크고 뾰족한 모자를 씌우는 것처럼 눈에 확 띄지는 않지만 우리가 남들에게서 최악의 결과를 예상하는 것은 곧 그들에게 바보모자를 씌우는 것과 다름없는 행동이다. 우리의 낮은 기대는 남들의 실패를 그들이 통제하는 무엇인가의 탓으로 돌리려는 경향 때문에 생긴다. 모르는 사람이 바닥에서 미끄러지면 그의 행동이 재빠르지 못하기 때문이라고 여긴다. 새로 들어온 직원이 지각을 하면 무책임한 사람이라고 생각한다. 누군가가 직장을 잃으면 그의 능력이나 직업의식에 의문을 품는다. 그들이 처한 실제 상황에 대한 정보가 제한적인데도 불구하고 그런 결과가 발생한 이유를 멋대로 결론짓는 것이다. 반면 우리 자신이 비슷한 결과를 얻었을 때는 바닥이 젖었다거나, 교통 체증이 유난히 심해서 길이 막혔다거나, 회사가 팀을 완전히 해산시켰다는 등 자신이 처한 상황과 관련된 세부적인 정보를 모두 알고 있다. 하지만 타인의 문제에서 이런 정보가 부족할 때는 대개 그들에게 최악의 상황이 벌어졌을 것으로 예상한다.

반면 성공과 관련해서는 매우 다른 접근 방식을 취한다. 타인의 성취는 자신의 통제권 밖에 있는 문제라고 믿는다. 어떤 사람이 자신을 제치고 일자리를 얻었다면 그에게는 사내에 인맥이 있는 것이 틀림없고, 자기로서는 불가능한 고객을 동료가 확보했다면 운이 좋아서 그런 것이라고 생각한다. 하지만 만약 일자리를 얻거나 고객을 확보한 사람이 본인이라면, 이것은 지능이나 기술 같은 내적인 이유 때문이라고 여긴다.

우리가 타인과 비교해서 자신의 성공이나 실패를 평가하는 방식은 자기 자존심을 보호하는 데는 도움이 되지만 다른 사람들에게 가지고 있는 기대감이 손상된다. 스스로에 대한 평가는 높아지지만 주변 사람들은 하찮게 여기게 되기 때문이다.

내가 나를 믿는다는 것

자신에 대해 긍정적인 예상을 하는 자연스러운 경향에도 불구하고, 스스로 바보모자를 쓰는 경우가 있다. 스스로를 비난하는 가장 잔인한 비평가가 되면 스스로에 대한 기대가 거의 없어진다. 머릿속에서 부정적인 '테이프'가 계속 돌아가면서, 우리가 어떤 일을 하지 못하는 이유나 좋지 못한 행동들, 리더가 될 수도 있었을 순간에 사기꾼이 된 상황 등에 대해 떠들어대기 때문이다.

한 연구에서 나는 케이티 드첼레스Katy DeCelles, 제인 더튼과 더불어 환경 개선을 위해 끊임없이 노력하는 사람들을 인터뷰했다. 천연자원을 지키는 이들은 기업이 제품을 보다 환경친화적인 방향으로 변화시키도록 영향을 줄 수 있는 일을 하면서 아는 사람들에게 천연자원에 대해 좀 더 책임감 있는 태도를 취하라고 꾸준히 얘기한다. 환경을 지키기 위한 놀라운 헌신과 광범위한 노력 외에 이들 대부분이 보여주는 또 하나의 공통된 태도가 있으니 바로 자가당착이다.

우리가 인터뷰한 대부분의 사람들은 자신이 환경에 영향을 미칠 수 있을 만큼 충분한 노력을 기울이고 있는지 의구심을 품었다. 우리는 이들에 대해 좀 더 자세히 알아보고 나서야 비로소 그들의 태도가 이해되었다. 이들은 자신의 노력이 항상 다른 누군가의 노력에 못 미친다고 생각하면서 스스로의 기반을 약화시켰다. 하이브리드 자동차를 모는 어떤 사람은 자기가 대중교통을 이용하지 않는 것을 지적한다. 대중교통을 타고 다니는 여성은 왜 그냥 걸어 다니지 않는지 스스로에게 문제를 제기한다. 우리가 인터뷰한 어떤 사람은 자기가 먹는 음식을 분석해서 그것이 환경에 미치는 영향을 낱낱이 파악하고, 밖에 나가 돌아다닐 때는 그와 관련해서 배출된 이산화탄소의 양만큼 환경기금에 기부했다. 우리는 이런 행동이 정말 대단하다고 생각했지만 그녀는 전혀 만족하지 못했다. 그녀는 우리에게 "이런 사실들을 다 알면서도 나는 여전히 옳지 않은 행동을 할 때가 있어요. 고기를 먹고 와인과 맥주도 마시죠. 가능할 때는 환경친화적인 파타고니아Patagonia 제품을 사지만 노스페이스도 사거든요"라고 말했다.

우리 연구에서 발견된 이런 파괴적인 사고 체계를 해결하는 방법은 긍정적인 씨앗을 심는 것이다. 지식, 경험, 가치관 등 환경주의자들이 가지고 있는 자원을 숙고해본 결과, 그들이 자꾸 머릿속을 맴도는 좋지 못한 예상으로부터 자신을 보호하고 대의를 발전시키기 위해 더 많은 일을 할 수 있다는 것을 알았다. 하지만 긍정적인 예상의 씨앗을 뿌리지 않으면 환경주의자들은 그 모든 열정과 최선의 의도에도 불구하고 목표를 달성하지 못할 것이다.

결국 성공과 행복을 위한 전망은 기대에 의해 씨앗이 뿌려진다. 긍정적인 예상의 씨앗을 심으면 열매를 수확하고, 성과를 높이며, 관계를 강화하고, 풍부한 기회를 창출하며, 가장 소중하게 여기는 목표를 추구할 수 있다. 하지만 부정적인 예상의 씨앗을 심으면 잡초나 뽑게 될 가능성이 높다. 자기 자신과 타인에게 갖는 기대치를 제어하는 것은 매우 중요하다.

7장

룰을 따르지 않고
만들어내는
스트레처의 독창성

스트레처의 독창성은 어디서 오는가? 기존 것들과의 차별성은 어떻게 만들어내는가? 그것
은 역발상의 '조합'에 있다. 규칙적인 업무와 창의성의 조합, 경쟁과 우정의 조합, 개인의
정체성과 직업적 정체성의 조합 등 서로 불가능해 보이는 것들을 합칠 때 비로소 놀라운 결
과가 만들어진다. 전혀 예상치 않았던 조합을 통해 자신의 가능성을 확대하는 스트레치 방
식을 배워보자.

독창성은 어떻게
만들어지는가

대한한국 서울에 살던 최씨 가족은 1972년, 어린 아들을 데리고 미국 로스앤젤레스로 이민을 갔다. 최씨 가족은 아들 로이를 한국인 특유의 성취지향적인 분위기에서 키우며 변호사나 의사가 되기를 바랐다. 그러나 10대의 로이는 사회적 지위를 중시하는 부모님에게 반항하면서 마약을 하거나 가출을 반복했다. 로이 최Roy Choi의 진짜 꿈은 요리사가 되는 것이었다. 그는 자기 꿈을 응원해달라고 부모님을 열심히 설득했고 요리 학교의 하버드라고 할 수 있는 곳에 들어가기로 타협점을 찾았다.

뉴욕 북부의 그림처럼 아름다운 하이드 파크에 위치한 컬리너리 인스티튜트 오브 아메리카The Culinary Institute of America에는 유망한 요리사들을 위한 미국 최고의 학교가 있다. 이곳에 입학한 로이는 지금까지의 반항적인 행적들을 창의적인 요리 실험으로 바꿔놓았다. 고전적인 요리법을 완벽하게 다듬으려고 애쓰는 동료들은 전통적인 음식에 특이한 재료를 결합시킨 그를 이해하기 어려워했다.

로이 최는 학교를 졸업한 뒤 동부와 서부 해안의 고급 호텔에서 일했고 결국 베벌리힐스 힐튼Beverly Hills Hilton의 주방장이라는, 남들이 탐낼 만한 자리까지 올랐다. 이곳에서 그는 버락 오바마 같은 유명인사나 고위 관리들을 위해 요리할 기회를 얻었다. 하지만 그의 인생 궤적이 완전히 뒤바뀐 건, 그 호텔의 총책임자인 마크 맨게라Mark Manguera와 함께 일한 덕분이었다.

어느 날 저녁, 맨게라는 술집에서 샴페인과 함께 타코를 먹고 있었다. 일반적이지 않은 조합의 술과 안주였다. 그러다 문득 멕시코 타코에 들어가는 전통적인 고기를 한국식 쇠고기 요리로 대체하면 어떨지 궁금해졌다. 다음 날 그는 로이 최에게 이 두 가지를 혼합한 요리를 만들어보라고 권했다. 타코에 들어가는 고기를 한국식 갈비로 대체한 로이의 요리는 곧바로 큰 인기를 끌었다. 지금까지 한국 음식을 맛본 적이 없는 LA의 손님들은 이 새롭고 맛있는 음식에 완전히 매료되었다.

이들은 새로 개발한 타코를 팔기 위해 정식 매장을 여는 대신 트럭을 빌려 '고기KOGI, 한국식 BBQ'라는 현수막을 걸고 시내를 돌아다녔다. 트럭에서 음식을 파는 것이 사실 그들이 처음은 아니었다. 로이 최의 푸드트럭이 기존의 것들과 차별화되는 부분은 특이한 음식 조합이라는 데 있었다. 저렴한 음식들만 판매한다고 생각했던 트럭에서 고급 식당에서나 볼 수 있는 고급 음식을 제공하는 것역시 커다란 발상의 전환이었다. 로이 최는 '바퀴벌레 트럭'의 이미지를 「저갯 서베이Zagat Survey」(「미슐랭 가이드」와 함께 세계적 권위를 인정받는 레스토랑 가이드북)에서 높은 평점을 받을 만한 '바퀴 달린 고급 식당'으로 바꿔놓았다.

뛰어난 이동성 덕분에 로이 최는 사업 범위를 넓힐 수 있었다. 새로운 유행을 좇는 힙스터들이나, 학교 식당보다 더 맛있고 근사한 먹을거리를 찾는 대학생 등 폭넓은 고객층에 맛있는 음식을 판매하게 된 것이다. 비용이 적게 드는 운영 체계를 갖춘 로이 최는 고급 식당 수준의 음식을 길거리 음식 가격으로 팔 수 있었다. 21가지 재료를 넣고 직접 만든 소스를 끼얹은 한국식 갈비 타코를 단돈 2달러에 판매한 것이다. 사업을 시작한 첫 해인 2008년, 로이 최는 날마다 수백 명의 주문을 처리하면서 약 200만 달러의 매출을 올렸다. 2시간 넘게 줄을 서서 기다리는 사람들도 있었다. 처음부터 폭발적인 인기를 얻은 이 사업은 트럭 세 대와 식당 두 곳으로 확장되었다.

푸드트럭이 바퀴 달린 고급 식당으로 변신하면서 이 도시에서 (그리고 결국에는 전국에서) 가장 인기 있는 식당 형태로 발전하기 시작했다. 일선 요리사부터 해고된 IT 업계 직원에 이르기까지 다양한 배경을 지닌 수천 명의 사람들이 고급 푸드트럭 장사를 시작했다. 그들은 로이 최의 성공에 직접적으로 영감을 받거나 그의 새로운 음식 판매 형태를 다룬 텔레비전 프로그램과 영화를 보고 간접적으로 영향을 받은 이들이다.

로이 최는 독창적인 방식으로 재료들을 조합했다. 이는 훌륭한 요리사들의 전형적인 특징이다. 하지만 주방 밖에서의 의외의 조합, 고급 음식과 푸드트럭의 조합을 만들어내는 그의 능력이야말로 내가 이 장에서 다룰 스트레칭 요소의 진정한 귀감이다. 때로는 전체가 부분의 합보다 크다는 아리스토텔레스의 말처럼, 가장 기대하지 않았던 조합을 통해 자기가 가진 자원의 가치를 확대하는 방법을 이제부터 배워보자.

불가능해 보이는 조합들(경쟁과 우정, 규칙적인 업무와 창의성, 개인의 정체성과 직업적 정체성 등)을 하나로 합칠 경우 놀라운 발견, 보다 나은 업무 방법, 높은 수준의 행복으로 이어지는 결과가 나온다고 한다. 언뜻 보기에 서로 관련이 없거나 양립할 수 없어 보이는 자원들은 짝짓기가 힘들다는 문제가 있다. 이런 장벽을 극복하기 위해 눈에 띄게 상충되는 부분들을 연결시키고 적절한 조합을 찾을 때까지 꾸준히 노력하는 방법을 배울 것이다.

경쟁자는
최고의 협력자다

대부분의 사람들에게 경쟁에 대해 물어보면 미국 최고의 경영진 가운데 한 명으로 칭송받는 제너럴일렉트릭의 잭 웰치와 비슷한 답을 할 것이다. 그는 기업가들에게 "경쟁사는 사들이거나 매장시켜버려야 한다"고 조언했다. 체이싱의 관점에서 보면 웰치의 조언은 상당히 그럴듯하다. 경쟁자들은 부족한 자원 가운데서 우리가 필요로 하는 고객, 승진, 지위, 예산 등을 가로채갈지도 모른다. 심리학 연구도 웰치의 주장을 뒷받침한다. 자원이 부족한 듯 보이면 다른 사람이 가지고 있는 자원을 빼앗으려고 하는 경향이 강해진다는 것이다. 하지만 스트레처의 입장에서 볼 때 경쟁자를 짓밟아버리라는 웰치의 말은 완전히 어리석은 조언이다. 자원이 풍부하지 않더라도 그것을 융통성 있게 활용할 수 있기 때문에 자원을 놓고 싸우는 것은 더 많은 자원을 만들어낼 가능성을 뭉개버리는 행동이다.

심리학자 피터 카네베일Peter Carnevale과 타히라 프롭스트Tahira Probst 는 특별한 실험을 진행했다. 참가자를 두 그룹으로 나누고 한 그룹에는 자기 파트너와 협상을 하되 상대방을 경쟁자로 여기면서 최대한 많은 이익을 얻도록 했고, 다른 그룹에는 파트너와 협력해서 최대한 많은 돈을 벌라고 했다. 협상을 시작하기 전에 두 심리학자는 모든 참가자에게 종이 성냥과 작은 초, 그리고 압정이 가득 든 골판지 상자를 나눠주면서 이 초가 제대로 타오르고 촛농이 테이블에 떨어지지 않도록 칸막이에 달도록 했다. 파트너와 경쟁 관계에 있는 참가자들은 파트너와 협력하는 이들에 비해 지혜로운 해결책(모든 압정을 이용해 벽에 상자를 붙인 뒤 상자를 초 받침대로 사용하는 것)을 찾아내는 가능성이 현저히 낮았다. 카네베일과 프룹스트의 연구는 경쟁이 사람들의 스트레칭 능력을 저해할 수 있다는 것을 보여준다.

경쟁을 바라보는 또 다른 시각도 있는데, 이는 잭 웰치의 충고와 완전히 다른 방법이다. 경쟁이 싸움으로 번질 필요가 없다는 것을 이해하기 위해서는 경쟁과 우정이 평화롭고 공존할 수 있는 방법을 알아야 한다.

1954년에 유명한 심리학자 고든 올포트Gordon Allport가 본질적으로 서로를 신뢰할 수 없는 집단들을 하나로 묶어 사회적 접촉을 통해 서로를 좋아하게 할 수 있다는 학설을 제기했다. 올포트는 인종 집단 간에 서로 적대시하게 만드는 편견에 대해서 조사하기 위해 다음의 방법을 이용했다. 네 가지 조건이 일치되는 다양한 배경을 가진 사람들끼리 잠깐 동안 함께 시간을 보내도록 한 것이다. 그 네 가지 조건은 양측의 사회적 지위가 같고, 목표가 같으며, 법이나 관습을 따르고 지지하는 것이었다.

좀 더 최근에 진행된 연구에서는 올포트의 접촉 가설을 확대했고, 그 결과 그가 처음에 제안한 네 가지 조건도 필요 없다는 사실이 밝혀졌다. 접촉 가설에 대한 515개의 연구를 분석한 연구진은 단순히 서로 접하기만 해도 잠재적인 경쟁자끼리 서로에 대한 호감도가 높아진다는 것을 알아냈다. 왜 싫어하는 사람과의 단순한 접촉이 이렇듯 긍정적인 방향으로 관계를 변화시키는 것일까? 그 답은 우리가 계속 반복해서 듣는 노래를 결국 좋아하게 되는 것과 같은 이유다.

올포트가 접촉 가설을 발표한 직후 심리학자 로버트 자이언스 Robert Zajonc는 우리가 뭔가 새로운 것에 접근할 때는 그것을 두려워하는 경향이 있지만, 시간이 지나면 반응이 훨씬 긍정적으로 변한다는 개념에 흥미를 느끼게 되었다. 음악에 대한 과거의 연구 내용을 종합해본 자이언스는 처음에는 불쾌하다고 느끼던 곡도 자주 듣다 보면 그 곡에 애정을 느끼게 된다는 것을 발견했다. 사람들에 대한 호감도 마찬가지다. 우리가 누군가와 가까이 있는 시간이 길면 길수록 그 사람을 더 좋아하게 되는 것이다. 사회적 접촉을 통해 경쟁자와 우정이 싹트면 전혀 예상치 못한 곳에서 만족스럽고 유익한 관계를 발전시킬 수 있다. 치열하게 경쟁하던 이들이 우리의 미래에 중요한 역할을 하는 것으로 드러나는 경우가 많다.

컬럼비아대학교의 폴 잉그램Paul Ingram 교수와 에머리대학교의 피터 로버츠Peter Roberts 교수는 호주 시드니에 있는 유명 호텔들을 조사했는데, 이들 호텔의 객실을 모두 합치면 총 1만 4,000개나 된다. 그들은 최고 관리자들을 인터뷰하면서 경쟁 호텔의 관리자와 친하게 지내느냐고 물어봤다. 그리고 각 관리자의 친구 수와 그가 일하는 호텔의 실적을 비교해봤다. 놀랍게도 경쟁사에 친구가 있는 관리자의 경우 친구 한 명당 약 27만 달러의 매출이 증가했으며, 이로 인해 업계 전체의 매출이 대략 15퍼센트나 늘어났다. 같은 고객을 대상으로 경쟁하는 호텔 관리자들 사이의 우정이 협업을 촉발시키고, 치열한 경쟁을 완화하며, 지식 공유도 용이하게 해서 결국 경제적인 이익이 발생한 것이다.

대부분의 조직에서는 팀끼리 자원을 놓고 경쟁하다 보니 서로를 이해하지 못하거나 신뢰하지 않는 경우가 많다. 앞의 사례처럼 같은 고객을 확보하려고 경쟁하는 푸드트럭과 호텔이 서로 우정을 쌓을 수 있다면 조직 내 팀들도 마찬가지다. 그들을 같은 공간에 배치해서 서로 자원을 교환할 수 있게 한다면, 어울릴 것 같지 않은 파트너들끼리 생산적이고 의미 있는 관계를 맺는 데 많은 도움이 될 것이다.

좋은 루틴이란, 규칙 안의 적절한 변칙

관계가 조직(사회 구조)의 핵심이라면 루틴은 조직의 두뇌다. 루틴은 작업을 수행하는 주요 단계를 코드화해서 매우 구체적인 방법으로 작업을 수행하라고 우리에게 지시한다. 바로 이런 이유 때문에 우리는 루틴을 좋아하기도 하고 싫어하기도 한다. 루틴은 적극적인 사고 과정을 상당 부분 제거해서 하루 일과가 편해지게 해준다. 하지만 그에 따르는 대가도 있다. 일주일 내내 별 생각 없이 시간을 보내고 싶어 하는 사람은 거의 없기 때문이다.

대부분의 사람들은 루틴에 대해 설명할 때 '지루한', '비인간적인', '융통성 없는' 같은 형용사를 동원해서 이야기하는 경우가 많다. 그 말이 맞을지도 모르지만 루틴은 사람들이 조직 내에서 수행하는 채용, 고객 상대, 예산 책정 같은 대다수의 업무를 가리키기도 한다. 연구진 사이의 일반적인 견해는 루틴이 사람들의 하루 일과가 꾸준히 진행되도록 하면서, 일관성 있고 예측 가능한 결과를 얻을 수 있게 해준다는 것이다. 신중하게 고안해서 완벽하게 실행하기만 한다면 루틴을 수행하는 사람이 누구인지는 문제가 되지 않는다. 시스템처럼 매번 동일한 방식으로 진행되어 똑같은 결과를 낳기 때문이다. 습관이나 컴퓨터 프로그램과 마찬가지로 루틴도 별다른 생각이나 노력, 개성 없이 자동 조종 장치처럼 실행된다.

겉보기에는 비인간적이고 창의적이지 못한 '루틴'이지만 면밀히 살펴보면 생각과는 매우 다른 그림이 드러난다. 마사 펠드먼Martha Feldman과 미시건대학교의 브라이언 펜틀랜드Brian Pentland 교수는 루틴에 대한 생각을 바꾸기 위한 노력을 기울여왔다. 그들이 루틴을 설명하는 형용사에는 '역동적인', '창의적인', '개별화된' 등의 표현이 포함된다. 루틴은 아무 생각이 없는 상태가 아니라 자신의 개성과 창의성을 발휘해서 변화를 이룰 수 있는 충분한 기회를 제공한다. 루틴에 대한 생각을 극적으로 바꾼 이유를 설명하기 위해 펠드먼과 펜틀랜드는 루틴의 두 가지 측면을 구분한다.

첫째, 루틴은 추상적인 개념, 즉 우리 머릿속에 존재하는 정신적인 이미지라고 설명한다. 우리는 자신이 실행하는 루틴을 폭넓게 이해하고 있는데, 이는 지금까지 루틴을 실행하는 과정에서 쌓인 경험 덕분이다. 내가 딸아이 등교 준비를 시킬 때는 흰 빵 2조각 사이에 칠면조 햄 3조각을 넣어서 점심 도시락을 만들고, 아이가 좋아하는 간식을 챙기고, 숙제를 했는지 확인한다. 그리고 이런 일련의 행동들을 '딸아이 등교 준비시키기' 루틴이라고 부른다. 이렇게 하나로 묶어서 기억하면 내가 해야 하는 행동들을 이해하는 데 도움이 되고 쉽게 참조할 수도 있다. 아내 랜디에게 딸 등교 준비를 부탁하는 경우, 아내 역시 별로 깊이 생각하지 않고도 무엇을 해야 하는지 알고 있다.

하지만 루틴에는 사람들이 잘 알지 못하는 두 번째 부분이 존재한다. 루틴은 단순히 추상적인 이미지가 아니라 특정한 사람들이 특정한 시간에 수행하는 구체적인 행동이다. 우리가 늘 동일한 루틴을 따른다 하더라도, 자기 자신도 그 안에 포함되기 때문에 루틴을 수행할 때마다 조금씩 달라질 수 있다. 때로는 의도적인 변화 때문에 차이가 생기기도 한다. 예를 들면 딸의 도시락을 싸면서 좋은 하루를 보내라는 쪽지를 집어넣을 수도 있다. 어떨 때는 샌드위치에 칠면조 햄을 3조각이 아닌 2조각을 넣는 것 같은 우연한 사건 때문에 어떤 변화가 생기기도 한다. 그리고 때로는 흰 빵 대신 롤빵으로 샌드위치를 만들어야 하는 등 상황에 따라서 다른 조치가 필요할 수도 있다. 우연 때문이든 아니면 의식적인 선택에 의해서든, 그것이 아무리 사소한 일탈이라 하더라도 주변에 큰 영향을 미칠 가능성이 있다. 도시락 가방에 쪽지를 넣는 행동이 딸의 기분을 좋게 해서 시험을 잘 치르는 데 도움이 될 수도 있다. 혹은 2조각밖에 안 담은 샌드위치 때문에 아이가 배가 고파져서 시험을 망칠 수도

7 · 룰을 따르지 않고 만들어내는 스트레처의 독창성

있다. 흰 빵 대신 롤빵을 사용할 경우 아이가 새로운 종류의 샌드위치를 맛보게 되고, 이쪽이 마음에 들면 그때부터 루틴이 바뀔 수도 있다.

루틴은 우리의 일상에 활기를 불어넣고, 루틴을 수행하는 사람들에 의해 개인화된다. 샌드위치용 빵이 없는 경우, 랜디가 대응하는 방식이 나와 다를 수도 있다. 굳이 샌드위치를 고집하지 않고 완전히 다른 음식을 넣어줌으로써 기존 루틴을 대신할 자기만의 수정안을 제시하는 것이다. 겉으로는 단순해 보이는 일도 자세히 살펴보면, 문제 해결을 위해 자신의 아이디어를 얼마든지 새롭게 적용할 수 있다.

나의 정체성은
몇 가지인가

1920년대 초 텍사스 주 댈러스에서 베트 네스미스 그레이엄Bette Nesmith Graham이 태어났다. 그녀는 미혼모이자 고등학교 중퇴자의 몸으로 텍사스 뱅크 & 트러스트Texas Bank & Trust에서 비서로 일하면서 어린 아들을 키웠다. 그곳은 사실 그녀가 원하던 직장은 아니었다. 그녀는 예술가가 되고 싶었지만 제2차 세계대전이 끝난 뒤, 이혼한 지 얼마 안 된 그레이엄은 돈을 벌 수 있는 일거리를 찾기 위해 속기와 타이핑을 배웠다. 그리고 열심히 일한 덕에 은행의 회장을 위해 일하는 임원 비서로 승진했다.

그녀가 승진할 즈음, 전동 타자기가 등장해 사무실 업무를 혁신하기 시작했다. 전동 타자기를 사용하면 보다 빠르고 손쉬운 타이핑이 가능하지만 심각한 결점이 있었다. 신속한 기계일수록 타이핑 오류가 자주 발생한 것이다. 아주 사소한 실수만 저질러도 페이지 전체를 사용할 수 없게 되었기 때문에 타이피스트는 처음부터 다시 작업을 해야 했다. 그레이엄은 이런 실수 때문에 일자리를 잃게 될지도 모른다고 걱정했다.

어느 날, 그녀는 은행에서 일하는 도장공들을 보았다. 그들은 몇 차례 실수를 저질렀지만 손쉬운 수정 방법을 가지고 있었다. 실수한 부분을 덧칠하는 것이었다. 그레이엄은 비서와 예술가라는 전혀 다른 자신의 두 가지 정체성을 결합시킴으로써 결정적인 발견을 했다. 물감을 사용해 종이 위의 실수를 지우는 아이디어를 떠올린 것이다. 이 방법은 그녀의 일을 보다 수월하게 하고, 많은 시간과 돈을 절약하게 해주었으며, 다른 비서들의 업무를 편리하게 해줄 수 있었다.

그레이엄은 타이핑한 문서 몇 개를 가지고 그 아이디어를 시험해보았다. 빨리 마르고 영구적인 흰색의 수성 물감을 사용해, 실수한 부분을 지우고 그 위에 올바른 글자를 다시 타이핑했다. 이 수정 방법은 효과가 있었다. 상사는 자기가 받은 문서에 잘못 타이핑된 글자가 포함되어 있었다는 사실을 절대 알아차리지 못했다.

그레이엄은 몇 차례의 실험 끝에 20세기에 가장 많이 팔린 사무용품 가운데 하나를 완벽하게 만들어냈었다. 그녀가 세운 리퀴드 페이퍼Liquid Paper라는 회사는 타이피스트들의 은총이 되었고, 사소한 실수 때문에 쓰레기통에 버려질 뻔했던 종이를 실수 하나 없는 작품으로 탈바꿈시켰다. 그레이엄이 자신의 다양한 면모를 이용해 만들어낸 제품은 정체성이 우리가 일하는 방식에 어떤 힘을 발휘하는지 가르쳐준다.

나는 이에 대한 연구를 하면서 다음과 같은 설문을 했다. '나는 [   ]이다'라는 문장 5개를 주고, 5개의 빈 칸에 자신을 설명하는 말을 채워달라고 한 것이다. 어떤 사람은 성별, 나이, 인종, 종교 같은 여러 가지 사회적 특징들로 빈 칸을 채웠다. 또 어떤 이들은 자신의 지성이나 동정심 같은 특성을 언급했다. 비서나 화가 같은 자신의 직업을 말한 사람도 있었다. 우리의 정체성에는 이 모든 것이 포함되어 있다. 자신이 이런 다양한 특성과 특징, 역할의 혼합체라는 것을 알면 각각의 상황에 맞는 정체성을 이용해 문제 해결을 할 수 있을 것이다.

정체성은 우리가 몇 가지 일에만 집중하고 나머지는 걸러낼 수 있게 해준다. 대부분의 사람들은 여러 개의 정체성을 가지고 있지만(내 정체성을 몇 가지 대자면 남성, 남편, 부모, 연구원, 교사, 스쿼시 선수 등이 있다) 그 모든 정체성을 한꺼번에 활용하는 것은 힘들다. 그래서 자신의 정체성을 분리시켜서 주변 환경과 일치되는 부분만 활성화시키려는 경향이 자주 드러난다.

내가 가르치는 MBA 강좌에는 엔지니어 출신이 많은데, 학생들은 자신의 경영자적 정체성을 받아들이는 데 애를 먹으면서 엔지니어링이라는 하나의 포커스만 사용해 기술적인 문제에 접근하려고 한다. 다기능 부서에서는 사람들이 자신의 부서 정체성(마케팅, 재무, 회계, 운영, R&D 등)에 애착을 가지도록 유도하기 때문에 그 과정에서 공통된 조직 정체성은 간과하게 된다. 그레이엄의 경우 사무실에서 일하는 도장공들을 관찰하는 과정에서 예술가적 정체성이 촉발되었다. 하지만 정체성을 혼합하는 방법을 찾아낼 수 있다면 새로운 시각으로 문제를 바라볼 수 있다. 특히 대부분의 사람들이 가장 중요하게 여기는 두 가지, 직업적 정체성과 부모로서의 정체성을 결합시키면 더욱 그렇다.

"부모의 역할은 기업가 사이에서 자주 논의되는 주제가 아니다. 일반적인 통념상 이 두 가지는 혼합될 수 없기 때문이다."

IT 기업가이자 태피스트리닷넷Tapestry.net의 설립자 앤드루 다울링Andrew Dowling은 이렇게 말한다. 우리는 개인적인 삶과 직업인으로서의 삶을 분리시켜야 하는 필요성을 자주 느끼며 조직에서도 그렇게 하라고 권장한다. 두 가지 정체성을 이렇게 분리시키는 데는 충분한 이유가 있다. 연구자들은 상당 기간 동안 다중 정체성이 심리적으로 사람들을 고갈시킨다는 생각을 가지고 있었다. 완전히 다른 두 부분 사이에서 사람이 분열되기 때문이다. 따라서 정신적인 고통을 느끼게 될 뿐만 아니라 동시에 여러 가지 일을 잘하는 것은 어렵기 때문에 부모의 역할을 잘하게 될수록 직업적인 성과는 안좋아지고, 그 반대도 마찬가지라는 것이다.

하지만 다울링은 상반된 시각을 제시한다. 부모 노릇을 하려면 시간이 많이 소요되기는 하지만, 그 과정에서 인내심을 기르고 혼란에 대처하고 관점을 제시하는 등의 능력을 발전시킬 수 있기 때문에 결국 일에도 도움이 된다고 주장한 것이다. 그의 통찰은 연구를 통해서도 뒷받침된다.

크리에이티브 리더십센터Center for Creative Leadership는 중간 관리자부터 고위 임원에 이르기까지 다양한 직책을 보유한 여성 61명을 대상으로 인터뷰를 진행했다. 업무 이외의 역할이 직무에 어떤 도움이 되는지 질문했는데, 대인관계 기술이 향상된 것이 비업무적 경험을 통해 얻은 중요한 결과라는 것을 확인할 수 있었다. 우리는 회사 밖에서의 역할들을 통해 훨씬 많은 것을 얻을 수 있다. 비업무적 경험을 통해 심리적 자원, 특히 자긍심과 자신감이 높아지고 이것이 업무에도 영향을 미친다.

보다 철저한 평가를 위해 연구진은 중간 관리자부터 고위 임원에 이르기까지 다양한 직책에 종사하는 여성 265명을 대상으로 다시 설문조사를 실시했다. 21개 항목의 평가지를 이용해 응답자들의 다양한 역할(직업, 결혼, 부모, 지역사회, 우정 등)을 측정해서 각 개인의 정체성이 어떻게 혼합되어 있는지 밝혀냈다. 그런 다음 그들이 느끼는 삶의 만족도와 경영 기술을 측정했다. 그 결과, 역할이 다양할수록 삶의 만족도가 높고 경영 기술이 뛰어나다는 사실이 드러났다.

우리는 일터에서 배운 전문 기술을 이용해 생활을 체계화하고 갈등을 관리하는 등 가정생활에 도움을 받을 수도 있다. 아내인 랜디와 나는 사귄 지 1년쯤 되었을 때 서로에게 공식적인 성과 평가서를 작성해서 줬다. 직장에서 익힌 도구를 우리 생활 속으로 끌어들인 것이다. 업무 활동 체계가 우리 삶의 매우 사적인 부분에 대해 서로 얘기할 수 있는 방법을 제공해줬다. 그리고 이를 통해 실제로도 좋은 결과를 얻었다. 심리학자 제임스 코르도바James Córdova와 그의 동료들은 215쌍의 부부를 조사하면서 그들 중 일부에게 각 파트너의 장점과 단점을 평가하는 일종의 성과 평가서인 '결혼 진단표'를 작성하게 했다. 성과 검토를 실시한 부부들은 진단표 작성 이후 최대 2년 동안 대조군에 비해 관계 만족도나 친밀감, 수용도가 개선되었다.

정체성의 분열과 자원 분할을 극복하는 데 있어서 중요한 부분은 우리가 다양한 자원을 서로 연관된 절충안으로 규정하는 경우가 많다는 사실을 이해하는 것이다. 스트레처들은 외관상 연결이 불가능해 보이는 것들을 연결시킬 수 있는 경로를 구축해서 다양한 자원을 통합할 방법을 찾는다.

양극단의 상황에서 절충안을 찾는 법

경치가 근사한 사우전드힐 밸리Valley of a Thousand Hills는 남아프리카공화국의 피터마리츠버그Pietermaritzburg와 더반Durban 사이에 자리 잡고 있다. 하지만 이 지역의 아름다운 자연 풍광 때문에 흑인 주민들이 겪는 곤경이 가려지기 일쑤다. 아파르트헤이트Apartheid(예전 남아프리카공화국의 인종차별 정책-옮긴이) 때문에 빈곤한 지역에서 많은 사람들이 죽었고, 이곳 주민들은 수도와 전기를 비롯한 기본적인 필수품들조차 부족한 상황이다. 1998년 나는 이 계곡의 시골 마을 마페페테Maphephethe에 있는 오두막에서 하룻밤을 보냈는데, 이 집의 바닥은 딱딱하게 굳은 배설물로 만들어져 있었다. 잠자리에 들기 전, 주인 가족과 나는 훈제실에 모여 앉아 맥주를 마시면서 그 지역사회의 현저한 변화에 대해 이야기를 나눴다. 근처에 있는 미에카Myeka 고등학교의 새로 지은 컴퓨터 실습실을 견학했는데 남아공 최초로 태양광을 이용하는 곳이었다. 실습실이 마련되고 18개월 뒤 학생들의 대학 합격률이 30퍼센트에서 70퍼센트로 급상승했다.

내가 당시 남아프리카공화국을 방문한 이유는, 워싱턴 D.C.에 있는 태양광전기조명기금Solar Electric Light Fund이 환경 피해를 최소화하면서 개발도상국에 전기를 공급하는 방식을 조사하는 다년간의 연구 프로젝트 때문이었다. 21세기가 다가오고 있는데도 개발도상국의 많은 사람들은 여전히 전기를 사용할 수 없는 상황이었다. 약품을 보관할 냉장고도 없고 아이들이 저녁에 숙제를 할 수 있는 불빛도 없었다. 이 조직의 지도자인 네빌 윌리엄스Neville Williams는 개발도상국의 상당 지역에 전기를 공급할 경우 많은 환경 피해가 발생할 것이라고 걱정했다. 윌리엄스는 50개 이상의 개발도상국을 방문해 전기가 사람들의 삶을 극적으로 향상시키는 모습을 직접 관찰했다.

하지만 이것이 환경 문제를 일으켜 지구의 조화를 위협할 수도 있었다. 전기 없이 사는 사람들은 대부분 수십 년 동안 환경적인 영향을 우선시하지 않았다. 과거에 전기를 공급할 기회를 처음으로 얻은 사람들은 대부분 유해한 화석 연료를 사용해서 전기를 만들었다.

문제는 또 있었다. 윌리엄스는 전기 요금 지불 방안이라는 두 번째 문제에 직면했다. 기술 업그레이드 비용이 태양광전기조명기금의 보유 자금보다 훨씬 많이 들었기 때문이다. 단독주택 거주자의 경우 연 소득의 절반에 해당하는 돈이 필요했다. 금전적인 문제 외에도, 전기 설비를 무상으로 제공하면 소유에 따르는 책임감이 사라지게 될지도 모른다는 생각이 들었다. 마을에 전기가 들어가면 주민들은 필요한 장비를 시가로 구입해야 한다.

윌리엄스는 경제 발전과 환경 문제, 가난한 가정과 유료 고객, 전력화와 지리적 고립 간의 모순을 고려하지 않고도 자신이 중요하게 여기는 것들을 모두 이룰 수 있다고 생각했다. 당시에는 정부나 전기 회사에 재정 지원을 요청해서 환경에 유해한 전력 그리드를 확장하는 것이 일반적인 해결책이었지만 윌리엄스는 다른 접근 방법을 통해 조화를 찾았다. 태양에너지를 사용해 환경적으로 지속 가능한 전력을 생산하고, 가난한 지역사회의 주민들에게 이를 위한 비용을 지불하도록 설득한 것이다. 시범 사업단은 주민들이 지역 학교나 법원 등에서 이 기술의 혁신적인 능력을 직접 확인할 수 있게 해줬다. 태양에너지 기술의 비교적 높은 비용 때문에 주민들은 관련 장비를 더 세심하게 보살폈고, 빈곤한 지역에서는 그 지리적 고립성으로 인해 환경적으로 유해한 기술에 비해 기술 이전 비용을 더 줄일 수 있었다. 기술이 교육의 질을 개선함에 따라, 지역 비즈니스 활성화 등 경제 발전을 위한 새로운 수단이 생겼다.

우리는 해결 불가능한 갈등을 겪는 것처럼 보이는 두 가지 측면 사이에서 선택을 강요당하는 상황을 자주 겪는다. 이런 상황에 접근하는 방법이 두 가지가 있다는 사실이 연구를 통해 밝혀졌다.

첫 번째 방법은 두 부분을 서로 대립하는 힘으로 여기는 것이다. 부모로서의 입장에 더 신경을 쓰다 보면 자연히 일에 소홀하게 되고, 개발도상국에 전기를 공급하려는 과정에서는 필연적으로 환경에 해를 끼치게 된다. 이렇게 상충되는 상황 속에서 갈팡질팡하다 보면 자꾸 명확한 절충안의 각 부분을 자체적인 별도의 범주에 배치하려고 하게 된다. 이렇듯 명확하게 정의된 그룹으로 나눠놓으면 세상을 단순화할 수 있다. 다양한 양동이의 내용물을 혼합해봤자 소용없는 일이라는 것이 그 이유다. 아무리 막으려고 애써도 결국 기름과 물처럼 우리는 자연스럽게 분리될 것이다.

양동이는 한 카테고리 내의 유사점과 카테고리 사이의 차이점을 강조하기 때문에 둘이 어떻게 섞일 수 있는지 알아내기가 더 힘들어진다. 하지만 사실 하나의 양동이 안에도 수많은 차이와 다양성이 존재한다. 부모나 전문가가 되는 방법, 혹은 공화당원이나 민주당원이 되는 방법은 무수히 많다.

이보다 좀 더 나은 두 번째 방법은 사람들이 잠재적 절충안인 상반되는 개념을 하나로 뒤섞는 것이다. 네빌 윌리엄스의 경우, 경제 발전과 환경적인 지속성을 모두 추구할 수 있게 되었다. 그가 이 두 가지를 하나로 섞자 훨씬 가치 있는 것을 만들어낼 수 있게 되었다.

델라웨어대학교의 웬디 스미스Wendy Smith 교수는 우리가 만들어 낸 명백한 절충안을 조사하면서 많은 시간을 보냈다. 그녀는 동료 들과 함께 복합적인 상황을 극복하는 데 중요한 세 가지 단계를 찾 아냈다.

첫째, 서로 상충되는 절충안을 수용한다. 절충안의 다양한 부분 들이 서로 충돌하는 경우가 분명히 있다. 이렇게 상충되는 요구를 무시한다면 불가피하게 실망하게 된다.

둘째, 절충안의 각 측면이 지닌 고유한 가치를 인정한다. 이를 제대로 해내려면 각 측면의 독립적인 가치를 포용해야 한다. 부모 로서 살아가는 것이 우리 삶에 어떤 기여를 하는가? 집 밖에서 일 에 대해 생각할 때 부모의 역할이 좋은 자산이 될 수 있을까? 헌신 적인 직원으로 일하면서 배운 것들(조직, 체계, 팀워크 등)이 가족 생활에 어떤 기여를 할까?

셋째, 두 가지 측면 사이에서 발생하는 시너지 효과를 찾는다. 어떻게 한쪽 측면(부모로서의 자세)이 절충안의 다른 측면(헌신적인 직원으 로서의 자세)을 도와주는지, 그리고 그 반대는 어떻게 성립하는지 물 어본다. 우리는 타고난 성향상 이 두 가지 측면을 서로 반대되는 힘 으로 보려고 하지만, 스미스 교수는 각 측면이 다른 쪽의 목표를 어 떻게 발전시키는지 생각해보라고 권한다.

삶의 다양한 부분이 조화롭게 작동하는 방식을 발견하면 매우 큰 성취감을 느낄 수 있다. 그리고 자신의 자아 전체를 받아들일 수 있게 해준다. 하지만 우리는 서로 상반되는 것처럼 보이는 개념이나 아이디어, 전략, 기타 자원 등을 금세 무가치한 것으로 여기는 경우가 많다. 조직도 자신들이 세워놓은 수많은 목표들을 제대로 조화시킬 수 없다고 잘못 가정하여 똑같은 실수를 저지른다. 마케팅 부서는 판매 가능한 제품에만 집중하는 반면 엔지니어링 그룹은 최신 기술에 매료되어버린다.

이렇게 부딪히는 문제들을 해결하려면 다른 사람들이 간과하거나 묵살하거나 절대 불가능하다고 단언한 불가능한 조합이 필요하다. 물론 말로는 간단하지만 그렇게 쉬운 일은 아니다. 상충되는 절충안을 이겨내고, 이를 위해 어떤 자원이든지 적절한 조합을 찾아내야 하기 때문에 시간이 걸릴 수밖에 없다.

8장

내 생각이
틀릴 수 있음을 아는
스트레처의 마인드컨트롤

STRETCH

자기확신은 잠재된 가능성을 실현하는 데 무엇보다 중요한 자세다. 그러나 '지나친 자기확신'은 스스로의 눈과 귀를 막을 수 있다. 스트레칭의 여러 방식들은 모두 시도해볼 만하지만, 모든 것에는 수위 조절이 필요하다. 즉흥성과 유연성, 다양한 도전과 혁신은 훌륭하지만 감정적 판단과 충동적인 행동들을 합리화하고 있는 것은 아닌지 돌아봐야 한다. 스스로에 대한 믿음이 과연 근거 있는 자신감인지 하나씩 짚어보자.

검소함과 인색함의
한 끗 차이

지금까지 사회 각계각층에서 활약하는 스트레처를 만나 그들이 이용 가능한 자원을 활용해 직장이나 그 외의 분야에서 뛰어난 성과를 거둔 방법을 배웠다. 이 사람들은 성공과 만족감을 누렸고 본인과 조직에 많은 부를 안겨줬지만 대부분의 과학적 현상이 그렇듯이 인생의 여러 부분에서도 좋은 일이 너무 많으면 결국 좋지 못한 결과가 생길 수도 있다.

이 장에서는 구두쇠가 되는 것, 길에서 헤매기만 하고 어디에도 다다르지 못하는 것, 상황 파악도 하지 않은 채 무작정 뛰어드는 것, 높은 기대감 때문에 피해를 보는 것, 바람직하지 않은 혼합물을 만드는 것 등 과도한 스트레칭 때문에 생길 수 있는 일반적인 피해

다섯 가지를 피하는 방법을 배울 것이다.

로스앤젤레스의 한 부유한 동네에는 20세기 중반에 지어져 잘 관리되고 있는 주택들 사이에 지붕널이 벗겨지고 치장 벽토를 바른 1층짜리 집이 서 있다. 물이 새는 지붕에는 파란색과 검은색의 방수포가 누덕누덕 덮여 있어서 지역사회의 흉물로 여겨지는 곳이다. 때때로 라데라 하이츠Ladera Heights의 주민들은 목욕 가운을 입은 단정치 못한 차림새의 집주인이 방수포를 어설프게 손보는 모습을 보기도 하지만 별로 효과는 없다. 망가진 지붕 아래에는 곰팡이가 잔뜩 핀 집이 있는데, 이 집의 거주자는 미생물이 야기하는 건강 문제를 쉽게 인정할 수 있을 정도다. 그의 아내는 건강에 나쁜 난장판 같은 이 집에서 지내는 것을 거부하고 시내 다른 지역에 있는 집에 산다.

다 허물어져가는 이 철거 대상 안에는 수백 만 달러의 재산을 보유한 금융업자인 에드워드 웨드부시Edward Wedbush가 사는데, 그는 자기 이름을 딴 수십억 달러 규모의 증권투자회사를 운영하고 있다. 이 회사는 전 세계에 100개가 넘는 지점을 두고 있지만 현란하고 화려한 경쟁업체들과는 완전히 다른 방식으로 운영되고 있다. 회사 본사에 있는 그의 사무실에는 호화로운 가구나 예술품, 혹은 인상적인 부를 드러내는 것들이 전혀 없다. 그가 작업장이라고 부르는 검소한 공간에는 갓도 없이 매달린 전구 아래에 책상이 하나 놓여 있을 뿐이다. 낡은 양탄자에는 여기저기 구멍이 많이 뚫려서 여직원들의 하이힐이 구멍에 걸려서 비틀거리기 일쑤다. 이들의 불평이 몇 년씩 계속되자 웨드부시는 강력 접착테이프로 구멍을 때웠다.

대공황 시대에 성장한 에드워드 웨드부시는 돈을 현명하게 써야 한다고 배웠다. 이런 개인적인 철학은 1955년에 파트너와 함께 1만 달러를 가지고 사업을 시작할 때도 계속되었다. 웨드부시는 백만장자가 된 뒤에도 이런 생각을 버리지 않았다. 검소한 차를 몰고 다니고, 근사한 식사는 거부한 채 매일 도시락을 싸가지고 다녔다. 그의 회사는 과도한 부채를 지는 것을 피했고 가진 돈 안에서 현명하게 지출했다.

웨드부시는 성공적인 실적에도 불구하고 때때로 과도한 스트레칭을 감행했다. 비용 관리에 대한 집착 때문에 규제 당국과 곤란한 상황에 처하기도 하고, 많은 직원들의 미움도 샀다. 중재위원회는 그의 회사가 보인 행동은 '도덕적으로 비난받을 만한 것'이라고 하면서, 설립자 때문에 봉급을 받지 못한 채권중개인과 다른 직원들에게 350만 달러를 지급하라는 판결을 내렸다. 규제 당국은 또 해이한 관리 감독을 이유로 이 회사에 여러 차례 벌금을 부과했고, 2012년에는 웨드부시가 31일 동안 회사를 경영하지 못하도록 하는 이례적인 조치를 취하기도 했다. 금융산업규제기구Financial Industry Regulatory Authority. FINRA는 그가 해고된 직원들이나 불리한 중재 규칙에 대해서 제대로 공개하지 않았다고 발표했다. 규제 당국은 사기나 의도적인 기만 증거는 찾지 못했다. 하지만 회사가 규제 준수 및 리스크 관리에 충분한 자원을 투입하지 않은 것은 무모한 행동이라고 여겼다.

아리스토텔레스의 말처럼 어떤 미덕도 극단으로 치달으면 악덕이 될 수 있다. 양극단의 한쪽 끝에는 아리스토텔레스가 상스럽다고 한 행동, 즉 남에게 과시하기 위해 자신의 상황에 어울리지 않는 과도한 지출을 하는 행동이 존재한다. 체이서들에게서 흔히 볼 수 있는 모습이다. 그리고 아리스토텔레스가 비판한 또 다른 극단에는 고귀한 목적을 위해 부를 사용하는 것이 아니라 어떻게든지 돈을 안 쓰면서 부를 축적하는 데만 집중하는 행동이 있다. 이것은 과도한 스트레칭으로 인해 심각한 피해를 야기하는 악덕이다. 즉 구두쇠가 되는 것이다.

자원에 대한 웨드부시의 인색함 때문에 회사가 위협을 받고 있다. 규정 준수나 부당한 직원 대우 문제를 해결하는 데 투자가 부족한 탓에 평판이나 인적 자원 같은 회사 자원의 가치가 떨어졌다. 그는 자기 집을 수리할 재력이 있음에도 불구하고, 계속 상태가 악화되도록 내버려두는 바람에 결국 아내가 위험을 피하기 위해 다른 곳으로 이사를 가는 지경에 이르렀다. 에드워드 웨드부시는 검소한 걸까, 아니면 구두쇠인 걸까?

검소함과 인색함 사이에는 명확한 차이가 있다. 검소한 사람들은 돈을 아끼는 것에서 기쁨을 얻는 반면, 인색한 이들은 돈을 쓸 때 고통을 느낀다. 미시건대학교의 스콧 릭Scott Rick 교수가 이끄는 연구팀은 미국과 캐나다의 주요 일간지 구독자와 필라델피아의 텔

　　　　　　　8 · 내 생각이 틀릴 수 있음을 아는 스트레처의 마인드컨트롤

레비전 시청자, 피츠버그에 있는 대학교 두 곳에 다니는 학생과 학부모, 교직원들로 구성된 1만 3,000명이 넘는 사람들을 대상으로 설문조사를 실시했다. 연구진은 돈을 쓰는 것에 대한 사람들의 반응 방식의 차이를 검토했다. 돈을 헤프게 쓰는 사람들은 지금 돈을 쓰면 나중에 쓸 돈이 줄어든다는 사실을 알아차리지 못한 채 돈을 썼다. 물건을 구입함으로써 생기는 결과도 인식하지 않았다. 이런 유형의 사람들은 소비재에 대한 충족되지 않은 갈망을 지닌 체이서인 경우가 많다.

반면 구두쇠들은 지금 뭔가를 사면 미래에 다른 뭔가를 포기해야 한다고 믿었고, 이런 사고방식 때문에 지갑을 여는 것을 주저했다. 그들은 현재의 선택이 미래의 옵션에 영향을 미칠 것이라는 사실을 알고 있었다. 평균적으로 설문 대상의 4분의 1은 구두쇠고, 15퍼센트는 낭비벽이 있었다.

검소한 사람들의 사고방식은 구두쇠들과 상당한 차이가 있는 것으로 드러났다. 스콧 릭 교수와 그의 팀은 966명에게 돈을 쓰면서 불편한 기분을 느꼈던 정도를 평가해달라고 했다. 구두쇠들은 돈을 쓸 때 심리적인 고통을 느꼈다. 반면 검소한 사람들은 이런 식의 정서적 고통을 겪지 않았다.

이 문제를 더 깊이 파헤치기 위해 릭과 그의 연구팀은 돈을 절약하는 것이 즐겁다는 데 얼마나 동의하는지 316명에게 물었다. 돈을 절약하면서 즐거움을 느낀 것은 구두쇠가 아니라 검소한 사람들 쪽이었다.

스트레처는 돈을 쓰면서 고통스러워하지 않는다. 오히려 돈을 현명하게 지출하고 자원을 최대한 활용하는 데서 기쁨을 얻기까지 한다. 그래서 이들은 인색하지 않고 검소한 것이다.

대학생, 주택 소유자, 식품점 고객, 대만 근로자, 환경보호국 직원들을 대상으로 한 일련의 연구에서 연구진은 스트레처들은 검소하게 행동하는 것을 원래부터 만족스러워한다는 사실을 알아냈다. 이는 단순히 목적을 달성하기 위한 수단이 아니었다. 또 스트레처는 돈을 쓰거나 자원을 활용하는 것을 피하지도 않는다. 다만 거기에서 충분한 가치를 얻고자 할 뿐이다. 딕 잉링과 밥 키얼린은 사업을 성장시키려고 막대한 비용을 투자했지만, 체이서들이 시장에서 흔히 보이는 행태와 같은 걷잡을 수 없는 지출은 피했다. 그들은 성공을 거두고 다량의 자원을 이용하게 된 뒤에도 자신이 가진 것을 최대한 활용하는 소박한 즐거움을 누렸다.

이런 피해를 야기하는 것은 구두쇠처럼 행동하는 것뿐만이 아니다. 이제 과도한 스트레칭으로 인해 발생하는 다른 피해를 살펴보자. 다양한 경험을 축적하는 과정에서 목적지에 다다르지 못하게 계속 길 위에서 헤매기만 하는 사람들도 있다.

기둥이 튼튼해야
많은 가지가 뻗는다

MIT 연구원 에즈라 저커먼Ezra Zuckerman은 영화를 공부해서 다양한 경험의 균형을 잡는 법을 알아내고자 했다. 영화계에는 액션, 드라마, 코미디 등 여러 가지 장르의 영화에 출연하는 다재다능한 배우들이 있다. 이들은 다양한 경험 덕분에 자기가 맡은 배역을 더 복합적으로 표현할 수 있고, 새로운 관객들을 만나거나 새로운 역할을 시험해볼 수도 있다. 레오나르도 디카프리오, 로버트 드 니로, 앤절리나 졸리 등이 그런 인물이다. 그리고 단일 장르에만 출연하는 배우들도 있다. 영화계에서 쓰는 용어로 말하자면, 이들에게는 정형화된 역을 맡겨서 특정한 역할만 하도록 한다. 로맨틱 코미디에만 나오는 제니퍼 애니스턴이나 액션 영화 전문인 성룡, 슬랩스틱 코미디 영화에 나오는 윌 페럴 등이 그렇다.

배우들처럼 우리도 경력을 쌓는 동안 비슷한 선택을 한다. 한정된 수의 일에 능통한 전문가가 되거나 지식이 깊지는 않지만 폭넓은 분야의 지식을 갖추고 있는 박학다식한 사람이 되기로 결심하는 것이다. 조직도 마찬가지 선택을 해서 어떤 조직은 단일한 제품 라인이나 몇 안 되는 서비스 종류에 집중하는 반면 어떤 조직은 다양한 제품과 서비스를 제공한다.

우리가 전문가가 되려고 하는 데는 그만한 이유가 있다. 할 수 있는 일과 할 수 없는 일에 대한 명확한 신호를 전하기 때문이다.

아널드 슈워제네거를 로맨틱 코미디에 출연시킨다고 상상해보라. 마찬가지로 세금 신고를 하기 위해 의사를 고용하거나 가방 만드는 회사에 냉동식품 제조를 의뢰하는 건 다들 꺼리게 마련이다.

결국 하나의 장르에 계속 머물러 있다 보면 그 일에 능숙해질 테지만 정형화된 역만 맡을 가능성이 높기 때문에 다양한 역할이나 일자리를 얻기가 힘들다. 한 가지 일을 잘하면 감탄할 만한 기술을 발전시키고 좋은 평판을 얻을 수 있는 등의 장점이 있기는 하지만, 그런 고정된 배역에서 벗어나면 새로운 능력 개발과 도전 기회, 더 큰 보상 등 엄청난 이점이 생긴다. 그러나 이때 일을 신중하게 진행하지 않고 너무 여러 방향으로 향하다 보면 목적지 없이 방황만 하다가 끝나는 심각한 피해를 입을 수도 있다.

저커먼은 1995년부터 1997년 사이에 제작된 영화가 모두 등록되어 있는 인터넷 영화 데이터베이스를 분석해 지나치게 협소한 역할만 맡거나 목적 없이 배회하는 것을 피할 수 있는 유용한 지침을 알려준다. 먼저 일관성 있고 핵심적인 정체성을 확립해야 한다. 특정 분야에서 집중적으로 경력을 쌓거나 조직의 경우 특정한 유형의 제품 또는 특화된 서비스를 개발해야 한다는 얘기다. 처음 시작한 곳에서 신뢰를 쌓지 않은 채 다른 업계 또는 다른 분야로 진출하는 등 너무 일찍부터 일을 다각화할 경우, 다른 사람들에게 혼란스러운 신호를 보내게 된다. 이 사람은 어떤 기술을 가지고 있는가? 어떤 일에 전념하고 있는 것이 확실한가? 이 회사는 뭘 하는 회사인가?

먼저 핵심적인 정체성을 확립한 뒤에야 비로소 다각화를 시도할 수 있다. 배우 매슈 매코너헤이Matthew McConaughey의 발자취를 따르는 것도 한 가지 방법이다. 그는 로맨틱 코미디 분야에서 먼저 신뢰를 쌓은 뒤, 〈링컨 차를 타는 변호사The Lincoln Lawyer〉나 〈댈러스 바이어스 클럽Dallas Buyers Club〉 같은 상업적으로 성공한 극영화에 출연해 비평가들의 극찬을 받았고, 〈댈러스 바이어스 클럽〉으로는 오스카 남우주연상까지 수상했다. 하지만 너무 오랫동안 한 자리에 머물러 있다 보면 정형화된 틀에서 벗어나기가 어렵다. 〈스테잉 얼라이브Staying Alive〉나 〈오버 더 톱Over the Top〉 같은 영화를 통해 액션 어드벤처 영화에서 벗어나 새로운 분야로 진출하려다가 실패한 실베스터 스탤론Sylvester Stallone의 경우처럼 말이다.

목적 없이 방황하는 것을 피하기 위한 또 하나의 전략은 자신의 핵심 목표와 조금 다른 새로운 것을 선택하는 것이다. 결국 여러 가지 점진적인 움직임을 거친 뒤에야 비로소 매우 유용하고 다양한 경험을 하게 된다. 온라인 계약직 구직 시장인 이랜스Elance를 조사한 캘리포니아대학교 버클리 연구원 밍 량Ming Leung은 너무 멀리까지 방황하지 않고도 다양한 경험을 쌓을 수 있는 기술에 대해 알아보려고 했다. 프리랜서로 일하고 싶어 하는 다양한 분야의 기술자들을 파트타임 인력을 찾는 사람이나 기업과 연결시켜주는 이랜스 플랫폼은 이 의문을 살펴보기에 아주 이상적인 공간을 제공한다. 프리랜서들은 과거의 직업, 기술 및 훈련 경력, 고객의 피드백을 담은 프로필을 게시한다. 채용회사는 해야 하는 일에 관한 정보와 급여 정보를 제공한다.

류은 2004년에 이랜스에 게시된 3만 2,949개의 일자리를 조사했다. 이 기간 동안 2,779명의 프리랜서들이 적어도 하나 이상의 일자리에 지원했다. 류은 프리랜서들이 일거리를 구하는 데 다양한 경험이 도움이 된다는 것을 알아냈지만, 여기에는 중요한 경고가 뒤따랐다. 일자리를 얻은 사람들은 비슷한 일자리 사이를 점진적으로 오간다는 것이었다. 그들은 기존에 했던 일과 크게 다른 일자리에는 지원하지 않으려고 조심했다. 이렇게 조금씩 일자리를 바꾸는 사람들도 시간이 지나면 완전히 다른 종류의 업무를 수행할 수 있겠지만, 포트폴리오를 발전시키기 위해서는 단계적으로 움직여야만 했다.

점진적으로 직무를 다양화한 이들은 한 가지 직종에만 머문 사람들이나 다양한 카테고리 사이를 변덕스럽게 오가면서 일자리를 전전한 사람들보다 훨씬 많은 일을 따냈다. 이랜스 플랫폼에 대한 류은 연구는 업무를 조금씩 다양화해야만 창의력이 높아지고 더 빨리 승진할 수 있다는 것을 보여준 다른 연구 결과와 일치한다.

때로는 다양한 경험을 추구하기 위해 움직여야 할 때도 있다. 새로운 일자리를 얻든 아니면 새로운 도시로 이사를 하든 말이다. 이런 중대한 변화를 통해 얻는 다양한 경험 덕분에 몇 가지 중요한 이점이 생긴다. 경험을 다양화하려면 이런 변화가 중요하지만, 너무 자주 방황할 경우 오히려 상당한 손해를 볼 수도 있다.

2016년에 아내 랜디가 중요한 결정을 내려야 하는 상황에 처했다. 두 군데의 회사에서 체이서의 관점에서 볼 때 도저히 거절할 수 없는 훌륭한 일자리를 제의 받은 것이다. 어느 쪽이든 입사하면 보수가 크게 늘어날 것이다. 팀 규모가 세 배로 늘어 100명이 넘는 사람들을 거느리게 된다. 지금보다 더 큰 회사의 더 높은 직급에서 일하게 되고, 당연히 사무실도 커질 것이다. 수많은 유혹과 갈등 끝에 결국 아내는 두 가지 일자리를 모두 거절했다.

양쪽 모두 유혹적인 자리였지만 아내가 내건 중요한 테스트를 통과하지 못했기 때문이다. '나는 좋은 일자리를 얻는 것과 일을 통해 배우는 것 중 어느 쪽을 더 흥미롭다고 여기는가?' 이 상황을 스트레처의 언어로 표현해보자. 어려운 결정이 실은 아주 쉬운 것으로 판명되었다.

첫 번째 기회는 몇 가지 유형의 팀을 이끄는 것이었는데 아내는 이미 예전부터 그런 일을 해왔기 때문에 새로운 경험이라고 할 만한 부분이 없었다. 전에 하던 일을 또 하게 될 뿐이다. 두 번째 기회는 다른 업계로 옮기는 것이었는데 그렇게 되면 너무 멀리까지 방황하게 될 우려가 있었다. 해당 업계에서 일하고 싶다는 열의가 부족했기 때문에 그 제안을 더 거리끼게 되었다.

그녀가 내린 결정의 또 다른 부분은 내게도 중요한 의미가 있었다. 2개의 일자리 모두 수락할 경우 미 대륙 반대편으로 이사를 가야 했기 때문이다. 그렇게 사는 게 가끔은 재미있을 수도 있겠지만 결국은 우리 가족이 분열될 수도 있다.

버지니아대학교에서 일하는 심리학자 오이시 시게히로Shigehiro Oishi는 사람들이 자주 이사를 할 경우 삶과 사회적 관계의 뿌리가 통째로 흔들린다는 사실을 밝혀냈다. 그들은 경험의 참신함에 집중하게 되고 이는 물론 중요한 일이지만, 그러다 보면 기존에 자기 주변에 있던 것들, 특히 관계의 가치를 과소평가하게 된다. 새로운 동료와 친구가 생기는 것은 매우 흥미로운 일이지만 좋은 동료와 친구를 잃는 것은 힘든 일이다.

오이시는 한 연구에서 7,108명의 미국 성인들을 10년에 걸쳐 조사했다. 조사 대상의 나이는 20세부터 75세까지 다양했고 남자와 여자 참가자 수는 거의 비슷했다. 오이시는 연구를 시작할 때와 그로부터 10년 뒤에 "자신의 생활에 얼마나 만족하는가?" 같은 질문을 이용해 그들의 생활 만족도를 측정했다. 또 실험 참가자들이 "내게 있어 인생은 배움과 변화, 성장의 연속적인 과정이었다" 같은 문장에 동의하거나 동의하지 않는 정도를 평가해서 그들의 심리적 행복 수준도 측정했다. 그런 다음 오이시는 각자의 내향성 혹은 외향성 정도와 그들의 사회적 관계(친구 관계의 질, 가족 관계, 이웃 관계 등)를 평가했다. 그리고 마지막으로 실험 참가자들에게 어릴 때 이사를 몇 번이나 경험했는지 물어봤다.

내향적인 사람에게는 별로 좋지 못한 소식이다. 잦은 이사가 삶의 만족도와 심리적인 행복에 부정적인 영향을 미친 것이다. 하지만 외향적인 사람들의 경우에는 이사와 행복 사이에 아무런 관계도 드러나지 않았다. 이 문제를 좀 더 깊이 파고든 오이시는 내향적

　　　8 · 내 생각이 틀릴 수 있음을 아는 스트레처의 마인드컨트롤

인 사람들의 경우 이사를 한 뒤에 긍정적인 사회적 관계를 맺는 데 애를 먹었고 이로 인해 행복감이 줄어들었다는 사실을 알아냈다. 이사가 내향적인 사람에게 훨씬 본질적인 부분에서 해를 입힌 것이다. 어릴 때 이사를 자주 한 내향적인 사람은 사망 위험도 더 컸다(이사는 외향적인 사람들의 사망 확률에는 영향을 미치지 않았다). 우리 가족 가운데 유일하게 내향적인 내가 가장 걱정을 많이 했다.

오이시의 연구 결과와 비슷한 몇몇 의학 연구에서는 잦은 이직과 흡연, 음주, 운동 부족 같은 부정적인 건강 영향 사이에 양의 상관관계가 있음이 드러났다.

우리가 얼마나 많이, 혹은 얼마나 자주 경험을 다각화하는지 측정하는 것이 중요하다. 특히 내향적인 사람의 경우 지나치게 많은 것도 너무 적은 것만큼이나 위험하다. 그리고 기존 자원, 특히 인간관계를 해치는 삶의 중대한 변화를 통하는 것만이 경험을 다각화하는 유일한 방법이라고 믿는 것은 때로 아주 위험하기까지 하다. 현 상태를 유지하면서 다채로운 경험을 할 수 있는, 생활에 훨씬 지장이 가지 않는 방법을 찾는 것도 가능하다. 참신하면서도 항구적인 느낌도 유지할 수 있게 해주는 상황을 찾아야 한다.

"난 내 직관을 믿어요"가
허세가 되지 않으려면

2011년, 심한 어려움을 겪던 한 유명 소매업체가 마침내 구세주를 만났다고 생각했다. 회사가 서서히 죽어가고 있는 와중에 엄청난 성공 실적을 지닌 CEO를 영입한 것이다. 그의 이름은 론 존슨 Ron Johnson이었다. 로널드 웨인의 애플을 소매업계의 거물로 만들어 평방피트 당 6,000달러 정도의 매출을 올린 인물이었다. 그 수치는 소매업체들 가운데 면적당 매출액이 두 번째로 높은 티파니Tiffany & Co.보다 두 배 이상 높았다. 존슨은 애플에 합류하기 전에 무미건조한 할인업체였던 타깃Target을 스타일과 가치를 결합하여 유행을 선도하는 매장으로 탈바꿈시켰다. 서류상으로만 보면 존슨은 자기가 새로 합류한 JC 페니JC Penney를 구원하기에 더없이 안성맞춤인 사람으로 보였다.

이 소식은 매우 고무적이어서 그의 CEO 취임 소식이 알려지자 JC 페니의 주가가 하루만에 17.5퍼센트나 올랐다. 하지만 그로부터 겨우 17개월 만에 JC 페니는 재정적으로 파탄 직전의 상황이 되었다. 존슨의 짧은 재임 기간 동안, JC 페니는 시장 가치의 절반을 잃었고 매출도 약 30퍼센트나 감소했다. 결국 이 회사는 10억 달러의 손실을 기록했다.

론 존슨은 JC 페니에 합류한 직후, 회사에 개혁이 필요하다는 것을 깨닫고는 바로 작업에 착수했다. 부진한 회사 실적을 호전시키기 위해 그는 '공정 가격 정책'이라는 완전히 새로운 판매 방식을 신속하게 도입했다. 일상적인 저가 전략에 따라 인위적으로 높게 책정했던 가격과 끝없이 이어지는 세일 및 쿠폰을 없애고 가격을 실질적인 수준으로 낮췄다.

존슨의 접근 방법은 사업 운영 방식에 관한 자신의 직감에 의존해서 곧바로 현장에 뛰어드는 것이었다. 그는 JC 페니의 기획 부문이 교착 상태에 빠졌다는 이유를 대면서 데이터와 매장 실적, 기타 측정 항목을 검토하는 회의를 신속하게 없애버렸다. 그는 자신의 아이디어를 먼저 소규모로 시험해봐야 한다고 생각하지 않았다. 존슨이 믿음에 근거한 도약을 감행한 것은 이번이 처음이 아니었다. 그가 애플에서 지니어스 바(Genius Bar, 고객 지원을 제공하는 매장 허브)를 만들었을 때도, 실망스러운 데이터에도 불구하고 이 아이디어의 장점에 대한 자신의 직감을 고수했다.

"겁을 먹고 그만두는 것이야말로 절대 해서는 안 되는 행동입니다. 지니어스 바를 시작하고 1년 반 뒤에 관련 데이터를 봤다면, 매장에서 당장 철수시켜야 한다고 생각했을 것입니다. 하지만 나는 온 마음을 다해 그것의 성공을 믿었습니다."

공정 가격 정책에 관한 존슨의 직감에는 그가 애플에서 지니어스 바를 시도했을 때처럼 강력한 확신이 뒤따랐다. 그의 허세는 회사 경영진 일부의 회의론에 부딪혔다. 그들은 전략에 대한 존슨의 맹목적인 믿음에 의문을 제기했다. 경영진은 이 전략을 철회하기를 바랐지만 존슨은 그들과 맞서 싸웠다. 존슨은 "애플에서는 시험

같은 것 안 했다"고 주장했다. 대신 그는 "내 아이디어는 그냥 머릿속에 순간적으로 떠오르는 것들입니다. 그러니 남들에게 어떻게 설명해야 할지 모르겠어요. 전부 직관적인 것이니까요. 밖에 나가 무언가를 조사한 뒤 '이제 무슨 일을 해야 하지?'라고 고민하는 것이 아닙니다. 그냥 이 일에 대해 어떤 직감을 느끼는 것이지요"라고 말하면서 다들 자기 직감에 따라주기를 바랐다.

존슨의 직감이 잘못되었다는 것을 증명하는 수치가 밀려들어오기 시작하자, 그는 지니어스 바에 대한 직감을 고수했을 때와 거의 같은 방식으로 공정 가격 정책을 단호하게 고수하면서 고객에게 비난을 돌렸다. 고객들이 좀 더 교육을 잘 받았다면 새로운 JC 페니를 마음에 들어했을 것이라는 얘기였다. 하지만 안타깝게도 매출은 계속 곤두박질쳤고 고객 만족도도 급락했다. JC 페니 경영진은 여전히 "고객은 우리 매장에서 찾은 새로운 JC 페니를 마음에 들어한다"면서 현실을 외면했다. 하지만 판매 수치는 완전히 다른 이야기를 들려줬다.

론 존슨의 아이디어가 이론상으로는 괜찮고 과거에는 그의 직감이 옳았던 것으로 드러났지만, 그는 바겐세일에서 요령 있게 좋은 물건을 구입하는 데서 많은 스릴과 만족감을 얻는 JC 페니의 고객들을 완전히 잘못 이해했다. 존슨은 복잡한 부분이 없는 공정 가격 정책을 좋다고 여겼지만, 고객들은 쿠폰과 세일을 이용해 할인받는 액수를 극대화함으로써 자기가 얼마나 숙련된 구매자인지 과시하는 것을 좋아했다. 그들은 쇼핑이라는 게임에서 이기고 싶었던

8 · 내 생각이 틀릴 수 있음을 아는 스트레처의 마인드컨트롤

것이다.

존슨에게 애플을 떠나 JC 페니로 옮기라고 설득한 투자자 빌 애크만Bill Ackman도 "변화의 영향을 제대로 테스트해보지도 않은 채 너무 짧은 시간 안에 너무 많은 변화를 시도한 것이 가장 큰 실수 가운데 하나"였다고 인정했다. 론 존슨과 JC 페니는 잠재적으로 새롭고 흥미진진한 방향으로 도약했지만, 결국은 물이 없는 빈 수영장으로 뛰어들고 말았다는 사실이 드러났다. 게다가 그는 과거의 실수에서 교훈을 얻지 못하거나 얻고 싶어 하지 않았다.

노벨상 수상자인 대니얼 카너먼과 직관 전문가인 게리 클라인Gary Klein은 론 존슨의 JC 페니 운영 방식을 결정지은 그런 유형의 직감을 이용할 때 생길 수 있는 모든 장점과 단점을 조사했다. 그들은 일에 효과적으로 뛰어들기 위해서 가장 중요한 요건은 학습 초점이라고 결론을 내렸다. 자신의 행동에서 교훈을 얻어야만 장차 중요한 부분을 수정할 수 있다. 안타깝게도 론 존슨은 잘못된 쪽에 건 판돈을 계속 두 배로 늘리는 바람에 자신의 선택이 어떻게 JC 페니를 망치고 있는지 이해하지 못했다. 기회가 주어지면 처음부터 다시 시작해보겠느냐고 묻자 그는 "절대 안 하겠다"고 대답했다.

전략 전문가인 쳇 밀러Chet Miller와 두에인 아일랜드Duane Ireland는 너무 빠르게 행동을 취하는 데서 생기는 피해를 최소화하기 위해서는 신속한 피드백과 느린 학습이 중요하다고 권고한다. JC 페니는 신속한 조치가 필요했지만 또 한편으로는 그동안의 행동을 통해 교훈을 얻었어야만 했다. 밀러와 아일랜드는 JC 페니가 고객들의 피드백을 즉각적으로 평가했다면 자신들의 행동을 신속하게 미세 조정할 수 있었을 것이라고 지적했다. JC 페니가 직면한 복잡한 상황을 완전하게 이해하기까지는 오랜 시간이 걸렸겠지만, 우리의 행동을 점진적으로 조정하면 그때마다 조금씩 진실에 가까이 다가갈 수 있다.

밀러와 아일랜드는 존슨이 JC 페니에서 이용하지 않은 또 하나의 중요한 안전장치에 대해서도 말했다. 이들은 잘못될 경우 파멸을 초래할 가능성이 있는 도약은 피해야 한다고 주장한다. 그 이유는 매우 간단하다. 도약을 감행해도 효과가 없는 경우 거기에서 교훈을 얻기만 한다면 회복할 수 있는 능력이 아직 남아 있는 것이다. 애플에서 지니어스 바에 건 존슨의 도박이 실패로 끝났더라도 그것이 회사 전체 사업에서 차지하는 비중은 미미했다. 하지만 존슨이 JC 페니 매장 전체에서 공정 가격 전략을 공격적으로 전개한 뒤 그 전략을 단호하게 고수한 것은 검증도, 입증도 되지 않은 아이디어에 회사 전체의 명운을 건 것이다.

우리는 단순히 아이디어에만 베팅을 하는 것이 아니라 사람에게도 베팅한다. 그리고 사람에게 베팅할 때는 그들에게 긍정적인 예언을 촉발하기 위한 신호를 보내고, 효과가 없으면 자기가 품었던 높은 기대감 때문에 그들을 욕하게 된다.

지나친 칭찬은
고래도 망치게 한다

1998년에 미국 대학 미식축구 역사상 가장 뛰어난 쿼터백 2명이 NFL 드래프트 대상이 되었다. 이 선수들을 영입할 기회를 얻고 싶어 한 팀들이 매우 많았기 때문이다. 흠 잡을 데 없는 기록을 쌓아 올린 첫 번째 쿼터백은 NCAA와 컨퍼런스, 교내 기록을 42개나 깼다. 그는 대학 미식축구 최고의 선수에게 주는 상인 하이스먼 트로피Heisman Trophy 수상자를 선정하는 투표에서 2위를 차지했다. 다른 한 명의 쿼터백은 자신의 팀이 67년 만에 처음으로 로즈 볼Rose Bowl(미국 최고 전통의 대학 미식축구 대회)에 출전할 수 있도록 이끌었고, 하이스먼 트로피 투표에서 3위를 차지했으며, 전국 최고의 대학생 패서passer 에게 주는 명망 높은 새미 보우 트로피Sammy Baugh Trophy를 받았다.

인디애나폴리스 콜츠Indianapolis Colts는 첫 번째 선수인 페이턴 매닝Peyton Manning을 선택했고, 샌디에이고 차저스San Diego Chargers는 또 한 명의 최고 유망주인 워싱턴주립대학교의 슈퍼스타 라이언 리프Ryan Leaf와 계약을 맺었다.

콜츠가 선택한 페이턴 매닝은 미식축구 리그에서 사상 최고의 쿼터백 중 한 명이 되어 사람들이 그에게 건 어마어마한 기대에 부응했고, 1971년 이후 처음으로 콜츠가 슈퍼볼 우승을 차지하도록 도왔다. 매닝은 자기 팀이 슈퍼볼에 세 차례 출전해 두 번 우승할 수 있도록 공헌했고, 다섯 번이나 리그 MVP로 선정되었다.

차저스는 또 다른 천재 라이언 리프가 매우 유망하다고 여겨서 계약 보너스를 1,125만 달러나 지급했다. 이는 당시 신인 선수에게 가장 유리한 조건의 계약이었다. 매닝과 마찬가지로 리프에 대한 기대감도 하늘을 찌를 정도로 높았다. 리프를 영입하기 위해 차저스가 들인 노력이나 그의 장래성에 대한 언론의 호들갑, 계약 조건 등만 봐도 알 수 있는 일이다. 그는 자신의 성공을 가로막을 수도 있는 잠재적인 장애물을 무시하면서 이렇게 단언했다. "NFL 수비를 가지고 뭘 그렇게 야단법석들을 떠는지 모르겠다. 그들이 내게 가할 수 있는 행동은 이미 다 겪어봤는데, 별 것 아니다."

호언장담에도 불구하고 라이언 리프는 페이턴 매닝 같은 뛰어난 선수가 아닌 것으로 판명됐다. 리프가 선발 쿼터백으로 거둔 승리는 겨우 4승뿐이고, 터치다운 횟수는 열네 번인데 비해 가로채기는 서른여섯 번이나 당했다. 그는 네 시즌 동안 겨우 25경기에 출전했다.

라이언 리프의 몰락은 페이턴 매닝이 거둔 대성공만큼이나 놀랍다. 그들의 상반된 궤도는 긍정적인 예언이 효과를 발휘하는 때와 그렇지 못한 때가 언제인지 이해하는 데 도움이 된다. 두 선수 모두 프로에 진출해서 쌓아갈 경력에 대한 기대감이 높았지만, 결국에는 경기장의 완전히 다른 쪽에 서는 처지가 되었다.

페이턴 매닝은 다른 사람들의 높은 기대감 때문에 압박감을 느껴본 적이 없다. "경기 전략을 연구해서 자기가 무엇을 해야 하는지 알고 있으면 압박감을 느끼지 않습니다." 그는 사람들에게 종종 이렇게 말했다. 매닝은 노력과 자아 개선 사이의 연관성을 알고 있었으며, 심리학자 캐럴 드웩Carol Dweck이 성장형 사고방식이라고 한 마음가짐을 품고 시합에 나갔다.

반면 라이언 리프는 다른 사람들의 높은 기대에 부응하려고 애를 썼고, 실망스러운 시작을 고통스럽게 의식했다. "내가 겪게 된 현실, 그 도시 사람들이 내게 건 기대, 그리고 그들을 실망시킨 것 때문에 경기를 하면서도 늘 불안감을 느꼈습니다." 패배에 따른 감정적 괴로움은 그의 마음을 지치게 했고, 그는 결국 경기에 나서지 못하게 되었다. 그는 이렇게 말했다.

"내가 잘하는 것이 두 가지 있는데, 하나는 운동이고 하나는 거짓말이었습니다. 언제나 사람들이 나를 어떻게 생각하는지, 그리고 어떤 식으로 인식되고 있는지를 걱정했습니다. 그래서 곧 거짓말을 하거나 사람들이 나에 대해 생각해주기를 바라는 방식대로 이야기를 꾸며냈는데, 그것이 성공했지요."

라이언 리프는 높은 기대감과 항상 남들을 기쁘게 해주고 싶다는 마음 때문에 결국 패배했다.

높은 기대감을 잘 조절하면 긍정적인 예언을 낳을 수 있지만, 안전장치 없는 과도한 기대는 아무리 장래가 촉망되는 사람이라도 실수를 유발시킨다.

사람들이 우리에게 긍정적인 기대를 걸 때, 그들은 두 가지 유형의 정보를 제공한다. 첫째, 우리 자신의 기대를 형성하는 정보다. 다른 사람이 우리에게 거는 기대를 믿을수록 그 기대에 부응하려고 할 가능성이 높아진다. 그들이 우리에게 훌륭한 모습을 기대한다면 그런 모습을 보여줄 수 있어야 한다고 생각하는 것이다. 둘째, 긍정적인 기대의 사회적 압박이다. 라이언 리프에게 태클을 건 성과 압력이 여기에 속한다. 성과 압력을 느끼면 다른 사람들이 우리에게 바라는 바를 만족시켜야 한다는 걱정 때문에 주의가 산만해진다.

심리학자 로이 바우마이스터Roy Baumeister가 이끈 연구팀은 기대가 긍정적인 예언을 낳는 때와 성과 압력으로 이어지는 때가 언제인지 알아보기 위한 실험을 진행했다. 그들은 누군가가 높은 기대를 품고 있는데 기대를 받는 본인이 그것을 믿지 않는 경우 성과 압력이 유발될 것이라고 추론했다. 이때의 기대감은 본인의 기대를 형성하는 이점은 낳지 못하고 사회적 압박의 모든 불리한 면만 딸려오게 된다.

연구팀은 학부생 30명에게 성격 테스트를 실시한 뒤 성격 테스트와 문제 풀이 능력 사이에는 일종의 상관관계가 있다고 알려주었다. 그러나 연구진은 실제 성격 테스트 결과에 상관없이 모든 참가자에게 75점을 받았다고 알려줬다. 그중 일부에게 75점은 높은 점수이며, 곧 있을 시험 역시 잘 치를 것이라고 설명했다. 그리고 그들 중 절반에게는 그 말을 입증할 그래프를 보여주고(그룹1), 나머지 절반에게는 과거의 어떤 연구가 그 말을 뒷받침하지 못했다는 그래프를 보여주었다(그룹2).

두 그룹 모두 시험 결과가 잘 나올 것으로 연구진이 기대한다고 생각했지만, 그룹1은 그룹2에 비해 연구진의 긍정적 기대감을 훨씬 더 내면화한다는 차이점이 있었다. 그 결과 그룹1은 개인적 기대 역시 상승해서, 내면화된 기대감과 기대의 사회적 측면을 모두 받아들이게 된다. 그에 반해 그룹2는 사회적 기대의 성과 압력만 느낄 뿐이다.

연구진이 각 그룹 구성원들의 성과를 분석해보니 눈에 띄는 패턴이 나타났다. 75점에 대한 정보를 아무것도 얻지 못한 그룹이 평균적으로 푼 문제 수는 괜찮은 편이었다. 이 그룹의 구성원들은 평균 5.2개의 문제를 풀었다. 하지만 그룹1은 그보다 훨씬 많은, 평균 7.1개의 문제를 풀었다. 가장 놀라운 사실은, 그룹2는 3.4개의 문제만 풀었다는 것이다. 그룹2의 경우, 연구진이 성과 압력을 가했을 때 그것이 참가자들 사이의 긍정적인 믿음으로 전환되지 않았기 때문에 압박감으로 무너진 것이다.

긍정적인 예언의 힘을 이용하고 높은 기대감의 저주를 피하려면, 그 기대감이 신뢰도가 높고 불필요한 성과 압력을 피할 수 있는 방식으로 전달되어야 한다. 홈구장에서 경기하는 것이 심리적으로도 편하고 관심도가 커짐에 따라 지지해주는 팬이 있는 환경에서 경기하는 편이 낫지만, 우리의 일거수일투족을 빠짐없이 지켜보면서 완벽을 기대하는 지나치게 열광적인 팬들 앞에서라면 얘기가 달라질 수 있다.

높은 기대감으로 인해 발생하는 피해를 막는 또 하나의 방법은 초반에 '작은 승리'를 거두는 것이다. 우리의 본능은 슈퍼볼에 진출하거나, 그 누구보다 뛰어난 성적으로 프로젝트를 마무리하거나, 회사 역사상 가장 큰 고객과 계약을 체결하는 등의 큰 승리를 선호한다. 하지만 처음부터 이렇게 큰 성공을 거두면 초반의 기대에 확실하게 부응할 수 있는 기회를 얻기도 전에 기대감만 더 부풀어 오를 뿐이다. 가로채기를 한 번도 당하지 않은 경기, 첫 번째 프로젝트 마무리, 새로운 고객 확보 같은 작은 성공 기회를 찾아보자. 그러면 우리에 대한 타인의 긍정적인 기대를 내면화하고 성과 압력을 줄이는 데 많은 도움이 된다. 라이언 리프의 문제는 연속된 작은 실패로 인해 그가 자신에게 건 높은 희망이 빠르게 사라졌을 때부터 시작되었다. 그리고 결국 그 작은 실패가 커다란 패배로 이어졌다.

지금까지 과도한 스트레칭 때문에 발생할 수 있는 심각한 피해를 몇 가지 살펴보았다. 이제 마지막 피해를 살펴볼 차례다. 파멸을 낳을 수도 있는 가능성 없는 조합들을 섞어놓으면 어떤 일이 벌어질까?

과도한 혁신이라는 무리수

1974년에 이유식 제조사인 거버Gerber는 기업 성장을 활성화시킬 수 있는 멋진 아이디어가 떠올랐다고 생각했다. 회사가 기존에 하던 업무에서 알짜배기를 골라내는 것, 즉 아기들을 위한 제품의 재료

구입, 가공, 포장 등에 사용하던 기존 설비를 활용하고 이것을 새로운 마케팅 방식과 결합시켜서 성인 고객에게 접근하자는 것이었다. 이렇게 해서 대대적인 광고와 함께 거버 싱글스Gerber Singles가 탄생했고, 아기용품 코너의 중요 상품이었던 이 회사의 제품들이 이제 식료품점의 다른 코너에도 모습을 보이게 되었다. 이 제품의 겉모양과 맛은 거버 사의 기존 제품과 거의 비슷했지만, 시간에 쫓기는 대학생과 직장에 다니는 성인들을 위한 것이었다.

하지만 이 회사는 혼자 사는 성인들이 빨리 먹을 수 있는 몸에 좋은 식사를 제공해 중요한 틈새시장을 메우기는커녕, 브랜드 출시 3개월 만에 식료품점에 진열된 제품을 철수하는 지경에 이르렀다. 대부분의 사람들은 작은 유리병에 든 곤죽 같은 음식을 작은 숟가락으로 떠먹는 것을 집에서 먹는 괜찮은 식사로 여기지 않았다. 게다가 제품에 거버 싱글스라는 이름을 붙인 것도 오명을 드높일 뿐이었다. 어떤 논객은 "차라리 제품명을 '나는 혼자 살고, 유리병에 든 이유식 같은 음식을 먹어요'라고 짓는 편이 나았을 것"이라고 평하기도 했다.

로버트 맥매스Robert McMath는 뉴욕 주 이타카Ithaca에 신제품 전시 및 학습 센터를 열었다. 그는 이곳을 세계 최대의 '패배자 도서관'이라고 부른다. 이곳은 거버 싱글스 같은 실패작들의 목록을 만들어놓았을 뿐만 아니라 마록스 휩(Maalox Whip, 에어로졸에서 거품 형태로 나오는 제산제), 식용 탈취제, 애완동물을 위한 다양한 맛의 생수 등 실패한 제품 조합도 수천 가지나 볼 수 있다. 뭐든지 섞는다고 해서 결과가 좋게 나오는 것은 아니다. 때로는 섞는 것이 개별적인 부분들보다 가치가 떨어지는 경우도 있다. 이유식과 독신자를 위한 음식은 둘 다 좋은 제품이다. 하지만 그 두 가지를 합치자 대참사가 벌어졌다.

혼합물을 망치는 이유는 대개 가장 성공적인 조합을 만드는 데 필요한 근본적인 장력인 참신함과 유용성을 제대로 관리하지 못하기 때문이다. 이유식 병에 성인용 음식을 담아서 팔자는 아이디어는 참신하다. 다만 제품명과 포장 때문에 등을 돌린 잠재 고객들에게 별로 유용하지 않았다는 것이 문제였다. 참신함이 없는 혼합물은 가치가 거의 없다고 봐야 한다. 누군가가 그 자원을 조합하는 방법을 이미 생각해봤을 테니까 말이다. 하지만 유용성이 떨어지는 혼합물은 아예 존재 가치가 없다.

연구진들은 참신하고 유용한 혼합물을 만들려면, 그 작업 과정에 서로 완전히 다른 두 가지 방향성이 필요하다는 것을 알아냈다. 우리는 내재적인 동기를 부여받으면 참신한 아이디어를 떠올리려고 하는 경향이 있다. 새로운 조합을 찾기 위한 학습과 실험을 즐긴다. 그에 반해 성과에 집중할 때는 유용한 아이디어를 생각하는 경향이 있다. 이때는 다른 사람들의 관점을 받아들이고 또 상대방도 수용할 가능성이 있는 좀 더 친숙한 아이디어에 의존한다.

한 연구에서, 대학 실험실에 189명의 사람들을 불러 모아 각자에게 종이접기용 종이 2장, 아이스캔디 막대기 6개, 막대사탕 막대기 1개, 종이 클립 2개, 담배 파이프 청소 도구 4개, 베이킹용 컵 1개, 작은 플라스틱 컵 2개, 작은 빨래집게 1개, 막대 풀 1개, 스카치테이프 하나 같은 다양한 자원을 나눠줬다. 그런 다음 연구진은 실험 참가자들에게 가지고 있는 자원을 이용해서 20분 안에 참신하고 유용한 장식용품을 하나 디자인하라고 했다.

참가자들이 제품 디자인을 시작하기 전에 연구진은 그들을 무작위로 여러 개의 그룹으로 나눈 뒤 각 그룹마다 다른 지침을 주었다. 어떤 그룹은 이 실습을 통한 학습에 집중하라는 지시를 받았다(예컨대 실수도 학습의 자연스러운 일부이니 실수를 해도 괜찮다고 말한 것). 또 어떤 그룹은 실습 과정에서의 성과에 집중하라는 지시를 받았다(다른 참가자들보다 나은 제품을 만들라고 한 것이다). 그리고 학습 지시와 성과 지시를 모두 받은 그룹도 있었다. 학습이나 성과에 대해 아무런 정보도 듣지 못한 대조군도 물론 있었다.

각 참가자가 제품 디자인을 마치자 연구진은 몇 가지 중요한 개념을 측정했다. 첫째, 참가자가 혼합물을 만들면서 고유 품목을 몇 개나 사용했는지 계산했다. 이것은 참가자가 얼마나 유연한 시선으로 자원을 바라보았는지 평가하는 방법이다. 둘째, 제작 과정 초반에 찾아낸 해결책에 집착하는 정도나 작업이 중반에 이를 때까지 새로운 아이디어에 열린 태도를 유지하는지 여부 등 참가자들의 작업 종결 욕구를 조사했다. 셋째, 외부 심사위원들이 각자 참가자들이 만든 장식용품의 참신함과 유용성을 평가했다.

연구진은 학습 초점은 사람들이 혼합물을 융통성 있게 대해서 좀 더 참신한 제품을 개발하게 만든다는 것을 알아냈다. 반면 성과 목표는 일을 끝내는 것을 중시하게 만들어서, 초반에 떠오른 아이디어를 고수하고 새로운 아이디어가 나타나도 제대로 살펴보지 않는다. 이런 경향 때문에 보다 유용한 제품 디자인이 탄생하게 된다. 하지만 두 그룹 모두 참신하면서도 유용한 제품을 디자인하지는 못했다.

학습 지침과 성과 지침을 모두 받은 세 번째 참가자 그룹은 참신하면서도 유용한 제품을 디자인하는 데 성공했다. 하지만 그들이 지시를 받아들인 방식이 많은 영향을 미쳤다. 한쪽 팀은 두 가지 목표를 동시에 추구하라는 지시를 받았다. 반면 다른 팀은 처음에는 학습에 집중하다가 제품 설계 중반부터 성과에 집중하거나, 반대로 성과에 먼저 집중하다가 중간부터 학습에 집중하라는 지시를 받은 것이다.

학습 목표와 성과 목표를 동시에 추구한 사람들은 시간이 지나면 다른 목표에 집중하라는 지시를 받은 사람보다 참신하고 유용한 제품을 만들어냈다. 고유한 목표들(학습과 성과)을 분리하는 것보다 작업 과정 내내 두 가지 목표를 혼합하는 것이 중요하다는 사실을 알아낸 것이다.

상상할 수 없는 조합이 혁신적인 제품을 탄생시킬 뿐만 아니라 새로운 관계와 업무 방식을 발전시키기도 한다. 하지만 자원을 너무 교묘하게 혼합해서 쓸모도 없는 물건을 만드는 등 과도한 스트레칭이 발생하지 않도록 주의해야 한다. 때로는 아무리 좋은 아이디어가 떠오르더라도 자원을 함부로 섞지 말고 각자 있는 그대로 두는 것이 가장 좋을 수도 있다.

9장

숨은 능력을
쭉쭉 늘리는
스트레치 생활기술 12

STRETCH

생각을 바꾸는 것과 행동을 변화시키는 것은 전혀 다른 문제다. 많은 이들이 다이어트와 금연에 실패하는 건 방법을 몰라서가 아니지 않은가? 스트레칭 사고방식도 마찬가지다. 결국 문제는 실행이다. 그렇다면 조금 더 쉽게 실행력을 이끌어낼 방법은 없을까? 거창한 미래가 아니라 당장 내일을 바꿀 수 있는 실전 팁이 필요하다. 오늘부터 실생활에서 직접 적용해볼 수 있는 방법들을 소개한다.

생각을 실행으로
바꾸는 로드맵

1960년대에는 파상풍이 대학생들의 건강을 위협하는 질병이었다. 파상풍은 대개 상처를 통해 몸속에 들어간 박테리아에 의해 퍼지는 심각한 질병으로, 근육 수축과 호흡 곤란을 유발할 수 있다. 녹슨 못을 밟을 경우 감염될 위험이 아주 높다. 최상의 경우에도 상당한 불편을 야기하고, 최악의 경우에는 목숨을 잃게 된다. 파상풍은 치료 방법은 없지만 예방은 매우 간단하다. 백신을 맞기만 하면 된다.

대부분의 대학생들의 경우, 오후 시간에 학생 진료소에 들르는 것은 탐탁지 않은 일일 것이다. 그래서 예일대학교 심리학자들이 아이디어를 하나 제시했다. 학생들을 잔뜩 겁줘서 진료소에 오게 하자는 것이었다.

연구진은 실험 참가자들에게 지정된 건물로 와서 건강 팸플릿 평가를 도와달라고 했다. 무작위로 배정된 그룹에 따라 어떤 학생들은 끔찍한 용어로 파상풍을 묘사한 소책자를 받았다. 자료에 파상풍에 걸린 사람들의 사진을 집어넣기도 했다. 팸플릿 내용이 너무 충격적이라서 일부 참가자들은 읽던 도중에 눈에 띄게 겁을 먹고 얼굴이 창백해지기도 했다. 다른 그룹의 경우에는 무시무시한 설명과 사진은 없었지만, 파상풍에 걸릴 경우의 위험성에 대한 기본적인 사실들이 담긴 팸플릿을 읽었다.

모든 참가자는 예방 주사가 파상풍을 막을 유일한 방법이라고 설명한 정보를 얻었다. 그리고 대학 측에서 가까운 캠퍼스 진료소를 통해 무료로 백신을 제공하고 있다는 것도 알려주었다. 이 전술은 효과가 좋은 듯했다. 무시무시한 언어와 유혈이 낭자한 사진을 접한 참가자들은 다른 참가자보다 더 두려워했다. 그들은 또 우리가 흔히 행동을 유발한다고 생각하는 감정들인 분노, 불안감, 불편함, 긴장 수준도 더 높았다.

연구진은 그들을 겁준 것의 효과를 평가하기 위해 "파상풍 예방 주사를 맞는 것이 얼마나 중요하다고 생각합니까?"와 "파상풍 예방 주사를 맞을 생각이 있습니까?"라는 중요한 질문 두 가지를 던졌다.

공포 그룹에 속한 참가자들은 다른 참가자들보다 예방 주사를 맞는 것이 훨씬 중요하다고 생각했다. 또 예방 접종을 받겠다는 의지도 더 강했다. 과연 그럴까?

연구진은 이 실험 이후 학기가 끝나기까지 몇 주 동안 학생들의 건강 기록을 확인했다. 그들은 전혀 이해가 안 되는 현상을 발견했다. 공포심을 유발하는 글과 사진을 접했던 참가자들이 느낀 두려움과 꼭 예방 주사를 맞겠다는 의지에도 불구하고, 그들이 예방 주사를 맞은 비율이 다른 참가자들보다 높지 않았던 것이다. 실험 자료가 그들에게 겁을 주고 예방 주사를 맞겠다는 욕구를 높이기는 했지만 실제로 행동까지 변화시키지는 않은 것이다.

개중에 다른 참가자들보다 훨씬 높은 비율로 예방 주사를 맞은 참가자 그룹이 있는 것으로 밝혀졌지만, 이는 그들이 느낀 두려움의 정도와는 아무 관련도 없었다. 이들은 진료소까지 가는 길을 알려주는 지도를 받은 학생들이었다. 물론 이 실험에 참가하기 전에도 대부분의 학생들은 진료소가 어디에 있는지 알고 있었지만, 지도를 나눠준 것이 의지를 행동으로 바꿀 수 있는 부가적인 압력으로 작용한 것이다. 지도를 받은 참가자들이 예방 주사를 맞을 가능성은 지도를 받지 않은 이들에 비해 여덟 배 이상 높았다.

지난 10년 동안 대부분의 시간을 변화에 대해 연구하고 가르쳐 온 나는 태도나 신념을 바꾸는 것과 행동을 변화시키는 것은 다르다는 사실을 잘 알고 있다. 여러분이 이 책을 읽으면서 체이싱의 피해를 깨닫고 스트레칭의 가치를 받아들인다고 하더라도, 지금까지의 과학 연구 기록에 따르면 소위 '진료소 위치를 알려주는 지도'를 제공하지 않는 한 여러분이 아무런 조치도 취하지 않을 것이라고 예측할 수 있다. 그래서 지금부터 그 지도(체이싱을 그만두고 곧바로 스트레칭을 시작할 수 있게 해주는 12가지 실습 방법)를 여러분에게 전해주려고 한다. 여러분이 원하는 것이 경력 발전이건, 조직의 성과 향상이건, 지략이 풍부한 아이들을 키우는 것이건, 보다 만족스러운 삶을 사는 것이건 상관없이 전부 도움이 될 것이다. 스트레칭 능력도 근육처럼 연습을 할수록 강해지지만, 일과 생활에 도움이 되는 이 효과적인 방식의 이점 몇 가지는 지금부터 바로 누리기 시작할 수 있다.

"그냥 싫다고 말해", 과감히 거절하기

내가 한창 자라던 무렵에는 텔레비전에서 늘 "그냥 싫다고 말해"라는 캠페인을 벌이고 있었다. 당시 영부인이었던 낸시 레이건Nancy Reagan이 학교를 방문해 어떤 어린이의 질문에 대답한 말에서 이 기억하기 쉬운 슬로건을 발견했다. 누군가가 마약을 권할 때 어떻게 해야 하느냐고 묻는 아이에게, 영부인은 "음, 그냥 싫다고 말해"라는 유명한 대답을 남겼다.

체이서들이 더 많은 자원을 얻고자 하는 것은 공급에 중독되는 것이다. 자원을 많이 가지고 있으면 더 좋은 결과를 얻을 수 있다는 잘못된 생각을 지지하면서 더 많은 것을 획득하는 일에 불건전한 의존성을 키우는 것이다. 자원을 보다 잘 활용하는 쪽으로 사고방식을 전환하면, 자기가 가진 것으로 무엇을 하느냐가 지금 무엇을 가지고 있느냐보다 중요하다는 사실을 깨닫게 된다. 따라서 자원을 더 확보하는 것을 거절하고 이미 가지고 있는 것들의 가치를 확대하는 것이 훨씬 쉽다.

1957년에 작가 시어도어 가이젤Theodor Geisel은 책을 쓰면서 그의 담당 편집자와 내기를 했다. 50개의 단어로만 "그냥 싫다고 말하자"에 대한 책을 쓸 수 있는가에 대한 내기였다. 그의 담당 편집자인 베넷 서프Bennett Cerf는 가이젤이 50개의 개별 단어만 사용해서 책을 쓰는 것은 불가능하다는 쪽에 50달러를 걸었다. 대부분의 사람들은 이런 제약이 창작에 엄청난 지장을 주므로 더 많은 단어를 사용하게 해달라고 요구할 것이다. 하지만 가이젤은 이런 제약을 통해 오히려 해방감을 느꼈다. 단어를 무제한적으로 사용하는 것을 거절함으로써 사용 가능한 단어만 가지고 창의력을 발휘할 수 있는 집약적인 사전이 생긴 것이다. 다음의 50개 단어만 사용한 『초록 달걀과 햄Green Eggs and Ham』은 가이젤의 책 가운데 가장 큰 성공을 거뒀다. 'a, am, and, anywhere, are, be, boat, box, car, could, dark, do, eat, eggs, fox, goat, good, green, ham, here, house, I, if, in, let, like, may, me, mouse, not, on, or, rain, Sam, say, see, so, thank, that, the, them, there, they, train, tree, try, will, with, would, you.'

전형적인 '이것만 있었으면 ~할 수 있었을 텐데'라는 생각에 빠져들지 말고, 그와 반대되는 접근 방법을 취해보자. 즉, 더 많은 자원을 거절하는 것이다. 그리고 여기서 한 걸음 더 나아가 '이 자원만 없었다면 ~할 수 있었을 텐데'라는 생각을 가지고 평소보다 적은 자원을 요구하자.

의도적으로 프로젝트팀 인원을 한 명 줄이거나, 마감일을 앞당기거나, 프로젝트 예산을 제한하거나, 지금 냉장고에 있는 재료만가지고 특별한 식사를 준비하거나, 25달러로 아이 생일 파티를 준비하거나, 추가적인 자원 없이는 어떤 일을 할 수 없다는 생각을 버리는 것이다.

우리가 의지하고 있다고 생각하는 필수적인 자원들이 사실은 생각만큼 중요하지 않은 경우가 많다. 우리가 이 책에서 만난 대부분의 스트레처도 그 사실을 깨달았다. 그들은 자신과 비슷한 위치에있는 다른 사람들이 의지하는 자원이 부족했기 때문에, 처음에는필요에 의해 스트레칭 방식을 택했다. 딕 잉링은 거대 맥주 회사처럼 마케팅 예산이 풍부하지 않았고, 화가 필 핸슨에게는 안정적으로 그림을 그릴 수 있는 손이 없었다. 제한된 환경으로 인해 선택의폭이 좁아졌지만 그들은 결국 자기가 가진 것을 이용해서 할 수 있는 일이 훨씬 많다는 사실을 깨달았다. 하지만 이런 신체적 혹은 경제적 제약이 있어야만 스트레칭의 힘을 깨달을 수 있는 것은 아니다. 더 많은 자원을 거절하면 일과 생활에 대한 완전히 새로운 전망을 받아들일 수 있게 된다.

내 안의 '잠자는 미녀' 깨우기

1959년에 제작된 디즈니의 상징적인 애니메이션 〈잠자는 숲 속의 미녀〉에는 말레피센트라는 마녀의 저주를 받은 오로라 공주의 이야기다. 공주는 자신의 열여섯 번째 생일날, 마법에 걸린 물레에 손가락을 찔려 목숨을 잃게 될 것이라는 저주를 받았다. 그때 메리웨더라는 요정이 재빨리 지혜를 짜내서 그 저주에 자신의 주문을 덧씌웠다. 그래서 물레에 찔려도 죽지 않고 깊은 잠에 빠졌다가 그녀를 진정으로 사랑하는 이의 첫 키스를 받으면 깨어나게 될 것이라는 주문이었다.

메리웨더와 다른 두 명의 요정은 오로라가 위험한 물레를 피하게 하려고 그녀를 숲에 사는 시골 소녀처럼 꾸며서 보호했다. 하지만 말레피센트는 오로라를 안전한 곳에서 꾀어내 열여섯 번째 생일날 물레를 만지도록 속임수를 쓴다. 결국 오로라는 깊은, 어쩌면 영원히 지속될지도 모르는 잠에 빠지게 된다.

공주를 되살리기 위해서는 진정한 사랑의 입맞춤이 필요했다. 겉보기에 죽은 듯이 보였던 오로라는 필립 왕자의 입맞춤에 쾌활한 공주의 모습으로 다시 깨어났고 두 사람은 오래오래 행복하게 살았다.

내가 앞서 보여준 것처럼 동화 밖 세상에서도 수많은 자원이 휴면기에 접어든 것처럼 보인다. 주위를 열심히 살펴보면 자기 주변에서도 사용되기를 기다리고 있는 자원을 찾을 수 있다. 잠들어 있는 자원을 깨워 생각보다 많은 그 자원들을 이용해서 이익을 얻기만 하면 된다. 그러면 다양한 문제를 해결하고 불가능했을지도 모르는 장래성 있는 기회를 추구할 수도 있다. 실제로 컨설팅 회사인 베인Bain의 조사에 따르면, 조직 쇄신(기업이 핵심 사업을 재정의하는 시기)을 단행한 기업 대다수가 더 이상 사용하지 않는 숨겨진 자산을 사용했다고 한다.

내가 유휴 자원을 직접적으로 경험한 것은 과학 공동체가 생산해 정기적으로 저장 장치에 보관하는 막대한 양의 지식을 통해서다. 인디애나대학교 연구진이 실시한 최근 연구에서 다양한 분야의 가장 중요한 과학 논문들 가운데 일부가 '잠자는 숲 속의 미녀' 신세가 되어 있다는 사실이 밝혀졌다. 발표된 뒤에 다른 연구자들에게 금세 잊혀 수십 년 동안 들춰보지도 않는 것이다. 1935년에 발표된 알베르트 아인슈타인의 한 논문은 발표 후 거의 60년이 지날 때까지 과학 문헌에서 널리 인용되지 않았다. 과학계에서 동면 기간이 가장 긴 분야는 물리학, 화학, 수학, 일반의학, 내과 등으로 70년 이상 깊은 잠에 빠져 있기도 한다.

이 연구진들은 잠자는 미녀를 깨우기 위해서는 외부인이 필요한 경우가 많다는 것을 알았다. 다른 분야에서 활동하는 외부인이 유휴 자원에 주목해서 그것을 되살릴 가능성이 높다는 것이다.

유행이 지난 제품 분야에서도 이와 비슷한 형태의 자각이 발생한다. 우리가 6장에서 만나본 미국 최초의 흑인 여성 백만장자인 마담 C. J. 워커는 흑인들에게 법적인 권리가 거의 보장되지 않던 시기에 화장품 사업을 시작해 큰 성공을 거두었다. 하지만 그녀가 죽자 회사의 경영이 악화되었다. 열정적이고 요령 있는 설립자 없이는 유지가 힘들어진 것이다. 수십 년 동안 사랑받던 이 브랜드는 깊은 잠에 빠졌다가, 2016년에 다시 깨어나 새로 단장한 모습으로 화장품 소매업체 세포라Sephora의 매장에 진열되었다. 마담 C. J. 워커 뷰티 컬처라는 이름이 붙은 이 새 라인은 오리지널 제품을 기반으로 했고 예전처럼 취약 계층의 고객들을 구매 타깃으로 삼았다. 덕분에 세포라가 부가적인 시장으로 들어설 수 있는 문이 열렸고 새로운 구매자 층이 매장을 찾게 되었다.

자기만의 잠자는 미녀를 찾으려면 몇 년 동안 사용하지 않은 개인적 자원(기술, 지식, 인맥 등)과 조직 자원(제품, 루틴, 장비 등)이 어떤 것이 있는지 스스로 자문해봐야 한다. 더 좋은 방법은 외부인이 여러분의 상황에 대해서 똑같은 질문을 던지도록 하는 것이다. 그런 다음 유휴 자원이 목표를 진척시키는 데 도움이 될 수 있는 방법을 목록으로 작성하고, 즉시 취할 수 있는 조치를 최소 한 가지 이상 시도해서 그 자원을 되살려보자.

'경험의 가방'에 이것저것 쓸어담기

스물일곱 살의 나이에 성취아카데미Academy of Achievement가 수여하는 상을 받은 스티브 잡스는 "여러분과 여러분의 멍청한 친구 사이의 차이점은 여러분이 들고 다니는 경험의 가방이다"라고 선언했다. 일하는 장소, 사는 도시, 방문하는 지역 등 자기가 대부분의 시간을 보내는 장소를 바꾸면 경험의 가방을 더 흥미롭게 만들 수 있다.

이런 급격한 변화 없이도 다중 맥락 규칙을 받아들일 수 있다. 매주 혹은 매달 몇 시간씩 평소 읽던 것과는 다른 분야의 글을 읽거나(접해보지 못한 새로운 잡지, 책, 웹사이트 등), 자기가 일하는 업계가 아닌 다른 업계의 워크숍 또는 콘퍼런스에 참가하거나, 시간을 내서 새로운 동료들과 함께 일해보는 것이다. 하는 업무는 비슷하지만 다른 업계에 종사하는 사람과 점심을 먹자. 자신이 속한 분야가 아닌 다른 분야에 대해서 함께 배울 수 있는 스터디 동료를 찾자. 나는 개인적으로 다양한 분야에 대해 공부하면서 엄청난 이익을 얻었다. 학부생일 때는 철학자에게, 석사 과정에 있을 때는 경제학자에게, 그리고 박사 과정 학생일 때는 나와 매우 다른 지적 분야에 종사하는 교수에게서 멘토링을 받았다.

이 실습을 다음 단계로 진행시키려면 미국 최대의 홍보 회사 가운데 하나인 골린Golin의 CEO 프레드 쿡Fred Cook이 한 일을 생각해봐야 한다. 그의 탐구 영역에는 운전사, 교사, 록밴드 에이전트, 문지기 등으로 일한 시간도 포함된다. 다중 맥락 규칙을 따를 경우에 얻을 수 있는 가치를 깨달은 쿡은 2014년 말부터 골린에서 인턴십unternship 프로그램을 시작했다. 누구나 참가할 수 있는 콘테스트를 열고 간단한 참여 방법을 공지했다. 40달러의 예산과 비디오 촬영자 한 명을 대동하고 뭔가 색다른 경험을 해보라는 것이었다.

우승자인 애킨볼라 리처드슨Akinbola Richardson은 시카고에서 구걸이나 택시 운전을 하면서 시간을 보냈는데, 이 두 가지 직업의 관점으로 도시를 바라보면 도시의 맥박을 좀 더 가깝게 느낄 수 있을 것이라고 생각했다. 1등을 한 그는 보상으로 유료 하계 언턴십을 떠났고 조지아 주에서 스카이다이빙, 버지니아 주에서 터프 머더Tough Mudder(진흙 장애물 경주-옮긴이) 경기 출전, 뉴올리언스에서 노숙자들을 위한 집 짓기, 아미시 공동체 및 북미 원주민 공동체에서 살아보기 등 다양한 경험으로 가득한 여행 일정표를 짰다. 리처드슨은 자신의 언턴십에 대해 이렇게 말했다. "그동안 두려워했던 다양한 일들을 조합해서 경험하고, 새로운 문화를 접하고, 내가 도움이 될 수 있는 방법을 모색하고자 했다." 쿡은 언턴십 프로그램에 큰 희망을 걸면서 참가자들의 다양한 경험이 자기 회사 고객에게 도움이 될 새로운 아이디어를 가져다줄 것이라고 말했다.

내 스스로 이런 일을 할 시간을 내거나 다른 사람이 할 수 있도록 후원하는 것이 불가능하다면, 주변 사람들의 다양한 경험을 활용하는 방법도 있다. 군대를 위한 극비 업무를 수행하는 소프트웨어 회사 라이트솔루션Rite-Solutions은 사람들의 다양한 경험을 활용할 수 있는 자체적인 해결책을 개발했다. 사내 아이디어 시장을 개설한 것이다. 직원이라면 누구나 신기술 도입이나 신제품 출시, 대체 프로세스 개발 같은 아이디어를 내놓을 수 있었다. 이들의 제안은 회사가 제공하는 1만 달러의 의견 자금을 이용해 다른 직원들이 사고 팔 수 있는 '주식'이 된다. 모든 아이디어는 10달러에 상장되고, 직원들은 아이디어의 가격을 더 올리거나 내릴 수 있다. 이런 새로운 방식은 집단적으로 또 독립적으로 회사가 나아가는 방향에 영향을 미치는 직원들의 다양한 경험을 활용할 수 있게 해준다.

직접적인 방식으로든 아니면 외부인 그룹을 구성하는 간접적인 방식으로든, 가끔 자신이 안주하고 있는 영역에서 벗어나보는 것이 중요하다.

머리 쓸 일 많을 땐
단순노동 하기

우리는 아주 어릴 때부터 주의를 기울이는 일의 중요성에 대해 귀에 못이 박히도록 들어왔는데, 그럴 만한 이유가 충분히 있다. 공상에 빠져 있는 상태에서 무언가를 배우거나 수행하는 것은 어렵다. 우리는 평소 시간의 절반 정도는 지금 자기가 하고 있는 일이 아닌 다른 일에 대해서 생각하면서 보내는데, 이로 인해 불만을 느끼게 된다는 연구 결과가 있다. 가장 위험한 경우를 예로 들자면 명한 상태로 다니다가 자동차 사고를 일으킬 수도 있다.

하지만 지나치게 집중할 경우 창의력이 약화될 수 있고, 정신이 산만할 때 실제로 창의력이 향상되기도 한다. 극단적인 예로 주의력결핍과잉행동장애ADHD 진단을 받은 사람들은 다른 이들에 비해 창의성 평가에서 더 높은 점수를 받는 경향이 있다. 이유가 뭘까? 그들은 마음이 이리저리 방황하게 놔두면서 종종 다른 사람들이 간과하는 것들을 서로 연결시키기 때문이다.

한 심리학자팀에서 145명의 실험 참가자들에게 어떤 대상의 특이한 용도를 최대한 많이 적어달라고 부탁했다. 참가자들은 처음에 종이 클립, 종이, 이쑤시개, 스크루드라이버, 이 네 가지 물건 중에서 두 가지를 골라 목록을 작성했다. 이 실습을 통해 연구진은 각 참가자가 발견한 참신한 사용법이 몇 개인지 보고, 그들의 기본적인 지략 수준을 평가할 수 있었다. 그런 다음에 참가자들을 무작위로 4개 그룹으로 나눴다. 이 가운데 3개 그룹의 참가자들에게는 과제를 완수할 수 있는 시간을 12분 줬다. 한 그룹은 머리를 많이 써야 하는 어려운 활동 과제를 받고, 두 번째 그룹은 별로 어렵지 않은 과제를 받았다. 그리고 세 번째 그룹은 그냥 쉬었다. 나중에 참가자들은 생각이 얼마나 방황했는지에 대한 질문지를 작성했다. 네 번째 그룹은 이 활동 단계를 건너뛰고 바로 다음 단계로 넘어갔다.

4개 그룹에 속한 참가자들 모두 두 번째 지략 과업을 완수했다. 연구진은 2분의 시간을 주면서 네 가지 물건(기본 실습 과정에서 참가자들이 용도를 궁리한 두 가지 자원과 그때 고려하지 않은 다른 두 가지 자원) 각각의 새로운 용도를 최대한 많이 생각해보라고 했다.

데이터를 검토한 연구진은 머리를 많이 쓰지 않아도 되는 쉬운 과제를 받은 참가자들이 다른 그룹에 비해 딴 생각을 많이 한 것을 알아차렸다. 쉬운 과제를 수행할 때는 작업 기억이 별로 필요 없기 때문에 다른 일들을 생각할 여유가 있었던 것이다. 하지만 이런 딴 생각은 그들에게 많은 도움이 된 것으로 드러났고, 작업의 성과가 희생되지도 않았다. 이렇게 딴생각에 잠겼던 사람들은 자신들이 앞서 살펴본 동일한 물체의 새 용도를 생각해내는 과업에서 이전 보다 40퍼센트나 향상된 결과를 보였다. 이는 앞서 부담스러운 작업을 수행하거나, 쉬거나, 휴식을 취하지 않은 그룹보다 상당히 좋은 결과다. 작업을 할 때 머리를 쓰지 않은 덕분에 앞서 봤던 물체를 다시 대했을 때 자기도 모르게 그것을 바라보는 방식이 확장된 것이다.

경영학 교수인 킴 엘스바흐Kim Elsbach와 앤드루 하가던은 과로하는 사람들에게는 머리 쓸 필요가 없는 일을 더 맡기라는, 직관에 어긋나는 조언을 한다. 언뜻 생각하기에는 말도 안 되는 소리 같다. 게다가 이미 할 일이 넘쳐나는 판국인데, 좀 더 흥미로운 프로젝트를 할 수 있는 시간에 왜 군이 머리를 안 써도 되는 일을 하느라 시간을 낭비하겠는가? 1970년대로 거슬러 올라가면 당시의 조직 심리학자들은 엘스바흐와 하가던이 권한 것과 정반대의 행동을 취해야 한다고 로비를 벌였다. 보다 의미 있는 일을 만들고, 사람들이 자기 일에서 더 큰 만족감을 얻고, 더 효과적으로 일하도록 하기 위해서는 직무를 어렵게 설계해야 한다고 주장한 것이다.

사람들의 능력을 시험하는 직무는 자기 일의 만족감을 키울 수는 있겠지만, 그와 동시에 과도한 압박감을 주고 정신적인 피로를 유발할 수도 있다. 엘스바흐와 하가던은 어려운 업무와 아무 생각

없이 할 수 있는 업무를 번갈아가면서 하는 것이 좋다고 주장한다. 머리를 쓰지 않고도 할 수 있는 일은 우리의 배터리를 충전해주고, 앞으로 더 많은 일을 할 수 있도록 준비시키며, 마음이 정처 없이 헤매다가 자기가 가지고 있는 자원들 사이에서 새로운 연결고리를 찾아낼 수 있게 해준다.

첫째, 가끔씩 자기가 하기에는 지나치게 쉽다 싶은 일을 하는 것이 좋다. 쉽게 숙련될 수 있고 부담도 별로 없는 일이지만 반드시 완료해야 하는 그런 일들을 찾아보자. 나는 정신적으로 상당히 힘든 일은 연구나 집필 일과를 여러 개로 쪼개서 중간에 30분 정도 이메일을 읽고 쓰는 작업을 집어넣는다. 앞서 하던 일과 무관한 프로젝트나 이메일에 답변하는 도중에 머릿속에 새로운 아이디어가 떠오르는 일이 종종 있다. 회사 임원이라면 사무실에서 벗어나 고객들과 함께 시간을 보내보자. 엔지니어의 경우에는 정기적인 유지보수 작업에 시간을 써보자. 이렇게 시간을 내서 잡무를 처리하는 것이다. 어른을 위한 컬러링북에 색칠을 하거나, 사무실을 청소하거나, 간단한 요리를 만들거나, 1인용 카드게임을 하는 등 할 수 있는 일은 많다.

아니면 내가 좋아하는 일상적인 의식인 산책을 하는 것도 좋다. 스탠퍼드대학교 심리학자들의 연구에 따르면, 가만히 앉아 있을 때보다는 걸을 때 자원의 참신하고 적절한 용도를 찾아내는 능력이 최소 81퍼센트 정도 향상된다고 한다. 걷는 동안 자유롭게 이런저런 생각을 하게 되기 때문이라는 것이 연구진의 추론이다.

둘째, 시간에 맞춰서 생활한다. 대부분의 전문가들은 자기 근무 시간을 기록하는 것은 육체노동자들이나 하는 일이라고 생각한다. 그래서 전문가들은 대개 시간이 아니라 프로젝트나 활동을 기반으로 근무량을 산정한다. 물론 근무 시간을 일일이 체크하지 않을 경우 좀 더 융통성 있게 일할 수 있는 것은 사실이지만, 활동을 중심으로 하루 일과를 조직할 경우 오히려 유연한 대처가 힘들 수도 있다. 긴급한 일을 하나 처리한 뒤 거의 쉬지도 못한 채 바로 다음 일로 넘어가기 때문이다. 시간에 맞춰 일하면 일을 시작하고 끝내는 시간이 정해지게 된다. 그러면 기분이 편해질 뿐 아니라 딴생각을 할 수 있는 시간도 조금 생긴다. 최소 한 달에 하루 정도는 시간을 정해놓고 일을 해보자. 그리고 퇴근한 뒤에도 식사 중이나 잠들기 전에 업무 처리를 위해 스마트폰을 들여다보고 싶은 유혹이 들더라도, 업무 시간을 꼭 고수하자. 나중에는 이를 한 단계 더 발전시켜서 팀 페리스Tim Ferriss의 『나는 4시간만 일한다』를 읽고 지금보다 훨씬 짧은 시간 안에 동일한 양의 일을 처리하도록 해보자.

닮고 싶은 한 사람을 곁에 두기

거듭 강조하지만 스트레칭을 강화하기 위해서는 먼저 체이싱 방식에서 벗어나야 한다는 것을 깨달아야 한다. 이는 말할 수 없이 어려운 일인데, 특히 주변에 좋지 못한 이웃이 있을 때는 더욱 그렇다. 우리는 옆집에 사는 사람들뿐만 아니라 직장 동료, 내 자녀의 급우, 여가 시간에 함께 어울리는 이들 등 항상 다른 사람들에게 둘러싸여 지낸다.

우리가 평소에 함께 시간을 보내는 이들이 우리 행동에 많은 영향을 미친다. 최근에 진행된 한 연구에서, 심리학자들이 미국의 각 주에 거주하는 이들의 구글 검색어를 사용해서 주 단위의 소득 불평등 데이터를 조사했다. 그들은 독립된 평가팀에게, 경제학자들이 흔히 '위치재positional goods'라고 부르는 부나 성공을 나타내는 구매 물품에 초점을 맞춰서 검색 내용을 확인해달라고 요청했다. 소득 불평등이 심한 도시일수록 랄프 로렌 남성복이나 모피 조끼 같은 위치재 검색이 자주 발생했다. 그에 반해 소득 불평등이 낮은 주에서는 검색어가 로맨틱 코미디, 꽃 이름, 레몬바 만드는 법 같은 비위치재에 집중되었다. 게다가 소득 불평등이 심한 주에서는 부유하지 않은 사람들도, 불평등이 적은 주에 사는 비슷한 소득 수준의 사람들에 비해 위치재를 더 많이 검색했다. 절대 소득 수준에 관계없이 수입의 상대적 차이가 크면 위치재를 추구하는 성향이 커진다. 별로 돈이 없는 사람들도 자기보다 부유한 이들을 따라잡으려고 애쓰기 때문이다.

아내와 나는 실리콘밸리에 살다가 미시건 주 앤아버Ann Arbor라는 작은 대학촌으로 이사를 했다. 우리의 실수입은 반 이상 줄었지만, 많은 대학원생들과 활기찬 캠퍼스 문화에 둘러싸여 지내다 보니

전보다 훨씬 부유해진 기분이 들었다.

아마 미국에서 할리우드만큼 체이싱 방식의 전형적인 예를 보여주는 곳도 없을 것이다. 배우들이 외모는 물론이고 트위터 팔로어 수에 이르기까지 모든 면에서 서로를 능가하려고 애쓰는 곳이니 말이다. 이는 오스카 상 수상자인 브리 라슨Brie Larson이 할리우드를 멀리 하려고 하는 이유 가운데 하나다. 할리우드의 이웃들을 피하는 그녀의 철학은 이렇다.

"나는 그 업계의 일원이라는 기분을 느껴본 적이 없어요. 이상한 기계의 일부처럼 느껴본 적도 없고요. 사실 그 일부가 되지 않기 위해서 의식적인 노력을 기울여왔지요. 나는 로스앤젤레스에 살지 않지만 일은 로스앤젤레스에서 해요. 그리고 로스앤젤레스에서 오디션도 보지만 그곳에서 영화를 찍는 경우는 거의 없어요."

새로운 이웃을 얻기 위해 대륙 반대편으로 이사를 가거나 사는 도시나 직업을 바꿀 필요는 없다. 대신 이미 아는 사람 가운데 존경할 만한 스트레처를 한 명 정한 뒤, 한 달에 한 번, 최소 1시간 정도 그와 함께 시간을 보내는 것이다. 그리고 이 방법을 친구, 동료, 아이 친구의 부모, 같은 헬스클럽에 다니는 사람 등 자기 삶의 여러 부분에 적용하면 된다.

사소하지만 감사한 일
5가지 적기

6장에서 만나본 고객 서비스 소프트웨어 업체 그루브의 창업자 알렉스 턴불은 사람들이 진정으로 고마워하는 모습을 보이지도 않으면서 그냥 입으로만 고맙다고 말하는 경우가 너무 많다고 생각했다. 턴불은 그루브가 성장하는 동안 감사하는 태도를 잃지 않았다. 그리고 직원, 고객, 가족 등 가장 중요한 이해 관계자들에게 그들의 지지를 얼마나 마음 깊이 고맙게 여기는지 알렸다. 턴불은 또 이런 감사하는 마음 덕분에 자유 시간을 더 중시하게 되었다고 말한다. 많은 기업가들이 좇고 있는 체이싱의 엄청난 대가를 깨닫고, 하루 9시간이라는 적정한 근무 시간을 고수하도록 스스로 규율을 정할 수 있었기 때문이다.

알렉스 턴불이 회사를 키워서 마침내 주식 상장을 하게 되었을 때, 그는 감사를 표하기 위해 그루브를 키우는 과정에서의 노력과 성공에 대한 블로그 글을 썼다. 자신과 비슷한 문제로 씨름하는 다른 스타트업들이 같은 실수를 저지르지 않도록 돕고 싶었던 것이다.

사람들은 감사를 느낄 때 자원에 대한 사고방식이 확장되고 다른 사람들을 도와주려고 한다는 심리학 연구 결과가 있다. 턴불의 블로그에는 자기가 받은 것을 다른 이들에게 돌려주려는 그의 노력이 특이하지만 정말 효과적인 방법으로 표현되어 있다. 투자자들과 귀중한 경험을 나누면서 보기 드문 회사 내부 모습까지 공개했다. 그리고 턴불의 투명한 태도가 글을 읽은 이들에게 신뢰를 주어, 그들 중 일부를 고객으로 만들었다. 그의 블로그 구독자 가운데 약 10퍼센트가 그루브 무료 평가판을 등록한 것이다. 좀더 관례적인 방식으로 운영하는 그의 마케팅 웹사이트 방문객들의 평가판 등록 비율이 5퍼센트밖에 안 되는 것과 비교되는 모습이다. 또 블로그 구독자가 유료 사용자가 되는 비율도 비구독자에 비해 50퍼센트 정도 높았다. 턴불은 관대함을 바탕으로 타인을 돕는 일을 광범위하게 생각했고, 결국 이를 통해 사업을 자기 방식대로 성장시킬 수 있게 되었다.

자기가 가진 것에 감사하는 마음을 품으면, 부족하기는 해도 정말 원하거나 필요하지 않은 유혹적인 것들을 거절하기가 훨씬 쉬워진다. 하지만 대부분의 사람들은 근시안적으로 오늘의 즐거움에만 집중하기 때문에 보다 만족스러운 내일을 달성하지 못한다. 알렉스 턴불이 이런 유혹을 피할 수 있었던 것은 무엇 때문일까?

32명의 남성과 43명의 여성을 대상으로 진행된 한 연구에서, 심리학자들은 참가자들을 무작위로 세 그룹으로 나눴다. 그리고 한 그룹은 감사함을 느꼈던 일을 회상하고, 다른 그룹은 행복했던 일을, 나머지 한 그룹은 그냥 일상적인 하루를 회상하게 했다(이들은 대조군 역할을 했다). 참가자들은 5분 동안 각자 맡은 주제에 대해 글을 쓴 뒤, 연구진이 나눠준 설문지를 작성했다. 연구진은 이 설문지를 통해 참가자들이 각자 감사와 행복의 감정을 느꼈는지, 그리고 대조군의 경우 아무 감정도 느끼지 않았는지 확인했다. 그런 다음 참가자들은 지금 바로 소액의 현금을 받는 것과 향후 더 많은 현금을 받는 것 중에서 스물일곱 차례의 선택을 했다. 평균적으로 볼 때, 행복 그룹과 대조군에 속한 이들은 3개월 뒤에 85달러를 받기보다는 지금 당장 55달러의 보수를 받는 쪽을 택했다.

감사에 대한 글을 쓴 참가자들의 경우, 경제적인 조급함이 현저히 낮았다. 이들이 3개월 뒤에 받을 85달러를 포기하기 위해서는 당장 지급하는 보수가 63달러는 되어야 했다. 이들은 현재에 대해 감사의 마음을 느낀 덕에 미래를 우선시하게 되었다. 그래서 좀 더 참을성 있는 태도로 미래를 기다릴 수 있고, 지금 제시된 보수에 유혹을 느낄 가능성이 낮았다. 알렉스 턴불은 이런 교훈을 잘 알고 있었다. 그래서 자기 회사를 팔아서 얻을 수 있는 단기적인 횡재를 거절하고 결국 꿈꾸던 회사를 만들어냈다.

로버트 에먼스Robert Emmons와 마이클 매컬러Michael McCullough라는 연구원들이 감사를 표현하는 매우 쉬우면서도 효과적인 방법을 고안해냈다. 일주일에 한 번씩 시간을 내서 자신의 생활에서 감사를 느끼는 일을 다섯 가지씩 적어보는 것이다. 아침에 잠을 깨는 것처럼 일상적인 일일 수도 있고 승진이나 매출 목표 달성, 의미 있는 가족 휴가 즐기기 같은 보다 중요한 이정표일 수도 있다. 에먼스와 매컬러는 감사 목록이 아니라 귀찮은 일 다섯 가지나 그 주에 생긴 일 다섯 가지를 적은 참가자 그룹에 비해 감사 그룹의 행복도가 높고 신체 질환 증상도 적게 나타났다는 것을 알아냈다. 또 감사 그룹에 속한 사람들은 주중에 이 실습을 더 자주 했다. 이 간단한 활동을 꾸준히 되풀이하면, 크건 작건 자기가 가진 것에 감사하는 태도를 얻게 된다.

33벌 옷만 남기고 옷장 정리하기

코트니 카버Courtney Carver는 체이싱 방식을 좇으면서 살았고, 성공해서 행복해지려면 더 많은 것이 필요하다는 생각에 사로잡히게 되었다. 하지만 다발성 경화증 진단을 받게 되자 그녀는 체이싱 방식의 삶을 포기하고 '프로젝트 333'을 시작했다. 이는 3개월 동안 옷장을 정리해서 33개 품목만 남기고 나머지는 모두 처분하는 것이다. 카버는 프로젝트를 통해 세련되고 편안한 차림을 하는 데 33개 이상의 품목이 필요하지 않다는 사실을 깨달았다. 뿐만 아니라 가족과 함께 시간을 보내는 등 우리 삶의 보다 중요한 체험적 측면에 집중할 수 있는 시간도 확보했다. 또 옷장에 묵혀 있던 품목들의 새로운 가능성을 찾아내고 33개 품목의 독특한 조합과 용도를 발견하는 등 스트레칭을 시도했다.

로리 워드Lauri Ward도 코트니 카버처럼 불필요하게 낭비되는 자원 때문에 좌절감을 느꼈다. 워드는 디자인 학교를 졸업한 뒤, 자기가 가질 수 있는 모든 직업이 사람들에게 물건을 더 사라고 유도하는 행위를 중심으로 돌아가는 것에 불만을 느꼈다. 그녀에게 있어

인테리어 디자인은 가구와 블라인드 소비가 아니라 생활의 체험과 관련된 것이었다. 그래서 그녀는 직장을 구하는 대신 "자기가 가진 것을 활용하라"는 철학을 바탕으로 한 인테리어 디자인 회사를 설립했다.

2014년에 곤도 마리에近藤麻理惠는 복잡한 문제를 없애고 정리하는 일본식 기술을 세상에 소개했다. 그녀가 쓴 초베스트셀러를 읽은 수백 만 명의 독자들은 만족감은 많은 물건을 축적하는 데서 오는 것이 아니라 우리 삶에 가장 필수적인 물건을 정리하는 데서 온다는 사실을 깨닫고 여기에 매료되었다. 물건을 정리하면 현재 가지고 있는 것들을 활용하기가 더 쉬워진다.

코트니 카버, 로리 워드, 곤도 마리에 등에게서 영감을 얻어 우리는 이미 귀중한 자원으로 가득 찬 옷장에서 필요한 물건들을 찾아낼 수 있다. 새 직원을 채용해달라고 요구만 하지 말고, 사무실을 둘러보면서 그동안 간과했거나 잘 활용되지 않은 동료들의 재능과 기술이 뭐가 있는지 점검해보자. 집에서는 보다 잘 활용할 수 있는 물건들에 주목한다. 신문지로 생일선물을 포장하고, 마우스패드를 뜨거운 냄비를 놓는 받침대로 사용하고, 오래돼서 구부러진 은식기로는 주방용 고리를 만들어보자.

가장 유명한 발명품 대부분은 기존 제품을 바탕으로 탄생했다. 플레이도Play-Doh 찰흙은 원래 벽지 청소용 화합물로 고안된 것인데, 1950년대부터 비닐 벽지가 유행하면서부터 더 이상 쓸모가 없어졌다. 코르크 마개 뽑는 기구는 총알을 제거하는 군대 도구에서 유래

했고, 파이렉스Pyrex는 코닝 글래스 웍스Corning Glass Works에서 근무하던 과학자의 부인이 기차 랜턴용 유리 재료로 케이크 굽는 실험을 하면서 만들어졌다. 미니 당근은 고객들이 구입하지 않는 하자 있는 당근을 감자 껍질 벗기는 도구와 껍질 콩 절단기를 이용해서 더 달콤하고 즙 많고 수익성 높은 제품으로 바꾼 결과물이다.

나는 이 책을 쓸 때, 연구 자료와 사례를 모아둔 '조각' 파일을 이용했다. 그 내용을 파일에 저장해두고 최소 한 달에 한 번 이상 꺼내 읽으면서, 책의 다른 부분에 도움이 될 만한 내용이 있는지 살펴보았다. 바로 앞 단락에 인용한 사례도 전부 그 파일에서 찾은 것이다. 평소 모아두었던 자료들이 실제로 유용하게 쓰이고 있다.

계획표는
일이 끝난 뒤에 만들기

5장에서 일과 조직, 삶에 관한 매우 다른 사고방식을 설명하기 위해 음악과 관련된 은유를 두 가지 들었다. 대부분의 사람들은 교향곡 작곡 방식, 즉 먼저 계획을 세운 다음 나중에 행동을 취하는 것을 더 편하게 느낀다. 이런 식으로 일을 해나가면 위대한 과업을 이룰 수 있다. 친숙한 루틴과 확실한 계획을 가지고 있으면 안심이 되지만 한편으로는 그에 따르는 대가도 있다. 교향곡을 만들려면 어떤 일을 하기 전에 모든 조건이 다 원활하게 작동하고 있어야 한다.

계획이 없으면 아무것도 할 수 없게 된다.

반면 재즈 음악은 즉흥 연주로 계획을 대체하고, 보다 자발적으로 행동하고 반응하라고 가르친다. 일단 시작하게 되면 계획을 세워서 그 계획을 따르는 문제를 걱정하거나, 자신의 행동을 관찰하고 교훈을 얻는 데만 집중하는 것에서 벗어날 수 있다. 비록 실수를 저지르기는 하겠지만, 그래도 스트레스를 받으며 계획한 일을 중단하기보다는 개선을 위한 중요한 기회가 될 것이다. 위대한 재즈 음악가인 마일스 데이비스는 실수를 해결해야 할 문제로 여기지 않고 새로운 멜로디를 구상할 발판으로 사용했다.

재즈 음악을 연주하는 것처럼 일상에서도 계획과 행동 사이의 전형적인 관계를 뒤집어야 한다. 먼저 행동부터 취한 뒤 나중에 계획을 세우라는 얘기다. 칼 웨익은 흥미로운 질문을 하나 던진다. "내가 무슨 말을 하는지 보기 전까지, 내가 하는 생각을 어떻게 알 수 있겠는가?" 그는 우리가 이미 말한 내용이나 한 행동을 반추하기 전까지는 자기가 무슨 생각을 하고 있는지 모르는 경우가 많다고 지적한다. 모든 일이 계획대로 진행되어야 바로 다음 단계로 넘어가는 경향이 있기 때문에, 계획은 신중한 성찰을 통해 얻을 수 있는 이익을 앗아가는 것이다.

아무 계획 없이 프로젝트를 시작하거나, 목표를 이루기 위해 노력하거나, 여행을 떠나거나, 하루 일과를 시작하러 집을 나서보자. 자기가 한 일을 일지에 기록하되 일단 그 일을 한 다음에 기록해야 한다. 프로젝트, 목표, 여행, 일과가 잘 진행되면 똑같이 반복해보

자. 그 일이 완료되면 여러분의 일지에는 자신의 행동 목록이 포함될 것이다. 나는 이것을 과거 회고적인 계획이라고 부르고 싶다.

시간을 내서 이런 과거 회고적 계획을 평가해보자. 그리고 평소세우던 미래 지향적 계획과 비교해보자. 어떤 새로운 것을 배웠는가? 전보다 더 빨리 행동했는가? 미리 계획을 세우지 않는 바람에놓친 것이 얼마나 되는가? 계획을 세우지 않음으로써 얻은 것은 무엇인가?

정해진 하루 일과를
새롭게 바꾸기

1996년 여름, 세계 최고의 체스 선수 가운데 한 명인 바비 피셔Bobby Fischer가 중요한 발표를 했다. 수백 명의 기자와 체스 팬이 아르헨티나의 부에노스아이레스에 모여서 그의 말에 귀를 기울였다. 그가전한 메시지는 자기가 사랑하는 체스가 심각한 위협을 받고 있다는 것이었다. 최고 수준의 선수들은 과거의 경기를 분석하고 첫 수를 암기하면서 많은 시간을 보내고 있다. 기술이나 독창성, 융통성이 아니라 광범위한 계획을 세우는 것이 성공의 열쇠가 되었다. 준비에 집중하는 경향이 너무 강해서 암기한 수가 다 바닥난 경기 중반과 후반에 고전하는 선수들이 많다.

피셔는 체스가 다시 기술과 관련된 경기로 돌아가기를 바랐기에 중요한 규칙 변경을 제안했다. 체스판 뒷줄의 말들을 무작위로 섞자는 것이었다. 체스판에 말들을 무작위로 배치하자고 제안한 사람은 피셔가 처음이 아니었지만, 그는 모든 말을 무작위로 배치하는 셔플 체스Shuffle Chess는 너무 심한 난장판으로 이어질 수 있다고 생각했다. 지나친 친숙함 때문에 신선함이 떨어지고 변화에 적응하지 못하는 것처럼 너무 변화가 많고 속도가 빠른 것도 사람들의 주의를 흐트러지게 할 수 있다.

그는 적절한 타협점을 발견했다. 체스960(혹은 피셔 랜덤 체스)라고 부르는 그의 경기는 뒤쪽에 있는 말들만 무작위로 섞어서 경기 계획을 미리 세울 수 없게 만든다. 가능한 첫 수가 960개나 되기 때문에, 선수들은 자신의 기술에 의지해 현장에서 이길 방법을 궁리해야 한다. 그들은 이전에 보지 못한 새로운 체스판을 경험하면서 적응하는 법을 배우고, 단순히 수를 외우는 것이 아니라 말을 조작하는 방법을 배우는 데 집중하게 된다.

자신이 아무 생각 없이 정해진 대로만 행동하는 경우가 많다고 느낀다면 뒷줄의 말들을 무작위로 섞어볼 때가 된 것일지도 모른다. 늘 습관대로만 행동하면 편하겠지만 현실에 안주하는 것을 피해야 한다. 지금보다 더 좋은 방법과 방향을 상상할 수 있는 가능성이 차단되기 때문이다. 팀에 소속된 사람들을 섞고 외부인을 몇 명 영입하는 방법으로 변화를 꾀해보자. 평소와 다른 요일에, 다른 회의실에서 주간 회의를 열거나 회의실 구성과 자리 배치를 바꿔보는 것도 하나의 방법이다. 그룹의 역할 관계가 어떻게 바뀌는가?

이메일로 의사소통을 하기보다는 다른 사람의 사무실에 찾아가 직접 논의를 벌여서 결론을 짓자. 직장이나 학교에 갈 때 평소와 다른 길을 택하고 새로운 장소에 차를 주차하자. 며칠 동안 일정을 바꿔서 평소보다 일찍 출근하거나 늦게 퇴근하면 복도에서 새로운 사람들과 마주칠 수 있을 것이다.

1년 목표는
여름에 세우기

4,000년 전, 바빌로니아인들은 작물을 심으면서 새로운 해의 시작을 축하했다. 12일 동안 계속되는 아키투Akitu라는 종교 축제의 절정은 현재 군림 중인 왕에 대한 지지를 재확인하거나 새로운 지도자를 선출하는 행사였다. 또 요즘 수많은 사람들이 매년 1월 1일마다 하는 일의 기초를 만들었는데, 바로 어떤 다짐을 한 것이다. 바빌로니아인들이 한 다짐은 대개 빚을 갚거나 빌린 물건을 돌려주는 일과 관련된 것이었다. 오늘날 많은 종교에서는 새해를 시작하면서 자기 개선을 위한 결심을 다진다. 그리고 이는 여러 세속 문화의 일부이기도 하다.

심리학자인 존 노어크로스John Norcross는 오랫동안 다짐에 대해 연구했다. 그는 성인의 약 40퍼센트가 새해 다짐을 한다는 것을 알아냈다. 일반적인 생각과 달리 그는 새해에 어떤 결심을 할 경우 긍정적인 변화를 이룰 수 있는 성공률이 열 배나 증가한다고 추정했다.

어떤 다짐을 하기 위해 새해가 시작될 때까지 기다리는 이유는 무엇일까? 건강 저널리스트인 린다 앤드루스는Linda Andrews는 7월 4일에 다짐하는 쪽을 선호한다. 그 이유는 연말에 명절 준비를 하거나 대가족과 시간을 보내면서 느끼는 스트레스, 혹은 근사한 샴페인을 마신 뒤 찾아오는 숙취 등으로 인해 기분이 상하면 새로운 다짐을 하기가 힘들어지기 때문이라는 것이다. 또 한 해의 중간에 다짐을 하면 연초에 했던 결심이 얼마나 지켰는지 확인하고 좀 더 멀쩡한 정신 상태로 추가적인 목표를 세울 수 있다.

랜디와 나는 매년 6월 1일부터 6주 동안 몸에 더 좋은 음식을 먹고 운동도 더 많이 하려고 노력한다. 이는 15년 전부터 시작된 연례행사의 일부로, 처음에는 결혼식 전에 최상의 컨디션을 유지하려고 그렇게 했었다. 6월 1일의 다짐은 그런 식으로 계속되어 왔고, 이제는 해마다 조금씩 재미있는 반전을 곁들여서 이를 지키고 있다. 예를 들어 갓 결혼한 신혼부부의 모습으로 변신해서 결혼기념일을 축하하는 것이다. 결혼식 때 입었던 옷을 그대로 입고 시내에서 밤을 보낸다. 이 경험을 더욱 특별하게 만들기 위해 나는 랜디의 부케를 다시 만들어주고 랜디는 내 양복 단추 구멍에 꽂을 꽃을 주문해준다.

그러면 별의별 사람들이 다 다가와서 행복한 결혼을 기원해준다. 우리는 미소를 지으며 신혼부부인 척하면서 그 순간을 만끽한다. 그리고 지난 1년 동안의 결혼생활이 또 무사히 지나간 것과 10여 년 전에 입었던 옷이 여전히 잘 맞는 것에 감사한다. 이렇게 영원히 옷장 속에 잠들어 있을 뻔했던 웨딩드레스와 턱시도의 새로운 용도를 찾아내는 것도 결혼생활의 또 다른 재미다.

자원의 단위를
최대한 세분화하기

필리핀의 어느 가난한 마을에는 다 허물어져가는 집들이 모여 있다. 그곳에 사는 사람들은 수중에 얼마 없는 돈을 모아 전기세를 내야만 한다. 전기료를 아낄 방법을 고민하던 끝에, 멋진 발명품이 탄생했다. 2리터 용량의 빈 병에 물을 가득 채운 뒤 지붕 구멍에 매달아놓는 것이다. 그러면 물이 가득 찬 병이 집 안 전체에 햇빛을 굴절시켜 화창한 날에는 전등을 켜지 않아도 된다.

앤서니 맥카프리Anthony McCaffrey는 매사추세츠대학교에서 심리학을 공부할 때, 세계에서 가장 중요한 발명품 대부분은 이런 임시변통의 발명과 비슷한 과정을 통해 만들어졌다는 사실을 깨달았다. 발명가들은 자원을 아주 작은 요소로 쪼개어 모호한 기능이나 특징을 발견했다. 그는 자원을 더욱 잘게 쪼개는 방법을 찾기 위해 매우 효과적이고 실용적인 기술을 개발했는데, 그것은 다음의 두 가지 질문을 통해 이루어진다. 첫째, 자원을 더 잘게 쪼갤 수 있는가? 둘째, 잘게 쪼갠 부분에 대한 설명이 그 용도를 의미하는가? 비결은 여러 가지 숨겨진 용도를 이해할 수 있도록 자원을 가장 작은 단위까지 잘게 쪼개는 것이다.

맥카프리의 기법은 모든 종류의 자원에서 효과를 발휘하지만, 먼저 간단한 것부터 시작하는 것이 좋다. 양초 같은 흔히 볼 수 있는 가정용품을 이용해서 이 기법을 연습해보자. 양초는 밀랍과 심지로 구성되어 있다. 밀랍에는 연료를 제공한다는 용도가 담겨 있다. 맥카프리는 용도만을 기준으로 자원을 바라보면, 다른 용도를 상상할 수 없다고 지적한다. 대신 밀랍을 원통형의 지질脂質이라고 여길 수 있다. 심지는 우리가 불을 밝힐 수 있는 대상이므로 이것 또한 용도다. 이것을 섬유를 섞어서 짠 실 가닥이라고 생각하면, 여러 가지 다양한 용도가 보이기 시작할 것이다.

맥카프리는 자신의 연구에서, 사람들에게 두 부분으로 구성된 이 기술을 가르친 다음에 자원 제약이 있는 몇 가지 과제를 부여했다. 하나는 양초와 성냥, 2인치짜리 강철 정육면체만 사용해서 무거운 강철 고리 2개를 단단히 연결하는 방법을 묻는 문제였다. 녹은 밀랍은 강철 고리를 연결할 수 있을 만큼 단단하지 않기 때문에, 올바른 해결책 가운데 하나는 심지를 끈으로 생각해서 이 끈으로 고리를 묶을 수 있다는 사실을 깨닫는 것이다. 맥카프리의 2단계 기술을 배운 참가자들은, 이 훈련을 받지 않은 이들에 비해 고리 문제 같은 과제를 67.4퍼센트나 더 많이 해결했다.

'플러스 다이어리' 작성하기

3장에서 병충해를 입어 쓰레기통에 버려질 운명인 농산물을 이용해 최고의 식품을 생산함으로써 성공적인 사업을 일군 제니 도슨의 이야기를 했다. 보물을 만들기 위해 쓰레기 수거통을 뒤진 사람은 그녀뿐만이 아니다. 톰 샤키Tom Szaky는 사용한 콜라 병에 담긴 벌레 똥을 이용해 환경 파괴 없이 지속 가능한 비료 회사를 설립했다. 이것이 빈 주스 봉지로 커다란 손가방을 만드는 등 온갖 종류의 폐기물을 이용해 새로운 용도의 물건을 만들어내는 테라사이클TerraCycle이라는 수백만 달러짜리 사업체의 시작이었다. 존 브래드번John Bradburn은 제너럴모터스의 쓰레기 매립 방지 계획을 주도하고 있는데, 그의 임무는 쓰레기를 보물로 전환하는 것이다.

"제너럴모터스에서는 폐기물도 자원으로 간주합니다. 회사 시설에서 계속 나오는 폐기물을 보면서, 이것을 어떻게 처리할지 고민하는 것이 아니라 그것을 더 잘 활용할 방법을 찾으려고 합니다."

그의 개인 거주지에는 선적 컨테이너 조각으로 지은 작업장 2개, 야생동물을 위한 둥지로 탈바꿈한 19개의 자동차 배터리 등 새로 발견한 보물들이 흩어져 있다. 그는 제너럴모터스에서 페인트 찌꺼기를 선적용 상자로, 기름이 잔뜩 묻은 기중기의 팔을 차량에 들어갈 부품으로, 폐타이어를 공기 및 물 변류기로 바꾸는 프로젝트를 이끌었다.

또 사람들이 새로운 일을 하도록 동원해서 보물을 만들어내는 방법도 있다. 2014년에 허리케인 오딜Odile이 멕시코 로스카보스Los Cabos를 덮쳐서 이 지역 경제의 중심인 많은 호텔들을 파괴했다. 이곳에 있는 고급 리조트의 총 책임자인 마우리시오 마르티네즈Mauricio Martinez는 중요한 기반 시설들을 수리하기 위해 몇 달간 호텔 문을 닫아야만 했다. 그동안은 고객이 올 수 없으니 접객 및 레저 부서의 직원들이 필요치 않았다. 하지만 그는 직원들을 해고하는 대신 건설 노동자로 전환해서 고용을 유지했다. '건설 노동자'가 훨씬 많아진 덕분에 황폐해졌던 이 호텔은 경쟁 호텔보다 훨씬 빠른 속도로 재건되었다. 마르티네즈는 또 호텔이 폐쇄된 동안 다른 일자리를 찾을지도 모르는 귀중한 직원들도 계속 보유하게 되었다.

쓰레기통에서 보물을 찾으려면 '플러스 다이어리'를 작성해야 한다. 중요한 사건, 활동, 경험을 모두 적고, 각 항목 옆에 그 일의 예상치 못한 이점을 최소 한 가지 이상씩 적어둔다. 직장에서의 승진이나 딸아이의 생일 축하 행사 등 노골적으로 긍정적인 경험의 경우에는 이 작업이 상당히 쉽다. 하지만 저녁 식사 준비나 연구 제안서 작성 같은 좀 더 중립적인 경험의 경우에는 조금 어렵다. 그리고 병원에 가거나 보고서를 채점하는 등 부정적인 감정을 느낄 가능성이 높은 상황에서는 거의 불가능한 수준에 이른다. 하지만 열심히 찾아본다면 건강 검진 결과를 보고 더 건강하게 살아야겠다고 다짐하거나 채점해야 할 학생의 글에서 새로운 것을 배우는 등 숨겨진 이익을 발견할 수도 있다. 어딘가에 숨겨진 이익을 찾아내면 그것을 보물로 탈바꿈시킬 수 있다.

과도한 목표에 인생을 허비하지 않는 법

　2000년 봄날, 어느 스타트업에서 나를 채용하기 위해 찾아왔다. 당시 최고의 벤처 자금을 가지고 있던, 비비던스Vividence라는 이름의 소프트웨어 회사였다. 한창 성장세를 타던 그 회사는 매주 새로운 직원을 채용하고 있었다. 식료품 저장실에는 늘 간식거리가 가득했고, 밤까지 근무하는 이들을 위해 저녁식사도 무료로 제공했다. 만약 입사를 하게 되면 나는 그곳에서 팀을 이끌며 높은 직책을 얻게 될 뿐만 아니라 스톡옵션으로 큰돈을 버는 것도 시간 문제였다. 이런 기회를 어찌 마다할 수 있겠는가?

　그곳에서 새로운 일을 시작한 나는 실리콘밸리의 급격한 성장세와 창조적인 분위기에 흠뻑 빠져들었다. 비비던스는 시장조사를 실시해 고객들의 웹사이트 운영을 도와주는 회사였다. 이론적으로는 시장 가치를 높일 수 있는 소프트웨어 회사를 추구하고 있었다. 그러나 실상은 수많은 닷컴 고객들처럼 지속 불가능한 무엇인가를 만드느라 수천만 달러를 날리고 있던 상황이었다. 5천만 달러가 넘는 큰돈을 지원받은, 성공적인 스타트업이던 우리 회사는 단 몇 달 만에 채용 속도만큼이나 빠르게 직원들을 해고하며 망해가는 회사가 되었다.

나는 우리 회사의 존속 여부와 내 일자리 안전을 걱정하면서, 사업 실패를 예측하고 경영 부실 요인을 추측하는 퍽드컴퍼니닷컴FuckedCompany.com이라는 웹사이트에 자주 들렀다. 이 사이트는 우리가 맞이할 운명을 미리 경고해주는 동시에 이런 문제를 겪고 있는 것이 우리 회사뿐만이 아니라는 안도감도 안겨주었다.

실리콘밸리에 경제 붕괴가 확산된 시기는 마침 미국을 엄청난 충격에 빠뜨린 심각한 비극이 벌어진 시기이기도 했다. 2001년 9월 11일, 테러리스트들이 미국을 공격해 거의 3천여 명이 목숨을 잃었고 미국의 정신까지 완전히 뒤바꿔놓았다. 비비던스에서 같이 일했던 동료 제러미 글릭Jeremy Glick은 그날 유나이티드 항공 93편을 타고 본사로 돌아오고 있었다. 더없이 참혹한 상황에 처한 제러미는 재빨리 다른 승객들과 힘을 합쳐 공격자들에게 저항했다. 그들에게는 시간도 도구도 부족했지만 얼마 안 되는 자원을 이용해 용감하게 맞서 싸웠다. 그리고 비행기가 인구밀집 지역이 아닌 펜실베이니아 주 시골에 추락하도록 유도해 수많은 생명을 구했다. 이후 9·11 참사의 여파를 겪으면서 자기 삶을 되돌아본 사람들이 많았고 나도 예외는 아니었다. 지금껏 살아온 방식에 문제를 품게 되었고, 앞으로 내가 정말 이루고 싶은 일이 무엇인지 고민했다. 나는 과감히 회사를 그만 두고 미시건대학교로 가서 조직행동학 박사 학위를 밟기 시작했다.

그곳에서 나는 사람과 조직이 지닌 가장 큰 잠재력을 이끌어내면서, 그와 동시에 온전한 자아를 찾고 조직의 대의를 실천하는 데 중점을 두고 연구했다. 성공과 이익도 중요하지만 만족스럽고 의미 있는 삶을 사는, 지속 가능한 방법을 찾는 것도 중요하다. 나는 지난 몇 년간 품었던 커다란 의문 몇 가지에 대한 답을 찾고자 했다.

왜 어떤 사람과 조직은 남들보다 적은 자원으로도 성공하는 반면, 어떤 이들은 그렇게 많은 자원을 가지고도 실패하는 것일까? 우리는 왜 자기가 가지지 못한 것을 좇는 일에 집착하는 것일까? 내가 가진 것들을 최대한 활용해서 더 풍요로운 일과 삶을 꾸리고 더 큰 성취감을 맛볼 수 있는 방법은 무엇일까?

비비던스를 그만두고 15년이 지났지만, 여전히 많은 사람과 조직이 닷컴 시대에 내가 경험한 것과 똑같은 함정에 빠지고 있다. 가장 최근의 경기 침체는 엄청난 손실을 야기했다. 19조 2,000억 달러의 가계 자산이 증발했고 880만 개의 일자리가 사라졌으며 은행, 기업, 정부를 비롯한 미국의 주요 기관들에 대한 신뢰가 무너졌다.

예나 지금이나 우리는 많은 일을 하려면 더 많은 자원이 필요하다고 생각하면서, 자신의 앞에 있는 풍요로운 자원을 간과해버린다. 유가 상승부터 실리콘밸리에서 가장 최근에 진행된 기술 가속에 이르기까지, 제대로 된 개입이 이루어지지 않는다면 역사는 과거와 마찬가지로 반복될 것이다.

더 많은 것을 맹목적으로 추구하기보다 현재의 가능성에 집중하고, 이 책에서 소개한 방법들을 자신의 삶에 적용시킨다면, 일은 물론 생활에서도 더 큰 만족감을 얻을 수 있을 것이다. 그러한 노력의 과정이 쉽지만은 않겠지만 스트레칭이 가져다줄 변화를 생각하면 수고할 만한 가치가 있다. 과도한 목표에 인생을 허비하지 않고도 우리는 충만한 삶을 살 수 있다. 자기 자신 앞에 놓여 있는, 아직 개발되지 않은 가치를 받아들이고 포용하는 연습을 오늘부터 시작해보자.

감사의 말

이 책을 완성할 수 있었던 것은 여러 사람이 힘을 합쳐 노력한 덕분이므로 감사 인사를 전해야 할 이들이 너무나도 많다. 먼저 그 중에서 가장 중요한 인물인 아내 랜디부터 시작하겠다. 랜디처럼 보기 드문 스트레처와 함께 사는 것은 정말 큰 자극이 된다. 어떤 아이디어가 떠올랐을 때 아내가 그것을 어떻게 실천에 옮길지 생 각하면 아이디어가 훨씬 명확해진다. 랜디는 또 이 책의 모든 페이 지에 필요한 지혜를 전해주고, 내가 쓴 내용을 몇 번이나 편집해줬 다. 그러면서 늘 사랑스러운 동반자이자 세심한 부모, 숙련된 전문 가의 모습을 잃지 않았다. 아내 덕분에 이 책이 훨씬 좋아졌고, 나 또한 그렇다.

에이전트인 리처드 파인은 우리가 처음 대화를 나눌 때부터 내 생각을 확장시켜줬다. 그는 내가 글을 겨우 한 단락밖에 안 썼을 때 부터 참을성 있게 나와 일하기 시작했고 그의 호기심과 건설적인 피드백이 이 책을 견실하게 키워주었다. 리처드와 잉크웰 매니지 먼트 사에서 일하는 그의 훌륭한 동료들, 특히 엘리자 로스스타인 Eliza Rothstein에게 진심으로 감사한다.

지금부터 얘기하는 세 사람이 아니었다면 절대 이 책을 쓰지 못했을 것이다. 박사 과정 지도 교수였던 제인 더튼Jane Dutton은 연구와 수완에 관해 많은 것을 가르쳐주었다. 그녀는 2013년 긍정 조직 콘퍼런스에서 기조연설 마친 나를 찾아왔다. 그리고 무대에서 내려오는 내게 "당장 이 주제에 관한 책을 써보라"고 권했다. 애덤 그랜트Adam Grant는 책 출판과 관련해 많은 것을 가르쳐주면서 내 연구 내용과 아이디어를 더 많은 이들에게 전달해야 한다고 나를 설득했다. 덕분에 책을 쓰면서 아주 멋진 시간을 보낼 수 있었다. 리처드를 소개해준 것은 물론이고, 그의 격려와 관대함, 충고에 정말 많은 빚을 졌다. 예전에 라이스대학교에서 함께 근무한 동료인 마크 엡스타인은 내가 과연 책을 쓰고 싶은지, 그리고 쓴다면 어떻게 쓸 것인지 고민하고 있을 때 현명한 충고와 끝없는 지원을 아끼지 않았다.

홀리스 하임바우크는 처음 만난 순간부터 이 책에 대한 뜨거운 열의를 보여주었다. 출판 과정이 진행되는 내내 『스트레치』를 옹호해주고, 책의 요지를 한층 더 명확하고 매력적으로 다듬어준 그녀에게 많은 빚을 졌다. 스테파니 히치콕을 비롯한 하퍼콜린스의 다른 분들에게도 감사드린다.

유능한 연구 보조원들은 내가 말하는 요점을 생생하게 전달할 수 있는 사례들을 찾아주었다. 맷 스타인은 초반에 책의 틀을 잡을 때 함께했다. 새로운 것을 배우는 데 열성적이고 금세 숙련된 연구원으로 변신한 그와 일한 것이 행운이었다. 맷은 가장 중요한 사례를 몇 개 찾아주고, 귀중한 피드백도 해주고, 다른 수많은 부분에도

감사의 말

도움을 주었다. 이 책을 위해 자신의 모든 에너지와 지식을 쏟아부어준 훌륭한 스트레처이자 좋은 친구다.

제시카 이는 맷이 떠난 뒤 그 자리를 맡아주었고, 프로젝트를 끝낼 수 있도록 능숙하고 열정적으로 도움을 주었다. 데야니라 베르데조는 내가 책을 쓰기도 전부터 훌륭한 사례를 몇 가지나 찾아주었다. 또 이 책에 활용한 과학 연구를 몇 가지 지원해준 크리스텐 놀트와 아시야 카지, 사무 업무를 도와준 팻 빅터와 자넬 파라바흐에게도 감사한다.

케이티 드셀과 웃팔 도라키아는 우리가 가질 수 있는 최고의 공동 연구자들이다. 이들에게서 정말 많은 것을 배웠고, 열성적인 태도로 이 책을 빠짐없이 읽어준 것에도 감사한다. 이들이 만족한다면 더 많은 독자들에게 선보일 준비가 된 것이라는 것을 알고 있다. 동료인 에릭 데인은 몇 개 챕터에서 유용한 조언을 해주었다.

또 몇몇 외부자들에게도 책에 대한 평을 부탁했다. 데런 바켄은 책을 전부 읽었는데, 때로는 몇 번씩 다시 읽어주기도 했다. 그리고 좋은 사례도 알려주었다. 원고 전체에 대한 훌륭한 피드백을 해준 클라우디아 콜커, 넬리 니코바, 세스 토펙에게도 감사한다.

오랫동안 임기응변에 관한 수많은 토론을 통해 도움을 받았다. 내 생각을 자극하는 연구와 통찰을 보여준 라이언 퀸, 마사 펠드먼, 크리스천 밀레이, 모니카 워라인에게도 감사를 전한다. 또 칼 웨익에게서도 정말 많은 것을 배웠다. 이 책 곳곳에서 그의 영향력을 확인할 수 있는데, 특히 웨익이 소개해준 사례들을 자세히 설명한 5장에서 그의 활약이 두드러진다.

라이스대학교의 동료들이 이 책에 보내준 지지는 말로 다할 수 없을 정도로 대단했다. 이 학교는 연구와 교수, 글쓰기를 위한 이상적인 환경을 제공해준다. 또 존스경영대학원의 마케팅팀 전원, 특히 이 책의 아이디어를 전해준 캐슬린 클라크, 클라우디아 콜커, 케빈 팔머, 리아나 로페즈에게 큰 빚을 지고 있다.

쾌활한 두 딸, 미안과 노아는 내 책에 사랑스러운 흥미를 보여주었다(9장에 나오는 '잠자는 숲 속의 미녀' 실습을 도와주겠다며 열심이었다). 아이들과 함께 시간을 보내면서 얻는 기쁨을 통해, 성공이 그토록 다양한 형태를 띠고 찾아오는 이유를 계속 떠올릴 수 있었다.

마지막으로 다른 사람들이 가지고 있는 것을 부러워하지 말고 내가 가진 것을 최대한 활용하라고 가르쳐주신 우리 부모님께 감사한다. 그것을 깨닫기까지 시간이 좀 걸리기는 했지만 결국 부모님 말씀이 옳다는 것을 알게 되었다.

참고문헌

프롤로그

Kim S. Cameron, Jane E. Dutton, and Robert E. Quinn, eds., Positive Organizational Scholarship (San Francisco: Berrett-Koehler, 2003).

Michael Lewis, *The New New Thing: A Silicon Valley Story* (New York: W. W. Norton, 1999).

Ryan W. Quinn and Monica C. Worline, "Enabling Courageous Collective Action: Conversations from United Airlines Flight 93," *Organization Science* 19, no. 4 (2008):497–516.

United States Department of Treasury, "The Financial Crisis Response in Charts," April 2012, http://www.treasury.gov/resource-center/data-chart-center/Documents/20120413_FinancialCrisisResponse.pdf(accessed September 5, 2015).

1장

Adrian Wooldridge, "To Have and to Hold," *Economist*, April 18, 2015, http://www.economist.com/news/special-report/21648171-far-declining-family-firms-will-remain-important-feature-global-capitalism.

Andrea E. Abele and Daniel Spurk, "The Longitudinal Impact of Self-Efficacy and Career Goals on Objective and Subjective Career Success," *Journal of Vocational Behavior* 74, no. 1 (February 2009): 53–62, doi:10.1016/j.jvb.2008.10.005.

Aniseh Hamour, "Those Who Know Daniel Norris Call Him Humble, Competitive,

Extremely Talented." WVTM-TV Birmingham, AL, April 8, 2015, http://wvtm.membercenter.worldnow.com/story/28756554/those-who-know-daniel-norris-call-him-humble-competitive-extremely-talented.

Barbara Levitt and James G. March, "Organizational Learning," *Annual Review of Sociology* 14, no. 1 (1988): 319–40.

Brian Yaeger, *Red, White, and Brew: An American Beer Odyssey* (New York: St. Martin's Press, 2008), p. 21.

Claude Levi-Strauss, *The Savage Mind* (Chicago: University of Chicago Press, 1966).

Daniel Norris, "More Than Just the 'Man in the Van,'" *Players' Tribune*, April 7, 2016, http://www.theplayerstribune.com/daniel-norris-tigers-pitcher-baseball-van/ (accessed July 28, 2016).

Dustin Walsh, "For Stroh's, the Bell's Tolled: The Crumbling of a Detroit Institution Rang in the Era of Craft Breweries," *Crain's Detroit Business*, February 11, 1985.

Eli Saslow, "The Man in the Van," ESPN.com, http://espn.go.com/espn/feature/story/_/id/12420393/top-blue-jays-prospect-daniel-norris-lives-owncode(accessed March 5, 2015.)

Frances Stroh, *Beer Money: A Memoir of Privilegeand Loss* (New York: Harper, 2016), p. 14.

Gretchen Spreitzer, Kathleen Sutcliffe, Jane Dutton, Scott Sonenshein, and Adam M. Grant. "A Socially Embedded Model of Thriving at Work," *Organization Science* 16, no. 5 (2005): 537–49.

Irene Scopelliti, Paola Cillo, Bruno Busacca, and David Mazursky, "How Do Financial Constraints Affect Creativity?" *Journal of Product Innovation Management* 31, no. 5(2014): 880–93.

John Lott, "Toronto Blue Jays Prospect Daniel Norris Drives an Old Van in Search of Good Waves: 'I've Been Different My Whole Life,'" *National Post*, March 11, 2014, http://news.nationalpost.com/sports/mlb/toronto-blue-jays-prospectdaniel-norris-drives-an-old-van-in-search-of-good-waves-ive-been-different-my-whole-life.

Karl Duncker, "On Problem-Solving," *Psychological Monographs* 58, no. 5 (1945)

Kerry A. Dolan, "How to Blow $9 Billion: The Fallen Stroh Family," *Forbes*, July 21, 2014, http://www.forbes.com/sites/kerryadolan/2014/07/08/how-the-strohfamily-lost-the-largest-private-beer-fortune-in-the-u-s/.

Lone Geier, "Yuengling Marches to Different Drummer," *Republican Herald*, July 2, 2012, http://republicanherald.com/news/yuengling-marches-to-different-drummer-1.1336503.

Mark A. Noon, *Yuengling: A History of America's Oldest Brewery* (Jefferson, NC: McFarland, 2005).

Mike Dash, "For 40 Years, This Russian Family Was Cut Off from All Human Contact, Unaware of World War II," *Smithsonian Magazine*, January 28, 2013.

"MLB Notebook: Daniel Norris Is 19th Pitcher to Hit Home Run in First Major League at-Bat," Associated Press, August 20, 2015, http://www.ohio.com/sports/mlb/mlb-notebook-daniel-norris-is-19th-pitcher-to-hithome-run-in-first-major-league-at-bat-1.617833(accessed September 5, 2015); "Tigers Pitcher Homers in First MLB at-Bat," SI.com, http://www.si.com/mlb/2015/08/19/daniel-norris-home-run-video-tigers-cubs(accessed September 5, 2015).

Pablo S. Torre, "How (and Why) Athletes Go Broke," *Sports Illustrated*, March 23, 2009, http://www.huffingtonpost.com/bill-johnson-ii/beyondwinning-and-losing-athletes-and-depression_b_8174292.html(accessed April 18, 2016).

Raghu Garud and Peter Karnøe, "Bricolage Versus Breakthrough: Distributed and Embedded Agency in Technology Entrepreneurship," *Research Policy* 32, no. 2 (2003): 277–300.

Robert A. Musson, *D.G. Yuengling & Son, Inc.* (Charleston, SC: Arcadia, 2013).

Rod Kurtz. "Knowing When to Say When," *Inc.* 26, no. 7 (July 2004): 64–71.

Scott Sonenshein and Utpal Dholakia, "Explaining Employee Engagement with Strategic Change Implementation: A Meaning-Making Approach," *Organization Science* 23, no. 1 (January 2012): 1–23.

Scott Sonenshein, "Treat Employees as Resources, Not Resisters," in J. Dutton and

G. Spreitzer (eds.), *How to Be a Positive Leader: Insights from Leading Thinkers on Positive Organizations* (San Francisco: Berrett-Koehler, 2014), pp. 136–46.

Scott Sonenshein, "How Organizations Foster the Creative Use of Resources," *Academy of Management Journal* 57, no. 3 (June 2014): 814–48.

Scott Sonenshein, "Routines and Creativity: From Dualism to Duality," *Organization Science* 27, no. 3 (2016): 739–758.

Scott Sonenshein, Jane E. Dutton, Adam M. Grant, Gretchen M. Spreitzer, and Kathleen M. Sutcliffe, "Growing at Work: Employees' Interpretations of Progressive Self Change in Organizations," *Organization Science* 24, no. 2 (2013): 552–70.

Sharleen Rydie, "Interview with an Outdoorsman: Daniel Norris + Johnson City, TN," *London Red*, 2014, http://www.newlondonred.com/INTERVIEWS/Interview-Daniel-Norris.

Spencer Soper. "Yuengling Becomes Biggest U.S.-Owned Brewery," *Morning Call*, January 12, 2012, http://articles.mcall.com/2012–01–12/business/mc allentown-yuengling-sales-20120112_1_yuengling-boston-beer- beermarketer-s-insights(accessed March 7, 2016).

Ted Baker and Reed E. Nelson, "Creating Something from Nothing: Resource Construction Through Entrepreneurial Bricolage," *Administrative Science Quarterly* 50, no. 3 (2005): 329–66.

"The World's Billionaires, Richard Yuengling, Jr." *Forbes*, http://www.forbes.com/profile/richard-yuengling-jr/(accessed May 7, 2016).

Vasily Peskov, *Lost in the Taiga: One Russian Family's Fifty-Year Struggle for Survival and Religious Freedom in the Siberian Wilderness* (New York: Doubleday, 1994).

Vice Sports, "The Millionaire Pitcher That Lives in a Van," YouTube video, 5:46, https://www.youtube.com/watch?t=17&v=wKPa3uVddbU(accessed March 25, 2015.)

William H. Starbuck, "Organizations as Action Generators," *American Sociological Review* 48 (February 1983): 91–102.

William Samuelson and Richard Zeckhauser, "Status Quo Bias in Decision Making," *Journal of Risk and Uncertainty* 1 (1988): 7–9.

2장

Alexander Calandra, "Angels on a Pin," *Saturday Review*, December 21, 1968, p. 60.

Amanda R. Carrico, James Fraser, and Joshua T. Bazuin, "Green with Envy: Psychological and Social Predictors of Lawn Fertilizer Application," *Environment and Behavior* 45 (2013): 427–54.

Andrea E. Abele and Daniel Spurk, "The Longitudinal Impact of Self-Efficacy and Career Goals on Objective and Subjective Career Success," *Journal of Vocational Behavior* 74 (February 2009): 53–62, doi: 10.1016/j.jvb.2008.10.005.

Arun Rao and Piero Scaruffi, *A History of Silicon Valley: The Greatest Creation of Wealth in the History of the Planet* (Palo Alto, CA: Omniware, 2011).

Barney Brantingham, "Harold Simmons Dies: Dallas Money Man and Montecito Resident Was 82," *Santa Barbara Independent*, December 30, 2013.

Barry Staw, "Knee-Deep in the Big Muddy: A Study of Escalating Commitment to a Chosen Course of Action," *Organizational Behavior and Human Performance* 16, no. 1 (1976): 27–44.

Burton G. Malkiel, "Bubbles in Asset Prices," in Dennis C. Mueller, ed., *The Oxford Handbook of Capitalism* (New York: Oxford University Press, 2012), pp. 405–25.

Christopher K. Hsee, Jiao Zhang, Cindy F. Cai, and Shirley Zhang, "Overearning," *Psychological Science* 24, no. 6 (2013): 852–59.

Ethan Kross, Philippe Verduyn, Emre Demiralp, Jiyoung Park, David Seungjae Lee, Natalie Lin, Holly Shablack, John Jonides, and Oscar Ybarra, "Facebook Use Predicts Declines in Subjective Well-Being in Young Adults," *PLOS One*, August 14, 2013, doi: 10.1371/journal.pone.0069841.

Evelyn M. Rusli, "Free Spending by Startups Stirs Memories of Dot-Com Era Excesses," *Wall Street Journal*, October 5, 2014.

Gary Rivlin, "The Millionaires Who Don't Feel Rich," *New York Times*, August 5, 2007, p. A1.

Jim Edwards, "Fab.com Founder Baffledby Passenger Who Declined $100 to Switch Seats with Him on Plane," *Business Insider*, July 15, 2013, http://www.businessinsider.com/fabcom-founder-baffled-by-passenger-whodeclined-100-to-switch-seats-with-him-on-plane-2013-7.

Joshua Fields Millburn and Ryan Nicodemus, *Minimalism: Live a Meaningful Life* (Missoula, MT: Asymmetrical Press, 2011).

Karl Duncker, "On Problem-Solving," *Psychological Monographs* 58, no. 5 (1945).

Leon Festinger, "A Theory of Social Comparison Processes," *Human Relations* 7 (1954):117–40.

Lisa Krieger, "California Drought: Woodside, Fremont on Opposite Ends of Water-Saving Spectrum," *San Jose Mercury News*, April 4, 2015.

Matt Townsend, "Borders' Bezos Champagne Toast Marked Start of Chain's Demise," Bloomberg, July 19, 2011.

Michael Posner, "Does a Less Is More Life Bring Happiness?" *Globe and Mail*, December 13, 2012.

Nitin Nohria and Ranjay Gulati, "Is Slack Good or Bad for Innovation?" *Academy of Management Journal* 39, no. 5 (1996): 1245–64.

Sang Yup Lee, "How Do People Compare Themselves with Others on Social Network Sites?: The Case of Facebook," *Computers in Human Behavior* 32 (March 2014): 253–60, doi: 10.1016/j.chb.2013.12.009.

Susan Fiske, *Scorn Down: How Status Divides Us* (New York: Russell Sage Foundation, 2011).

Ted Steinberg, *American Green: The Obsessive Quest for the Perfect Lawn* (New York: W. W. Norton, 2006).

Tim P. German and Margaret Anne Defeyter, "Immunity to Functional Fixedness in Young Children," *Psychonomic Bulletin and Review* 7, no. 4 (December 2000):

707–12.

"There Is No Silver Lining: The Hilarious Pouts of the Olympians Who Went for the Gold—ut Wound Up in Second Place," DailyMail.com, http://www.dailymail. co.uk/news/article-2185554/London-Olympics Hilarious-pouts-athletes-took-silver-medals.html(accessed August 26, 2015).

"Top 10 George Carlin Quotes," *Time*, http://content.time.com/time/specials/ packages/article/0,28804,1858074_1858085_1858083,00.html(accessed August 26, 2015).

Victoria H. Medvec, Scott F. Madey, and Thomas Gilovich, "When Less Is More: Counterfactual Thinking Among Olympic Medalists," *Journal of Personality and Social Psychology* 69, no. 4 (October 1995): 603–10.

3장

Adam Pescod, "Rubies in the Rubble: The Chutney Company Taking the Fight to Food Waste," *Economist*, August 4, 2014.

Amitai Etzioni, "The Socio-Economics of Property," in F. W. Rudmin, ed., "To Have Possessions: A Handbook on Ownership and Property," Special Issue, *Journal of Social Behavior and Personality* 6, no. 6 (1991): 465–68.

Christopher M. McDermott and Gina Colarelli O'Connor, "Managing Radical Innovation," *Journal of Product Innovation Management* 19, no. 6 (2002): 424–38.

Daryl Bem, "Self-Perception: An Alternative Interpretation of Cognitive Dissonance Phenomena," *Psychological Review* 74 (1967): 183–200.

Dyan Machan, "Sweating the Small Stuff," *Barrons*, March 10, 2014, 38–39.

Fastenal Company, "Our History," https://www.fastenal.com/en/99/our-historyaccessed(October 7, 2015).

Harvey Meyer, "Cheap and Cheerful: Fastenal's Strategy Is to Pinch Every Penny Twice Before Letting It Go. So Far, It's Working." *Journal of Business Strategy* 22, no. 5 (2001): 14–17.

Irene Scopelliti, Paola Cillo, Bruno Busacca, and David Mazursky, "How Do Financial Constraints Affect Creativity?" *Journal of Product Management Innovation* 31, no. 5 (2014): 880–93.

James C. Kaufman and Ronald A. Beghetto, "Beyond Big and Little: The Four C Model of Creativity," *Review of General Psychology* 13, no. 1 (2009): 1–2.

Jane E. Dutton, Monica C. Worline, Peter J. Frost, and Jacoba Lilius, "Explaining Compassion Organizing," *Administrative Science Quarterly* 51, no. 1 (2006): 59–66.

Jeffrey D. Ford, Laurie W. Ford, and Angelo D'Amelio, "Resistance to Change: The Rest of the Story," *Academy of Management Review* 33, no. 2 (2008): 362–77.

Jennifer Dawson, "Behind the Scenes at Stanford's Old Office," *Houston Business Journal*, December 29, 2010.

Jo Fairley, "Why Jenny Relishes Rubbish: How a Former Hedgefund Manager Got into a Pickle Over Discarded Fresh Produce," *Daily Mail*, September 21, 2013.

Johanna Derry, "First Person: Jenny Dawson," *Financial Times*, October 4, 2013.

John L. Lastovicka, Lance A. Bettencourt, Renee Shaw Hughner, and Ronald J. Kuntze, "Lifestyle of the Tight and Frugal: Theory and Measurement," *Journal of Consumer Research* 26, no. 1 (1999): 85–98.

Jon L. Pierce, Tatiana Kostova, and Kurt T. Dirks, "Toward a Theory of Psychological Ownership in Organizations," *Academy of Management Review* 26, no. 2 (2001): 288–310.

Linn Van Dyne and Jon L. Pierce, "Psychological Ownership and Feelings of Possession: Three Field Studies Predicting Employee Attitudes and Organizational Citizenship Behavior," *Journal of Organizational Behavior* 25, no. 4 (2004): 439–59.

Lydia Slater, "The High-Flying Banker Who Gave It All Up to Turn Throwaway Veg into Posh Pickles," *Daily Mail*, May 19, 2014, http://www.dailymail.co.uk/femail/article-2633364/The-high-flying-banker-gave-turnthrowaway-veg-posh-pickles.html(accessed October 18, 2014).

M. A. Glynn and K. Wrobel, "My Family, My Firm: How Familial Relationships

Function as Endogenous Organizational Resources," in J. E. Dutton and B. R. Ragins eds., *Positive Relationships at Work* (Mahwah, NJ: Erlbaum, 2006).

Marc Ballon, "The Cheapest CEO in America," *Inc.*, October 1, 1997, p. 52.

Martha S. Feldman, "Resources in Emerging Structures and Processes of Change," *Organization Science* 15, no. 3 (2004): 295–309.

Martha S. Feldman and Monica C. Worline, "Resources, Resourcing, and Ampliative Cycles in Organizations," in *The Oxford Handbook of Positive Organizational Scholarship*, ed. Gretchen M. Spreitzer and Kim S. Cameron (Oxford: Oxford University Press, 2011), pp. 629–41, doi: 10.1093/oxfordhb/9780199734610.013.0047.

Patricia D. Stokes, "Learned Variability," *Animal Learning and Behavior* 23, no. 2 (1995): 164–76.

Patricia D. Stokes, *Creativity from Constraints* (New York: Springer, 2006).

Patricia D. Stokes, "Variability, Constraints, and Creativity: Shedding Light on Claude Monet," *American Psychologist* 56, no. 4 (2001): 355–59.

Phil Hansen, "Embrace the Shake," TED video, at 9:40, posted May 2013, https://www.ted.com/talks/phil_hansen_embrace_the_shake/transcript?language=en#t-198180(accessed December 17, 2015).

Ravi Mehta and Meng Zhu, "Creating When You Have Less: The Impact of Resource Scarcity on Product Use Creativity," *Journal of Consumer Research* (October 2015).

Ronald A. Finke, Thomas B. Ward, and Steven M. Smith, *Creative Cognition: Theory, Research and Applications* (Cambridge, MA: MIT Press, 1992).

Ronald Finke, *Creative Imagery: Discoveries and Inventions in Visualization* (Hillsdale, NJ: Lawrence Erlbaum Associates, 1990).

Scott Sonenshein, "How Organizations Foster the Creative Use of Resources," *Academy of Management Journal* 57, no. 3 (2014): 814–48.

Scott Sonenshein, "Treat Employees as Resources, Not Resisters," in *How to Be a*

Positive Leader: Insights from Leading Thinkers on Positive Organizations, ed. Jane Dutton and Gretchen Spreitzer (San Francisco: Berrett-Koehler, 2014), pp. 136–46.

Scott Sonenshein, and Utpal Dholakia, "Explaining Employee Engagement with Strategic Change Implementation: A Meaning-Making Approach," *Organization Science* 23, no. 1 (2012): 1–3.

Stephen H. Wagner, Christopher P. Parker, and Neil D. Christiansen, "Employees That Think and Act Like Owners: Effects of Ownership Beliefs and Behaviors on Organizational Effectiveness," *Personnel Psychology* 56, no. 4 (December 2003): 847–71.

Teresa M. Amabile, *Creativity in Context* (Boulder, CO: Westview Press, 1996).

Teresa M. Amabile, Regina Conti, Heather Coon, Jeffrey Lazenby, and Michael Herron, "Assessing the Work Environment for Creativity," *Academy of Management Journal* 39, no. 5 (October 1996): 1154–84.

Tim Fox, "Global Food: Waste Not, Want Not," *Institution of Mechanical Engineers*, 2013.

Thomas B. Ward, "Structured Imagination: The Role of Category Structure in Exemplar Generation," *Cognitive Psychology* 27, no. 1 (1994): 1–40.

4장

Adam Smith, *An Inquiry into the Nature and Causes of the Wealth of Nations*, vol. 1 (Oxford: Oxford University Press, 1976).

Amos Tversky and Daniel Kahneman, "Judgment Under Uncertainty: Heuristics and Biases," *Science* 185, no. 4157 (September 27, 1974): 1124–31.

Andreas Toscher, Michael Jahrer, and Robert M. Bell, "The Big Chaos Solution to the Netflix Grand Prize," *Commendo Research & Consulting GmbH*, http://www.commendo.at/UserFiles/commendo/File/GrandPrize2009_BigChaos.pdf;

Andrew Hargadon, "Brokering Knowledge: Linking Learning and Innovation," *Research in Organizational Behavior* 24, no. 41 (2002): 85.

Andrew Hargadon and Robert I. Sutton, "Building an Innovation Factory," *Harvard Business Review*, May–June 2000, 157–166.

Angelika Cosima Bullinger and Kathrin Moeslein, "Innovation Contests—here Are We?" *AMCIS 2010 Proceedings*, 2010, Paper 28, http://aisel.aisnet.org/amcis2010/28.

Ann E. Lenehan, *Story: The Way of Water* (Westfield, Australia: Communications Agency, 2004).

Brooke N. Macnamara, David Z. Hambrick, and Frederick L. Oswald, "Deliberate Practice and Performance in Music, Games, Sports, Education, and Professions: A Meta-Analysis," *Psychological Science* 25, no. 8 (2014): 1608–18.

Cheves West Perky, "An Experimental Study of Imagination," *American Journal of Psychology* 21, no. 3 (July 1910): 422–45.

Claudia Custodio, Miguel A. Ferreira, and Pedro Matos, "Generalists Versus Specialists: Lifetime Work Experience and Chief Executive Officer Pay," *Journal of Financial Economics* 108 (May 2013): 471–92.

Clive Thompson, "If You Liked This, You're Sure to Love That," *New York Times*, November 23, 2008.

Cornella Dean, "If You Have a Problem, Ask Everyone," *New York Times*, July 28, 2008, https://www.innocentive.com/johndavis(accessed October 21, 2015).

Daniel H. Pink, *A Whole New Mind: Why Right-Brainers Will Rule the Future* (New York: Riverhead Books, 2005).

David Shayler and Colin Burgess, *NASA's Scientist-Astronauts* (Berlin, New York: Springer, published in association with Praxis, 2007), p. 464.

Duncan J. Watts, *Small Worlds: The Dynamics of Networks Between Order and Randomness* (Princeton, NJ: Princeton University Press, 1999).

Eliot Van Buskirk, "How the Netflix Prize Was Won," *Wired*, September 2009.

Erik Dane, "Reconsidering the Trade-Off Between Expertise and Flexibility: A Cognitive Entrenchment Perspective," *Academy of Management Review* 35, no. 4

(2010): 579–603.

Erik Dane and Scott Sonenshein, "On the Role of Experience in Ethical Decision Making at Work: An Ethical Expertise Perspective," *Organizational Psychology Review* 5, no. 1 (2015): 74–96.

Frans Johnson, *The Click Moment: Seizing Opportunity in an Unpredictable World* (New York: Portfolio, 2012).

Gary Pinnell, "A Life Story, According to Story Musgrave from High School Dropout to NASA, One Step at a Time," *Highlands Today*, January 18, 2015

Gillian Tett, *The Silo Effect: The Peril of Expertise and the Promise of Breaking Down Barriers* (New York: Simon & Schuster, 2015).

Hart Research Associates, "It Takes More Than a Major: Employer Priorities for College Learning and Student Success," *Commissioned by the Association of American Colleges and Universities*, April 10, 2013, http://www.aacu.org/sites/default/files/files/LEAP/2013_EmployerSurvey.pdf(accessed November 17, 2015).

Henry Etzkowitz, Carol Kemelgor, and Brian Uzzi, *Athena Unbound: The Advancement of Women in Science and Technology* (Cambridge: Cambridge University Press, 2000).

James Robinson, "Eric Schmidt, Chairman of Google, Condemns British Education System," *Guardian*, August 26, 2011.

Jordan Ellenberg, "This Psychologist Might Outsmart the Math Brains Competing for the Netflix Prize," *Wired*, February 25, 2008.

Kimberly S. Jaussi, Amy E. Randel, and Shelley D. Dionne, "I Am, I Think I Can, and I Do: The Role of Personal Identity, Self-Efficacy, and Cross-Application of Experiences in Creativity at Work," *Creativity Research Journal* 19 (2007): 247–58.

Lars Bo Jeppesen and Karim R. Lakhani, "Marginality and Problem-Solving Effectiveness in Broadcast Search," *Organization Science* 21, no. 5 (2010): 1016–33.

Malcom Gladwell, *Outliers: The Story of Success* (New York: Little, Brown and Co., 2008).

참고문헌

Malcom Gladwell, *76 expertise depends on extensive practice: Anders Ericsson and Robert Pool Peak, Secrets from the New Science of Expertise* (New York: Eamon Dolan Books, 2016).

Mary L. Gick and Keith J. Holyoak, "Analogical Problem Solving," *Cognitive Psychology* 12 (1980): 306–55.

Miller McPherson, Lynn Smith-Lovin, and James M. Cook, "Birds of a Feather: Homophily in Social Networks," *Annual Review of Sociology* 27, no. 1 (2001): 415–44.

Philip E. Tetlock, *Expert Political Judgment: How Good Is It? How Can We Know?* (Princeton, NJ: Princeton University Press, 2006).

Robert B. Cialdini, *Influence: The Psychology of Persuasion*, rev. ed. (New York: Harper Business, 2006).

Robert Bell, Yehuda Koren, and Chris Volinsky, "Statistics Can Find You a Movie, Part 2," *AT&T Research*, May 19, 2010.

Robert Root-Bernstein et al., "Arts Foster Scientific Success: Avocations of Nobel, National Academy, Royal Society and Sigma Xi Members," *Journal of Psychology of Science and Technology* 1, no. 2 (2008): 51–63.

Robin Leidner, *Fast Food, Fast Talk: Service Work and the Routinization of Everyday Life* (Berkeley: University of California Press, 1993).

Sarah Knapton, "Sexism Row: Scientist Sir Tim Hunt Quits over 'Trouble with Girls' Speech," *Telegraph*, June 11, 2015.

Scott E. Page, *The Difference: How the Power of Diversity Creates Better Groups, Firms, Schools, and Societies* (Princeton, NJ: Princeton University Press, 2008).

Story Musgrave, "Lessons for Life," *STEAM Journal* 2, no. 1 (2015).

Susan M. Barnett and Barbara Koslowski, "Adaptive Expertise: Effects of Type of Experience and the Level of Theoretical Understanding It Generates," *Thinking and Reasoning* 8 (2002): 237–67.

Sudip Datta and Mai Iskandar-Datta, "Upper-Echelon Executive Human Capital and

Compensation: Generalist vs Specialist Skills," *Strategic Management Journal* 35 (2014): 1853–66.

장

A. W. Kruglanski, E. P. Thompson, E. T. Higgins, M. N. Atash, A. Pierro, J. Y. Shah, and S. Spiegel, "To 'Do the Right Thing' or to 'Just Do It': Locomotion and Assessment as Distinct Self-Regulatory Imperatives," *Journal of Personality and Social Psychology* 79, no. 5 (2000), 793–815.

A. W. Kruglanski, E. Orehek, E. T. Higgins, A. Pierro, and I. Shalev, "Modes of Self-Regulation: Assessment and Locomotion as Independent Determinants in Goal-Pursuit," in R. Hoyle, ed., *Handbook of Personality and Self-Regulation* (Boston: Blackwell, 2010), pp. 374–402.

Antonio Pierro, Arie Kruglanski, and Tory Higgins, "Regulatory Mode and the Joys of Doing: Effects of 'Locomotion' and 'Assessment' on Intrinsic and Extrinsic Task Motivation," *European Journal of Personality* 20, no. 5 (2006): 355–75.

Brian K. Boyd, "Strategic Planning and Financial Performance: A Meta-Analytic Review," *Journal of Management Studies* 28, no. 4 (1991): 353–74.

Christopher Heam, *Lincoln and McClellan at War* (Baton Rouge: Louisiana State University Press, 2012), p. 199.

Frank J. Barrett, "Creativity and Improvisation in Jazz and Organizations: Implications for Organizational Learning," *Organization Science* 9, no. 5 (1998): 605–22.

"Gary Gilmore Biography," Biography.com, http://www.biography.com/people/gary-gilmore-11730320(accessed December 24, 2015).

Henry Mintzberg, Duru Raisinghani, and Andre Theoret, "The Structure of 'Unstructured' Decision Processes," *Administrative Science Quarterly* 21, no. 2 (June 1976): 246–75.

J. Matthew Gallman, "Three Roads to Antietam: George McClellan, Abraham Lincoln, and Alexander Gardner," *Lens of War: Exploring Iconic Photographs of the Civil War*, ed. J. Matthew Gallman and Gary W. Gallagher (Athens: University of Georgia Press, 2015), pp. 41–50.

James W. Fredrickson and Terence R. Mitchell, "Strategic Decision Processes: Comprehensiveness and Performance in an Industry with an Unstable Environment," *Academy of Management Journal* 27 (1984): 399–423.

Karl E. Weick, *Sensemaking in Organizations* (Thousand Oaks, CA: Sage, 1995), p. 54.

Kathleen M. Eisenhardt, "Making Fast Strategic Decisions in High-Velocity Environments," *Academy of Management Journal* 32, no. 3 (September 1989): 543–76.

Kelly Leonard and Tom Yorton, Yes, *And: How Improvisation Reverses "No, But" Thinking and Improves Creativity and Collaboration—Lessons from the Second City* (New York: Harper Business, 2015).

Lily Rothman, "The Strange Story of the Man Who Chose Execution by Firing Squad," *Time*, March 12, 2015;

Lyle Deixler, "Theater; Honoring a Mentor with Laughter," *New York Times*, August 19, 2001.

Malcolm Brenner, "The Next-in-Line Effect," *Journal of Verbal Learning and Verbal Behavior* 12, no. 3 (1973): 320–23.

Miroslav Holub, "Brief Thoughts on Maps." Times Literary Supplement, February 4, 1977.

"Nike's 'Just Do It' Slogan Is Based on a Murderer's Last Words, Says Dan Wieden," dezeen.com, http://www.dezeen.com/2015/03/14/nike-just-do-itslogan-last-words-murderer-gary-gilmore-dan-wieden-kennedy/(accessed January 6, 2016).

Rick Beard, "A Terminal Case of the 'Slows,'" *New York Times*, November 5, 2012.

Robert Rodriguez, *Rebel Without a Crew: Or How a 23-Year-Old Filmmaker with $7,000 Became a Hollywood Player* (New York: Penguin Books, 1995).

Tamar Avnet and E. Tory Higgins, "Locomotion, Assessment, and Regulatory Fit:

Value Transfer from 'How' to 'What,'" *Journal of Experimental Social Psychology* 39, no. 5 (2003): 525–30.

"The Law: Much Ado About Gary," *Time*, December 13, 1976, p. 87.

Viola Spolin, *Improvisation for the Theater: A Handbook of Teaching and Directing Techniques* (Evanston, IL: Northwestern University Press, 1972).

W. Angus Wallace, T. Wong, A. O'Bichere, and B. W. Ellis, "Managing in Flight Emergencies: A Personal Account," *British Medical Journal* 311, no. 7001 (August 5, 1995): 374–75.

Warren Berger, "Dan Wieden, Wieden + Kennedy," Inc.com, http://www.inc.com/magazine/20040401/25wieden.html(accessed January 6, 2016).

Will Hodgkinson, "I'm Probably the Only Guy Who Really Enjoys Being in the Movies," *Guardian*, April 11, 2001, http://www.theguardian.com/culture/2001/apr/11/artsfeatures1(accessed April 19, 2016).

Will Hodgkinson, "Robert Rodriguez, Director of From Dusk Till Dawn and the Smash Hit Spy Kids," *Guardian*, April 11, 2001.

6장

A'Lelia Bundles, *Madam C. J. Walker: Entrepreneur* (New York: Chelsea House Publishers, 1991), p. 105.

Barry M. Staw, Lance E. Sandelands, and Jane E. Dutton, "Threat Rigidity Effects in Organizational Behavior: A Multilevel Analysis," *Administrative Science Quarterly* 26, no. 4 (December 1981): 501–24.

Carolyn Aiken and Scott Keller, "The Irrational Side of Change Management," *McKinsey Quarterly*, April 2009, http://www.mckinsey.com/insights/organization/the_irrational_side_of_change_management(accessed February 6, 2016).

Cecil Adams, "What's the Origin of the Dunce Cap?" *Straight Dope*, http://www.straightdope.com/columns/read/1793/whats-the-originof-the-dunce-cap(accessed January 17, 2016)

Christopher Gray, "Streetscapes: The Bank of the United States in the Bronx: The First Domino in the Depression," *New York Times*, August 18, 1991, http://www.nytimes.com/1991/08/18/realestate/streetscapes-bank-united-states-bronx-first-domino-depression.html.

D. Brian McNatt and Timothy A. Judge, "Boundary Conditions of the Galatea Effect: A Field Experiment and Constructive Replication," *Academy of Management Journal* 47, no. 4 (August 2004): 550–65.

Dov Eden and Abraham B. Shani, "Pygmalion Goes to Boot Camp: Expectancy, Leadership, and Trainee Performance," *Journal of Applied Psychology* 67, no. 2 (April 1982): 194.

Dov Eden, "Self-Fulfilling Prophecy and the Pygmalion Effect in Management," *Oxford Bibliographies*, 2014.

Dov Eden, "Self-Fulfilling Prophecies in Organizations," in *Organizational Behavior: The State of the Science*, 2nd ed., ed. Jerald Greenberg (Mahwah, NJ: Lawrence Erlbaum Associates, 2003), pp. 91–122.

Edward T. Heyn, "Berlin's Wonderful Horse: He Can Do Almost Everything But Talk—ow He Was Taught," *New York Times*, September 4, 1904;

Eric B. Dent and Susan Galloway Goldberg, "Challenging 'Resistance to Change,'"

Eric Grundhauser, "The Dunce Cap Wasn't Always So Stupid," Atlas Obscura, http://www.atlasobscura.com/articles/the-dunce-cap-wasnt-always-so-stupid. (accessed January 17, 2016).

Henry Louis Gates Jr., "Madam C. J. Walker: Her Crusade," *Time*, December 7, 1998, p. 165.

James K. McNulty and Benjamin R. Karney, "Positive Expectations in the Early Years of Marriage: Should Couples Expect the Best or Brace for the Worst?" *Journal of Personality and Social Psychology* 86, no. 5 (May 2004): 729–43.

Jean-Francois Manzoni and Jean-Louis Barsoux, "Inside the Golem Effect: How Bosses Can Kill Their Subordinates' Motivation," *INSEAD Working Paper*, 1998.

Jeffrey D. Ford and Laurie W. Ford, "Decoding Resistance to Change," *Harvard*

Business Review 87, no. 4 (April 2009): 99–103.

Lee Ross, "The Intuitive Psychologist and His Shortcomings: Distortions in the Attribution Process," *Advances in Experimental Social Psychology* 10 (1977): 173–220.

M. Snyder, E. D. Tanke, and E. Berscheid, "Social Perception and Interpersonal Behavior: On the Self-Fulfilling Nature of Social Stereotypes," *Journal of Personality and Social Psychology* 35, no. 9 (September 1977): 656.

Martha Lagace, "HBS Cases: Beauty Entrepreneur Madam Walker," *HBS Working Knowledge*, June 25, 2007.

National Park Service, "Two American Entrepreneurs: Madam C. J. Walker and J. C. Penney"

Nicole M. Kierein and Michael A. Gold, "Pygmalion in Work Organizations: A Meta-Analysis," *Journal of Organizational Behavior* 21, no. 8 (December 2000): 913–28.

Robert K. Merton, "The Self-Fulfilling Prophecy," *Antioch Review* 8, no. 2 (Summer 1948): 193–210.

Robert Rosenthal and Christine M. Rubie-Davies, "How I Spent My Last 50-Year Vacation: Bob Rosenthal's Lifetime of Research into Interpersonal Expectancy Effects," in The *Routledge International Handbook of Social Psychology of the Classroom*, ed. Christine M. Rubie-Davies, Jason M. Stephens and Penelope Watson (New York: Routledge, 2015), pp. 285–95.

Robert Rosenthal and Lenore Jacobson, *Pygmalion in the Classroom: Teacher Expectation and Pupils' Intellectual Development* (New York: Holt, Rinehart, and Winston, 1968).

Robert Rosenthal, "On the Social Psychology of the Psychological Experiment: 1, 2 the Experimenter's Hypothesis as Unintended Determinant of Experimental Results," *American Scientist* 51, no. 2 (June 1963): 268–83.

Sarah Breedlove Walker, The Life and Times of Madame C. J. Walker (New York: Scribner, 2001).

Scott Sonenshein, Katy De-Celles, and Jane Dutton, "It's Not Easy Being Green: The Role of Self-Evaluations in Explaining Support of Environmental Issues," *Academy of Management Journal* 57, no. 1 (February 2014): 7–37.

Sharon A. Alvarez and Jay B. Barney, "Discovery and Creation: Alternative Theories of Entrepreneurial Action," *Strategic Entrepreneurship Journal* 1, no. 1–2(November 2007): 11–26.

Simon Sinek, *Start with Why: How Great Leaders Inspire Everyone to Take Action* (New York: Portfolio, 2009).

Telegraph reporters, "School Shames My Son by Making Him Wear Fluorescent Jacket Like the Old Dunce's Cap," *Telegraph*, November 20, 2012.

Thomas W. Dougherty, Daniel B. Turban, and John C. Callender, "Confirming First Impressions in 'The Employment Interview: A Field Study of Interviewer Behavior,'" *Journal of Applied Psychology* 79, no. 5 (1994): 659–65.

U.S. Department of Education, "Tested Achievement of the National Education Longitudinal Study of 1998 Eighth Grade Class" (NCES 91–460). Washington, DC: Office of Educational Research and Improvement, 1991.

7장

Adam Grant, *Originals: How Non-Conformists Move the World* (New York: Viking Press, 2016).

Amy J. C. Cuddy, Susan T. Fiske, and Peter Glick, "When Professionals Become Mothers, Warmth Doesn't Cut the Ice," *Journal of Social Issues* 60, no. 4 (2004): 701–18.

Andrew Dowling, "Why Parents Make Better Entrepreneurs," VentureBeat.com, June 29, 2013, http://venturebeat.com/2013/06/19/whybeing-a-parent-can-make-you-a-better-entrepreneur/(accessed February 27, 2016).

E. Stene, "An Approach to the Science of Administration," *American Political Science Review* 34, no. 6 (December 1940): 1124–37.

G. W. Allport, *The Nature of Prejudice* (Cambridge, MA: Perseus Books, 1954).

Gillian Tett, *The Silo Effect: The Peril of Expertise and the Promise of Breaking Down Barriers* (New York: Simon & Schuster, 2015).

James G. March and Herbert A. Simon, *Organizations* (New York: Wiley, 1958).

James V. Cordova, C. J. Fleming, Melinda Ippolito Morrill, Matt Hawrilenko, Julia W. Sollenberger, Amanda G. Harp, Tatiana D. Gray, et al., "The Marriage Checkup: A Randomized Controlled Trial of Annual Relationship Health Checkups," *Journal of Consulting and Clinical Psychology* 82, no. 4 (June 2014): 592.

Jeffrey H. Greenhaus and Nicholas J. Beutell, "Sources of Conflict Between Work and Family Roles," *Academy of Management Review* 10, no. 1 (1985): 76–88.

Marian N. Ruderman, Patricia J. Ohlott, Kate Panzer, and Sara N. King, "Benefits of Multiple Roles for Managerial Women," *Academy of Management Journal* 45, no. 2 (2002): 369–86.

Martha S. Feldman and Brian T. Pentland, "Reconceptualizing Organizational Routines as a Source of Flexibility and Change," *Administrative Science Quarterly* 48, no. 1 (March 2003): 94–118.

Michael L. Tushman and Charles A. O'Reilly, "The Ambidextrous Organizations: Managing Evolutionary and Revolutionary Change," *California Management Review* 38, no. 4 (Summer 1996): 8–30.

Mike Hogan, "Jack Welch Gives'Em Hell at VF/Bloomberg Panel," *Vanity Fair*, May 29, 2009, www.vanityfair.com/news/2009/05/jack-welch-givesem-hell-at-vfbloomberg-panel(accessed March 21, 2016).

"Invention of the Chuck Wagon," American Chuck Wagon Association, http://www.americanchuckwagon.org/chuck-wagon-invention.html(accessed February 29, 2016).

Jeffrey Sanchez-Burks, Matthew J. Karlesky, and Fiona Lee, "Psychological Bricolage: Integrating Social Identities to Produce Creative Solutions," in *The Oxford Handbook of Creativity, Innovation, and Entrepreneurship*, ed. Christina Shalley, Michael Hitt, and Jing Zhou (Oxford: Oxford University Press, 2015), pp. 93–102.

Jessica Gross, "Liquid Paper," *New York Times Magazine*, Innovations Issue, June

참고문헌

7, 2013, http://www.nytimes.com/packages/html/magazine/2013/innovations-issue/#/?part=liquidpaper.(accessed March 21, 2016)

Jonathan Gold, "How America Became a Food Truck Nation," SmithsonianMag.com, March 2012, http://www.smithsonianmag.com/travel/how-america-became-a-food-truck-nation-99979799/(accessed January 8, 2016).

Katy McLaughlin, "The King of the Streets Moves Indoors," *Wall Street Journal*, January 15, 2010; Biography, "Community Award Winner Chef Roy Choi," StarChefs.com, http://www.starchefs.com/chefs/rising_stars/2010/los-angeles-san-diego/chef-roy-choi.shtml(accessed March 21, 2016).

Lakshmi Ramatajan, "Past, Present, and Future Research on Multiple Identities: Toward an Interpersonal Approach," *Academy of Management Annals* 8, no. 1 (2014): 589–659.

Nicole LaPorte, "How Roy Choi Built an Empire from One Beat-Up Taco Truck," *Fast Company*, http://mobilecuisine.com/business/historyofamericanfoodtrucks/ (accessed January 20, 2016).

Oscar Mayer, "Smile, It's the Wienermobile," http://www.oscarmayer.com/wienermobile(accessed February 29, 2016).

"Our Company, History: The Charles Goodyear Story," Goodyear.com, https://corporate.goodyear.com/en-US/about/history/charles-goodyear-story.html(accessed February 14, 2016);

P. J. Carnevale and T. M. Probst, "Social Values and Social Conflict in Creative Problem Solving and Categorization," *Journal of Personality and Social Psychology 74, no. 5 (May 1998): 1300–9.*

Paul Ingram and Peter W. Roberts, "Friendships Among Competitors in the Sydney Hotel Industry," *American Journal of Sociology* 106, no. 2 (September 2000): 387–423.

Richard R. Nelson and Sidney G. Winter, *An Evolutionary Theory of Economic Change* (Cambridge, MA: Harvard University Press, 1982);

Robert B. Zajonc, "Attitudinal Effects of Mere Exposure," *Journal of Personality and Social Psychology* 9, no. 2, part 2 (June 1968): 1–27.

Sarah Zielinski, "Oil and Water Do Mix," Smith sonianMag.com, November 17, 2010, http://www.smithsonianmag.com/science-nature/oil-and-water-domix-38726068/(accessed March 21, 2016).

Scott F. Turner and Violina Rindova, "A Balancing Act: How Organizations Pursue Consistency in Routine Functioning in the Face of Ongoing Change," *Organization Science* 23, no. 1 (January 2012): 24–46.

Scott Sonenshein, "Routines and Creativity: From Dualism to Duality," *Organization Science* 27, no. 3 (May–June 2016): 739–58.

Scott Sonenshein, Kristen Nault, and Otilia Obdaru, "Competition of a Different Flavor: How a Strategic Group Identity Shapes Competition and Cooperation" (working paper, Jones Graduate School of Business, Rice University, 2016).

Stephanie Creary, "Making the Most of Multiple Worlds: Multiple Identity Resourcing in the Creation of a Coordinated System of Care" (working paper, 2016).

Stephanie Creary, "Resourcefulness in Action: The Case for Global Diversity Management," in *Positive Organizing in a Global Society: Understanding and Engaging Differences for Capacity-Building and Inclusion*, ed. L. M. Roberts, L. Wooten, and M. Davidson (Routledge: New York, 2015), pp. 24–30.

Thomas F. Pettigrew and Linda R. Tropp, "A Meta-Analytic Test of Intergroup Contact Theory," *Journal of Personality and Social Psychology* 90, no. 5 (May 2006): 751–83.

Tracy Dumas and Jeffrey Sanchez-Burks, "The Professional, the Personal and the Ideal Worker: Pressures and Objectives Shaping the Boundary Between Life Domains," *Academy of Management Annals* 9, no. 1 (March 2015): 803–43.

Wendy K. Smith and Marianne W. Lewis, "Toward a Theory of Paradox: A Dynamic Equilibrium Model of Organizing," *Academy of Management Review* 36, no. 2 (March 2011): 381–403.

8장

Adam M. Grant and Barry Schwartz, "Too Much of a Good Thing: The Challenge and Opportunity of the In-verted U," *Perspectives on Psychological Science* 6, no. 1 (January 2011): 61–76.

Benny Luo, "Ronald Wayne: On Co-Founding Apple and Working with Steve Jobs," NextShark.com, September 12, 2013, http://nextshark.com/ronald-wayne-interview(accessed June 16, 2015).

Bernie Wilson, "Leaf Survives Big Mistakes in NFL Debut," *Associated Press*, September 8, 1998.

Betsy Blaney, "Ex-NFL QB Ryan Leaf Sentenced to 5 Years," GreatFallsTribune.com, September 9, 2009, http://www.greatfallstribune.com/story/news/local/2014/09/09/ex-nfl-qb-ryan-leaf-sentenced-years/15350625/(accessed March 31, 2016).

Brad Tuttle, "The 5 Big Mistakes That Led to Ron Johnson's Ouster at JC Penney," *Time*, April 9, 2013, http://business.time.com/2013/04/09/the-5-big-mistakes-that-led-to-ron-johnsons-ouster-at-jc-penney(accessed March 20, 2016).

Brad Tuttle, "Why JCPenney's 'No More Coupons' Experiment Is Failing," *Time*, May 17, 2012.

Brian Heater, "Two Days in the Desert with Apple's Lost Founder, Ron Wayne," Engadget.com, December 19, 2011, http://www.engadget.com/2011/12/19/two-days-in-the-desert-withapples-lost-founder-ron-wayne(accessed June 16, 2015).

Bruce Newman, "Apple's Third Founder Refuses to Submit to Regrets," *Los Angeles Times*, June 9, 2010.

C. Chet Miller and R. Duane Ireland, "Intuition in Strategic Decision Making: Friend or Foe in the Fast-Paced 21st Century?" *Academy of Management Executive* 19, no. 1 (February 2005): 19–30.

C. Metcalfe, G. D. Smith, J. A. Sterne, P. Heslop, J. Macleod, and C. Hart, "Frequent Job Change and Associated Health," *Social Science and Medicine* 56, no. 1 (January 2003): 1–15.

Carol Dweck, *Mindset: The New Psychology of Success* (New York: Random House, 2006).

Christie's Auction, "Apple Computer Company (founded April 1, 1976), the Personal Archive of Apple Co-Founder Ronald Wayne," Christies.com, December 11, 2014, Sale 3459, Lot 35, http://www.christies.com/lotfinder/lot/apple-computer-company-the-personal-archive-5855176-details.aspx(accessed March 31, 2016).

Clyde Haberman, "Manning or Leaf? A Lesson in Intangibles," *New York Times*, May 4, 2014.

Dan Simon, "The Gambling Man Who Cofounded Apple and Left for $800," CNN.com, June 23, 2010, http://www.cnn.com/2010/TECH/web/06/24/apple.forgotten.founder(accessed June 16, 2015).

Dana Mattioli, "For Penney's Heralded Boss, the Shine Is Off the Apple," *Wall Street Journal*, February 24, 2013.

Daniel J. Brass, "Being in the Right Place: A Structural Analysis of Individual Influence in an Organization," *Administrative Science Quarterly* 29, no. 4 (December 1984): 518–39.

Daniel Kahneman and Gary Klein, "Conditions for Intuitive Expertise: A Failure to Disagree," *American Psychologist* 64, no. 6 (September 2009): 515–26.

Danielle Sacks, "Ron Johnson's 5 Key Mistakes at JC Penney, in His Own Words," FastCompany.com, April 10, 2013, http://www.fastcompany.com/3008059/ron-johnsons-5-key-mistakes-jc-penney-his-own-words(accessed March 30, 2016).

Ella Miron-Spektor and Gerard Beenen, "Motivating Creativity: The Effects of Sequential and Simultaneous Learning and Performance Achievement Goals on Product Novelty and Usefulness," *Organizational Behavior and Human Decision Processes* 127 (2015): 53–65.

G. Hirst, D. V. Van Knippenberg, and J. Zhou, "A Cross-Level Perspective on Employee Creativity: Goal Orientation, Team Learning Behavior, and Individual Creativity," *Academy of Management Journal* 52, no. 2 (April 2009): 280–93.

O. Janssen and N. W. Van Yperen, "Employees' Goal Orientation, the Quality of Leader-Member Exchange and the Outcomes of Job Performance and Job

Satisfaction," *Academy of Management Journal* 47, no. 3 (June 2004): 368–84.

Jennifer Reingold, "Ron Johnson: Retail's New Radical," Fortune.com, March 7, 2012, http://fortune.com/2012/03/07/ron-johnson-retails-new-radical(accessed March 30, 2016).

Joann S. Lublin and Dana Mattioli, "Penney CEO Out, Old Boss Back In," *Wall Street Journal*, April 8, 2013.

John L. Lastovicka, Lance A. Bettencourt, Renee S. Hughner, and Ronald J. Kuntze, "Lifestyle of the Tight and Frugal: Theory and Measurement," *Journal of Consumer Research* 26 (June 1999): 85–98.

Karl E. Weick, "Small Wins: Redefining the Scale of Social Problems," *American Psychologist* 39, no. 1 (January 1984): 40–49.

Lee Flemming, Santiago Mingo, and David Chen, "Collaborative Brokerage, Generative Creativity, and Creative Success," *Administrative Science Quarterly* 52, no. 3 (September 2007): 443–75,

Matt Brian, "Apple's Co-Founder Ron Wayne on Its Genesis, His Exit and the Company's Future," TheNextWeb.com, September 11, 2011, http://thenextweb. com/apple/2011/09/11/apples-co-founder-ron-wayne-on-its-genesis-his-exit-and-the-companys-future/#gref(accessed March 31, 2016).

Maxwell Wessel, "Why Big Companies Can't Innovate," September 27, 2012, *Harvard Business Review*, https://hbr.org/2012/09/why-big-companies-cant-innovate(accessed March 31, 2016).

Michael Bean, "Ryan Leaf 's Quest for Personal Redemption Is Well Underway," SportsRadioInterviews.com, April 15, 2010, http://sportsradiointerviews. com/2010/04/15/the-first-chapter-of-the-ryan-leaf-redemption-storyis-complete-and-impressive(accessed March 31, 2016).

Michael David Smith, "Ryan Leaf Looks Back on the Draft: I Should Have Stayed in School," NBCSports.com, September 9, 2014, http://profootballtalk.nbcsports. com/2011/04/28/ryan-leaf-looks-back-on-the-draft-i-should-havestayed-in-school/ (accessed March 15, 2016).

Mike Thompson, "Sylvester Stallone: All Films Considered," metacritic.com,

August 9, 2010, http://www.metacritic.com/feature/sylvester-stallone-best-and-worst-movies(accessed March 30, 2016).

Ming D. Leung, "Dilettante or Renaissance Person? How the Order of Job Experiences Affects Hiring in an External Labor Market," *American Sociological Review* 79, no. 1 (2014): 136–58.

Raymond De Young, "Some Psychological Aspects of Reduced Consumption Behavior: The Role of Intrinsic Satisfaction and Competence Motivation," *Environment and Behavior* 28, no. 3 (May 1996): 358–409.

Robert M. McMath, *What Were They Thinking: Marketing Lessons You Can Learn from Products That Flopped* (New York: Times Books, 2011).

Ronald G. Wayne, *Adventures of an Apple Founder: Atari, Apple, Aerospace & Beyond,* (Valencia, CA: 512K Entertainment, LLC, 2010);

Ronald G. Wayne, *Insolence of Office: SocioPolitics, Socio-Economics and the American Republic* (Valencia, CA: 512k Entertainment, LLC, 2010).

Roy F. Baumeister and Andrew Steinhilber, "Paradoxical Effects of Supportive Audiences on Performance Under Pres-sure: The Home Field Disadvantage in Sports Championships," *Journal of Personality and Social Psychology* 47, no. 1 (1984): 85–93.

Roy F. Baumeister, James C. Hamilton, and Dianne M. Tice, "Public Versus Private Expectancy of Success: Confidence Booster or Performance Pressure?" *Journal of Personality and Social Psychology* 48, no. 6 (June 1985): 1447–57.

Ryan Leaf, *596 Switch: The Improbable Journey from the Palouse to Pasadena* (Pullman, WA: Crimson Oak Publishing, 2011), p. 25.

Scott I. Rick, Cynthia E. Cryder, and George Loewenstein, "Tightwads and Spendthrifts," *Journal of Consumer Research* 34, no. 6 (2008): 767–82.

Seth Fiegerman, "Apple Has Twice the Sales per Square Foot of Any Other U.S. Retailer," Mashable.com, November 13, 2012, http://mashable.com/2012/11/13/apple-stores-top-sales-per-square-foot//#4JXmmQMTmuq1(accessed March 30, 2016).

Shigehiro Oishi and Ulrich Schimmack, "Residential Mobility, Well-Being, and Mortality," *Journal of Personality and Social Psychology* 98, no. 6 (2010): 980–94.

Steve Denning, "JCPenney: Was Ron Johnson's Strategy Wrong?" *Forbes*, April 9, 2013.

Susan Casey, "Everything I Ever Needed to Know About Business I Learned in the Frozen-Food Aisle," *eCompany Now*, October 2000, p. 96.

Suzanne Barlyn, "Wall Street Watchdog Suspends Wedbush Securities President," Reuters, August 7, 2012.

Teresa M. Amabile, "Motivating Creativity in Organizations: On Doing What You Love and Loving What You Do," *California Management Review* 40, no. 1 (Fall 1997): 39–58.

Walter Hamilton, "Edward Wedbush's Roof Leaks, But His Wallet Doesn't," *Los Angeles Times*, November 16, 2010.

Walter Hamilton, "Wedbush Inc. Ordered to Pay Former Trader $3.5 Million," *Los Angeles Times*, June 29, 2011.

Wonko, "NFL Draft History: Why Ryan Leaf Didn't Work Out," SB Nation, April 23, 2012, http://www.boltsfromtheblue.com/2012/4/23/2965217/nfl-draft-history-chargers-why-ryan-leafdidnt-work-out(accessed March 15, 2016).

9장

"20 Clever Uses for Everyday Items," RealSimple.com, http://www.myhomeideas.com/how-to/household-basics/10-new-uses-old-things/mismatched-silverware(accessed April 10, 2016).

"50 All-Time Favorite New Uses for Old Things," RealSimple.com, http://www.realsimple.com/home-organizing/home-organizing-new-usesfor-old-things/favorite-new-uses/mousepad-trivet(accessed April 10, 2016).

Alex Turnbull, *Groove*, https://www.groovehq.com/blog/startup-journey(accessed April 6, 2016).

Allison Keyes, "Sephora Teams Up with Iconic Black Hair Brand," Marketplace. org, http://www.marketplace.org/2016/03/15/world/sephora-teamsiconic-black-hair-brand(accessed April 11, 2016).

Ap Dijksterhuis and Teun Meurs, "Where Creativity Resides: The Generative Power of Unconscious Thought," *Consciousness and Cognition* 15, no. 1 (March 2006): 135–46.

Barbara L. Fredrickson, "Gratitude, Like Other Positive Emotions, Broadens and Builds," in *The Psychology of Gratitude*, ed. Robert A. Emmons and Michael E. McCullough (Oxford: Oxford University Press, 2004).

Benjamin Baird, Jonathan Smallwood, Michael D. Mrazek, Julia W. Y. Kam, Michael S. Franklin, and Jonathan W. Schooler, "Inspired by Distraction, Mind Wandering Facilitates Creative Incubation," *Psychological Science* (August 31, 2012): 1117–22.

Cedric Galera, Ludivine Orriols, Katia M'Bailara, Magali Laborey, Benjamin Contrand, Regis Ribereau-Gayon, Francoise Masson et al., "Mind Wandering and Driving: Responsibility Case-Control Study," *British Medical Journal* 345 (December 13, 2012): e8105.

Chris Zook, *Unstoppable: Finding Hidden Assets to Renew the Core and Fuel Profitable Growth* (Cambridge, MA: Harvard Business Review Press, 2007).

Courtney Carver, "Project 333: Simple Is the New Black," bemorewithless (blog), http://bemorewithless.com(accessed April 6, 2016).

Daniel Crow, "The 5 Most Insane Original Uses of Famous Products," Cracked. com, January 12, 2012, http://www.cracked.com/article_19644_the-5-most-insane-originaluses-famous-products_p2.html(accessed April 10, 2016).

"Diseases and Conditions: Tetanus," MayoClinic.org, http://www.mayoclinic.org/diseases-conditions/tetanus/basics/definition/con-20021956(accessed April 5, 2016).

Daven Hiskey, "Dr. Seuss Wrote 'Green Eggs and Ham' on a Bet That He Couldn't Write a Book with 50 or Fewer Words," TodayIFoundOut.com, http://www.todayifoundout.com/index.php/2011/05/dr-seuss-wrote-green-eggsand-ham-on-a-bet-that-he-couldnt-write-a-book-with-50-or-fewerwords(accessed March 31, 2016).

Eric van Reem, "The Birth of Fischer Random Chess," ChessVariants.com, http://www.chessvariants.com/diffsetup.dir/fischerh.html(accessed April 7, 2016).

F. Barratt, "Creativity and Improvisation in Jazz and Organizations: Implications for Organizational Learning," *Organization Science* 9, no. 5 (1998): 605–22.

G. A. Shaw and L. M. Giambra, "Task Unrelated Thoughts of College Students Diagnosed as Hyperactive in Childhood," *Developmental Neuropsychology* 9, no. 1 (1993): 17–30.

"GM's MacGyver Devises Unconventional Uses for Everyday Waste," GeneralMotors.Green.com, http://www.generalmotors.green/product/public/us/en/GMGreen/home.detail.html/content/Pages/news/us/en/gm_green/2014/0122-bradburn.html(accessed April 6, 2016).

H. A. White and P. Shah, "Creative Style and Achievement in Adults with Attention-Deficit/Hyperactivity Disorder," *Personality and Individual Differences* 50, no. 5 (April 2011): 673–77.

Howard Leventhal, Robert Singer, and Susan Jones, "Effects of Fear and Specificity of Recommendation upon Attitudes and Behavior," *Journal of Personality and Social Psychology* 2, no. 1 (July 1965): 20–29.

"It Was All Her Idea," ClassicKitchensAndMore.com, http://www.classickitchensandmore.com/page_4.html(accessed April 10, 2016).

J. Richard Hackman and Greg R. Oldham, "Motivation Through the Design of Work: Test of a Theory," *Organizational Behavior and Human Performance* 16, no. 2, (1976): 250–79.

Joanne B. Ciulla, *The Working Life: The Promise and Betrayal of Modern Work* (New York: Crown, 2001).

John C. Norcross, Marci S. Mrykalo, and Matthew D. Blagys, "Auld Lang Syne: Success Predictors, Change Processes, and Self-Reported Outcomes of New Year's Resolvers and Nonresolvers," *Journal of Clinical Psychology* 58, no. 4 (April 2002): 397–405.

Jordan Zakarin, "Brie Larson Might Be the Geekiest It Girl Ever," BuzzFeed.com, http://www.buzzfeed.com/jordanzakarin/brielarson-the-geekiest-it-girl-ever#.

bnoVV63lW6(accessed April 5, 2016).

"Just Say No," Ronald Reagan Presidential Foundation & Library, http://www. reaganfoundation.org/details_f.aspx?p=RR1008NRHC&tx=6(accessed April 6, 2016).

Karl E. Weick, *The Social Psychology of Organizing*, 2nd ed. (New York: McGraw-Hill, 1979), p. 133.

Kim Bhasin, "The Incredible Story of How TerraCycle CEO Tom Szaky Became a Garbage Mogul," BusinessInsider.com, August 29, 2011, http://www. businessinsider.com/exclusive-tom-szaky-terracycle-interview-2011-8(accessed April 5, 2016).

Kimberly D. Elsbach and Andrew B. Hargadon, "Enhancing Creativity Through 'Mindless' Work: A Framework of Workday Design," *Organization Science* 17, no. 4 (August 1, 2006): 470-83.

Lauri Ward, "Design & Decor Tips for Smaller Homes, Chat with Lauri Ward," LogHome.com, http://www.loghome.com/chat-with-lauri-ward(accessed April 6, 2016).

Leslie A. Perlow, *Sleeping with Your Smartphone: How to Break the 24/7 Habit and Change the Way You Work* (Boston: Harvard Business Press, 2012).

Linda Wasmer Andrews, "Midyear Resolutions You'll Actually Keep," PsychologyToday.com, https://www.psychologytoday.com/blog/minding-the-body/201006/midyear-resolutions-youll-actually-keep(accessed April 5, 2016).

Lukasz Walasek and Gordon D. A. Brown, "Income Inequality and Status Seeking: Searching for Positional Goods in Unequal US States," *Psychological Science* 26, no. 4 (April 2015): 527-33.

Marie Kondo, *The Life-Changing Magic of Tidying Up: The Japanese Art of Decluttering and Organizing* (Berkeley, CA: Ten Speed Press, 2014).

Marily Oppezzo and Daniel L. Schwartz, "Give Your Ideas Some Legs: The Positive Effect of Walking on Creative Thinking," *Journal of Experimental Psychology: Learning, Memory, and Cognition* 40, no. 4 (2014): 1142.

Matthew A. Killingsworth and Daniel T. Gilbert, "A Wandering Mind Is an Unhappy Mind," *Science* 330, no. 6006 (November 12, 2010): 932.

Qing Ke, Emilio Ferrara, Filippo Radicchi, and Alessandro Flammini, "Defining and Identifying Sleeping Beauties in Science," *Proceedings of the National Academy of Sciences* 112, no. 24 (2015): 7426–31, http://news.indiana.edu/releases/iu/2015/05/sleeping-beauties.shtml(accessed March 31, 2016).

Sarah Pruitt, "The History of New Year's Resolutions," History.com, http://www.history.com/news/the-history-of-new-years-resolutions(accessed April 5, 2016).

Stacy Conradt, "10 Stories Behind Dr. Seuss Stories," CNN.com, January 23, 2009, http://edition.cnn.com/2009/LIVING/wayoflife/01/23/mf.seuss.stories.behind(accessed March 31, 2016);

Steve Jobs, Academy of Achievement, Genius.com speech, 1982, http://genius.com/Steve-jobsacademy-of-achievement-speech-1982-annotated(accessed April 10, 2016).

"The Invention of the Baby Carrot," Priceonomics.com, http://priceonomics.com/the-invention-ofthe-baby-carrot(accessed April 10, 2016).

Timothy Ferriss, *The 4-Hour Workweek: Es-cape 9–, Live Anywhere, and Join the New Rich* (New York: Crown, 2007).

Tony McCaffrey, "Innovation Relies on the Obscure: A Key to Overcoming the Classic Problem of Functional Fixedness," *Psychological Science* 23, no. 3 (February 2012): 215–18.

"Wonder of the Day #582: Who Invented Play Dough?" Wonderopolis.org, http://wonderopolis.org/wonder/who-invented-play-dough(accessed April 10, 2016).

에필로그

Bureau of Labor Statistics, "Employment Characteristics of Families Summary," April 25, 2014.

Mark Aguiar and Erik Hurst, "A Summary of Trends in American Time Allocation:

1965–005," *Social Indicators Research* 93, no. 1 (August 2009): 57–64.

Pew Charitable Trusts, "The Precarious State of Family Balance Sheets," January 2015.

KI신서 6502

스트레치 STRETCH

1판 1쇄 인쇄 2018년 3월 12일
1판 1쇄 발행 2018년 3월 19일

지은이 스콧 소넨샤인
옮긴이 박선령
펴낸이 김영곤 **펴낸곳** (주) 북이십일 21세기북스
실용출판팀장 김수연 **편집** 남연정
본문디자인 롬디
출판영업팀 이경희 권오권
출판마케팅팀 김홍선 최성환 배상현 신혜진 김선영 나은경
홍보팀 이혜연 최수아 김미임 박혜림 문소라 전효은 염진아 김선아
제휴팀장 류승은 **제작팀장** 이영민

출판등록 2000년 5월 6일 제406-2003-061호
주소 (10881) 경기도 파주시 회동길 201(문발동)
대표전화 031-955-2100 **팩스** 031-955-2151 **이메일** book21@book21.co.kr

(주)북이십일 경계를 허무는 콘텐츠 리더

21세기북스 채널에서 도서 정보와 다양한 영상자료, 이벤트를 만나세요!
장강명, 요조가 진행하는 팟캐스트 말랑한 책 수다 〈책, 이게 뭐라고〉
페이스북 facebook.com/21cbooks   **블로그** b.book21.com
인스타그램 instagram.com/21cbooks   **홈페이지** www.book21.com

ⓒ 스콧 소넨샤인, 2018

ISBN 978-89-509-6449-8 (03190)